刘伯温与哪吒城

北京建城的传说

陈学霖 著

浙江人民出版社

图书在版编目（CIP）数据

刘伯温与哪吒城：北京建城的传说 / 陈学霖著.

杭州：浙江人民出版社，2025.4. -- ISBN 978-7-213
-11874-6

Ⅰ. K291

中国国家版本馆CIP数据核字第20256T4928号

刘伯温与哪吒城：北京建城的传说
LIUBOWEN YU NEZHACHENG: BEIJING JIANCHENG DE CHUANSHUO

陈学霖　著

出版发行：浙江人民出版社（杭州市环城北路 177 号　邮编　310006）
　　　　　市场部电话：（0571）85061682　85176516
责任编辑：潘海林
特约编辑：涂继文
责任校对：何培玉
责任印务：幸天骄
封面设计：萍　萍
电脑制版：北京之江文化传媒有限公司
印　　刷：杭州丰源印刷有限公司
开　　本：880 毫米 ×1230 毫米　1/32　　印　　张：11.25
字　　数：194 千字　　　　　　　　　　插　　页：1
版　　次：2025 年 4 月第 1 版　　　　　印　　次：2025 年 4 月第 1 次印刷
书　　号：ISBN 978-7-213-11874-6
定　　价：88.00 元

如发现印装质量问题，影响阅读，请与市场部联系调换。

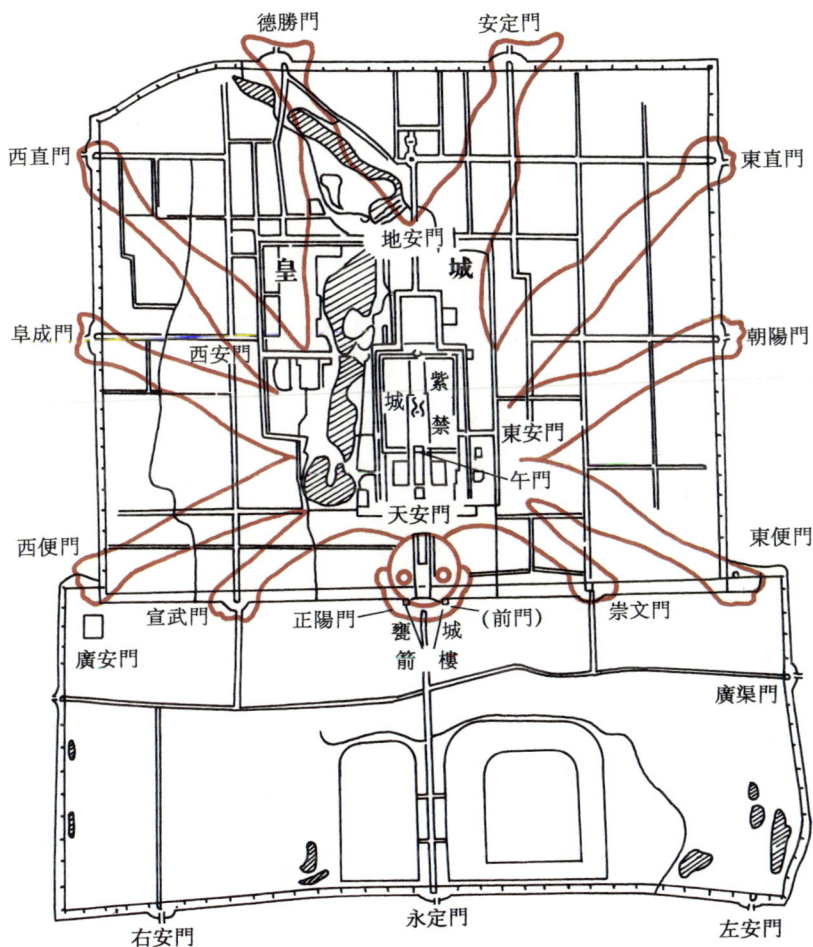

哪吒身躯与北京内城相应意会图

（《北平的传说》，40页，由台湾三民书局改绘。）

修订二版说明

　　本书作者陈学霖教授为知名美籍华裔历史学家，对宋、金、元、明史事均有所论，学术成就备受中外学者推崇。陈教授撰写《刘伯温与哪吒城：北京建城的传说》一书，动机起源于清末民初以来北京流传的一个离奇荒诞的故事：据说北京城是刘伯温与姚广孝竞赛，依照神话人物哪吒三太子的模样画图建造的！为了解开这个谜团，陈教授长期投入对北京城建置的研究，并辅以实地勘查，期望能厘清这个故事的来龙去脉。

　　全书以学术专著的规格详细论证，用字遣词朴实流畅，不时穿插征引民间传说故事，使通篇内容生动精彩，实为一本兼具故事性、趣味性及知识性的通俗作品，也为历史与民俗研究另辟蹊径。

　　此次再版，编辑部除校正内容务求精确外，并重新设计版面，且于书末附录中收录作者搜罗引用的传说故事，希冀能为读者提供更舒适的阅读体验，诚挚期盼此作品继续流传，以飨读者。

柳 序

学霖先生从远方将他的大稿《刘伯温与哪吒城——北京建城的传说》托人带来请我阅读，并且为这本书写一篇序文，这对于我是一件极光荣的、极乐意的事情。学霖先生是史学家，他的这部大著，照中国传统的书籍分类特点，大概是归入史部地理类的，在性质上与一些风土纪实的著作很相近，所以也并不曾离开史家的领域范围。正像已故的陈援庵先生（垣）撰文研究北京西长安街双塔寺的海云碑，那篇碑文也关涉元代开国的史料和海云和尚的个人事迹。学霖先生的这部大著，既提到元代的大都，也详细论及明代的北京，还涉及元初的刘秉忠、元末明初的刘伯温（基）和明初的姚广孝（僧道衍）这些风云人物。但在我看来，学霖先生的这部大著，仍和许多史部地理类的著作有很大的差别。这部书的写法，打破了传统的史学书写的樊篱，为传统史学书写注入了新的活生生的养料，也就是说，它是用了传统史学的架构，去发掘民俗学、人类学和社会学的新园地。既说民俗，当然宗教也包括在内。它虽然不曾离开史学的大前提，但是它和普通的史学论文很不一样，实际是要把史学和旁统的有关联的学问对接，开创新的途径，因而才扩大了研究的范围。

佛教密宗里的神毗沙门天王（Vaiśravaṇa）和他的第三个儿子哪吒（Nalakūvara）在宗教里是两个显赫人物，而在中国的小说和戏剧里，他们早已转化成了托塔天王李靖和哪吒，已是妇孺皆知了。哪吒在小说里有三头六臂，他有时候也有"八臂哪吒"之称，但是说他曾经用法力帮助刘伯温和姚广孝为明成祖建造北京城，皇城的一切布局都是照着他的身体各部分的形象安排的，却只是一段元、明以来记录极少（不是没有）的民间传说故事。我们读历史的人都知道刘伯温和姚广孝是明初不同时期活动的人，刘基在明洪武八年（1375）就死了，这个年份远在建文元年（1399）成祖起兵"靖难"之前20多年，更不要提有机会替他重建北京城的后事了。姚广孝却是真正帮助明成祖，策划起兵造反成功的人，当时的相士袁珙曾把他比作元代初年忽必烈的谋士刘秉忠，他也是个和尚。民间的传说不但把不同时代的刘伯温和姚广孝联系在一起，还说刘伯温是刘秉忠的孙子，而事实上刘秉忠又是参与元初建造人都的人。这样不同背景的人，就在民间热闹的传说中被安排在一起了。这当然不是历史，甚至连平话小说都不算，然而它却真实地反映了民间老百姓爱听爱说的东西，也确切地反映出文化低层次的知识和心理。

像这样的原始粗糙、荒诞不经的故事，史部地理类收纳的是不多的。北魏杨衒之的《洛阳伽蓝记》这部书，是被《四库提要》收录在地理类的，虽然其中的许多故事多以佛教内容为背景，然而也有更多民间的，如卷四"城西"有云：

> 阜财里内有开善寺，京兆人韦英宅也。英早卒，其妻梁氏不治丧而嫁，更纳河内人向子集为夫。虽云改嫁，仍居英宅。英闻梁氏嫁，白日来归，乘马，将数人，至于庭前，呼曰："阿梁！卿忘我耶？"子集惊怖，张弓射之，应弦而倒，即变为桃人；所骑之马，亦变为茅马；从者数人，尽化为蒲人。梁氏惶惧，舍宅为寺。
>
> 南阳人侯庆有铜像一躯，可高尺余。庆有牛一头，拟货为金色，遇急事，遂以牛他用之。经二年，庆妻马氏忽梦此像谓之曰："卿夫妇负我金色，久而不偿。今取卿儿丑多，以偿金色焉。"悟觉，心不遑安。至晓，丑多得病而亡。庆年五十，唯有一子，悲哀之声，感于行路。丑多亡日，像自然金色，光照四邻，一里之内，咸闻香气。僧俗长幼，皆来观睹。尚书左仆射元慎闻里内颇有怪异，

遂改阜财里为齐谐里也。

这两段故事在原文里是毗连的，因为它们都和阜财里有关系。后面一段无疑是弘扬佛教的，但前面的故事却更像是出自本土。韦英白昼现形，与《左传·昭公七年》记的"或梦伯有介而行"说来有点儿相似，而《墨子·明鬼下》篇"杜伯乘白马素车……挟朱矢，追周宣王射之车上"就是"实事"了。晚唐段成式著的《酉阳杂俎》，这部"多诡怪不经之谈，荒渺无稽之物"的书是《四库提要》中收录小说类的。段柯古辑录的材料，虽然荒诞不经，却和我们这里说的"哪吒城"这种记载的荒诞性质很相近，可以说是一类的事物。清初大诗人王渔洋（士禛）的《香祖笔记》卷六说：

> 古今传记……诞谩不经，然未有如《诺皋记》之妄者。一事尤可捧腹，云："天翁姓张名坚，字刺渴，渔阳人。少不羁，常罗得一白雀，爱而养之。梦天刘翁责怒，每欲杀之，白雀辄以报坚，坚设诸方待之，终莫能害。天翁遂下观之，坚盛设宾主，乃窃乘天翁车骑白龙，振策登天，天翁追之不及。坚既到天宫，易百官，杜塞北门，封白雀为上卿。刘翁失治，徘徊五岳，作灾。坚患之，以刘翁为太山太守，主生死之籍。"鄙倍至此，不可以欺

　　三岁小儿，而公然笔之于书，岂病狂耶？段柯古唐
之文人，何至乃尔！

　　王渔洋生于三百多年前，他不能欣赏今日被民俗人类学视为奇珍瑰宝的材料，是毫不足奇的。老实说段柯古何止是"唐之文人"，他的父亲段文昌数任节度使大官，《旧唐书》说柯古"研精苦学，秘阁书籍披阅皆遍"，大概不是溢美的话。在20世纪40年代，杨宪益先生写文章，曾发现《酉阳杂俎·支诺皋》里有欧洲著名的灰姑娘（Cinderella）的故事，《酉阳杂俎》里所叙"古龟兹国王阿主儿者，有神异力，能降伏毒龙"，又是西方尼伯龙根（Nibelung）故事的根源。其实，照民俗学的诠说，这些同类的故事普通地分布，有时候是因为同样的心理状态往往会产生同样的行为；那些看似荒谬的故事、神话，其实还是后来许多开化了的民族礼俗、仪式的根据。清康熙年间的刘献廷在《广阳杂记》卷二中告诉他的朋友韩图麟说过："戏文小说乃明王转移世界之大枢机……今更悟得卜筮祠祀为《易》《礼》之原"，这才是明智通达且有见识的话。
　　像上面引用的这些材料，值得研究和保存是不待言的。然而因为古人有这种开明见解的人不多，材料的湮没损失就十分让人惋惜了。例如，明末有无名氏撰《如梦录》一卷，记叙当时开封繁盛的情况，大可以和《东京梦华录》竞爽了。这本书被人郑重地保存了两百多年，只有钞本，到清咸丰二年（1852）才刻印，作序的常茂徕却以为原书太俗，说：

> 《录》中语多鄙俚，类皆委巷秕稗小说，荒诞无稽，为文人学士所吐弃，如言：繁塔为龙撮去半截，吹台是一妇人手帕包土一抛所成，北关关王赴临埠集卖泥马，相国寺大门下金刚被咬脐郎缢死背膊上，唬金刚黑夜逃出北门。诸如此类，偻指难数，读之实堪捧腹。

所以这些材料都在付刻的时候不幸被像他那样的印书的雅人一刀删除了！学霖教授用史学家的眼光来处理哪吒城研究的题材，是为史学界人士多开了一扇窗，这对研究历史，或是民俗学，或是广义的人类学，都是裨益很大的。我希望这部好书的出版，会激起学术界人们更大的兴趣，更进一步了解雅和俗虽然不是漫无界说，但俗的东西其实另有一种更高更深的雅趣，如果我们能够打通樊篱的局限。

1994年5月，柳存仁敬序于堪培拉

缘起——自序

　　今日北京首都国际机场内的嘉宾餐厅里，大堂的尽头粉饰着一幅偌大长方形的壁画，描述一个神话故事，七彩缤纷，艳丽照人，很容易吸引往来穿梭的旅客。这幅画以北京城作为背景，上端有一座雄伟的五牌坊，底下左右角各耸立着一座不同形状的云山，每边的天空各有一个赤着身、只在肚腹上围着红绫的小孩儿驾御着一条在腾跃的飞龙，其下左右各有三座彩色的旌旗，竖立在汹涌的波涛上飘扬；中央是一个镶着红光的大圆圈，内里有一个从滴溜溜、圆转如轮的五彩肉球走出来同一模样的小孩儿。他头上梳着两个小抓髻，面如傅粉，唇似涂朱，金光射目，肚腹上围着块红绫，露腿赤足，左手挽着一个金环，右手扣着一条红绸，每边足踝都套着一个金镯，围绕前呼后拥的又是几条腾跃的飞龙。

　　这幅壁画标题为"哪吒闹海"，绘者是北京名画家张仃。稍知掌故的，都晓得哪吒便是神话小说中"托塔天王"李靖的第三太子，据说北京城是仿照这个孩子的身躯画图样建造的。所以，这幅画的主题，就是北京家喻户晓的、大明军师刘伯温建造"八臂哪吒城"的故事。然而，这个故事是否出自谈天说地的《齐东野语》编织虚构，或是别有来历，另有典故，可以从史籍文献探赜索隐？这个在现代北京脍炙人口的故事，虽然经过许多媒介传播遐迩，有几种参差的版本，但截至目前，仍未有专书或论文考究它的来龙去脉。本书，就是为了打开这个谜团而作的。

　　凡是写一篇文章、专书，去钻研某个问题，总有一点儿动机，而动机的诞生不免有些因缘。我写这本书，倒不是由于看到这幅《哪吒闹海》的画触动灵感，因为故事极端错综复杂，千头万绪，如果没有特殊机遇，就算百折不挠地去追索探究，周咨博访，也未必能寻获轨迹，辨析原委。我写这本书，从孕育、构思到找资料，以至断断续续地着笔，经过悠长的20多个寒暑，是有一段因缘的，现在趁付梓之日作一交代，并聊述个人研读国史的心路历程。

　　我的原籍在广东新会，生长于香港，中学及大学都在洋学堂度过，后来赴美国负笈研究院，毕业后执教彼邦，至1980年，已到不惑之年，始有机会躬履北京。在这样的情况下，我实在很难会沾上这一个题目，沉迷其间20多载探幽寻秘，终于写成这本理应是寓居燕都，深谙京华掌故的学者或文化界人士所写的书。我有此机缘，是因为在普林斯顿大学深造史学，选择博士论文题目时，决定以明太祖的辅弼刘基（伯温）为对象，特别是探讨他在小说稗闻和民间信仰的神化过程。由于要研究刘基形象的演变——如何从一位勋名盖世的明太祖佐命功臣，辗转蜕变为通晓天文历数、预知未来，撰作《烧饼歌》预言书的神秘人物——就要探索他的各种传说，因此，务须解决这个刘伯温建造北京城的故事来历。

在孩提时代，我已从长辈及邻里听到中国古代有位大名鼎鼎、神秘莫测的预言家刘伯温，但对这位叱咤风云的超凡人物事迹，却茫无所知。直至1958年进入香港大学，我上中国通史课，才晓得他就是大明皇帝太祖朱元璋的帷幄谋臣、神算军师刘基，他是浙江青田人士，伯温是他的字，但在民间社会里，一向以"刘伯温"之名传世。后来选读《明史》，对刘基的勋业有了更多的认识，但对他为何神化的传奇人物却大惑不解。不过，当日年少旁骛，不屑拘于一史，对于魏晋六朝、宋金元以至近代史都感兴趣，撰写过关于《金史》的纂修及史源，和中国首名留美学生容闳的年谱等论文，并没有深入钻研刘伯温的问题。大学毕业后，进入现为香港中文大学成员之一的崇基书院当历史助教，兼在香港大学攻读硕士学位，最初预备随饶宗颐教授研究金朝元好问的文史之学，但后来为了配合教学需要改选北朝史为论文的范围，暂时搁置其他的研究。

1963年秋，我获得普林斯顿大学研究院奖学金，到该校历史系攻读博士学位，但意想不到同时与刘伯温结下不解之缘。第一学年，除却修读几门外国史和社会政治学理论，选了牟复礼（Frederick W. Mote）教授的"中国近代革命史"（上学期）和"中国文化史专题"（下学期）。牟师早年游学华夏，取得金陵（今南京）大学文学士，学术湛深，学识渊博，是一位知名的汉学家。他曾师从明史大师王崇武，因此，在获悉我对刘基有兴趣时，便鼓励我深造明史。上学期过后，牟帅了解我的学识程度，让我无须上课，专注写一篇学术报告。当时我便听从他的建议，去探讨元朝忽必烈的汉人辅佐、释道兼资的刘秉忠（僧子聪）的功业，作为研究刘基进阶之门。这个建议洞烛精微，因为二者不但事业相当，而且彼此都是风云人物，两者的传说有些夹缠一起，互相影响，况且研究明初历史需有元史的基础。学年结束，我写成报告，辱承牟师嘉许，被推荐到在荷兰莱登（Leiden）出版的盛名汉学学报《通报》（*T'oung Pao*）发表，结果在1967年刊出。这篇论文不但诱导我继续钻研元史，而且对日后的刘伯温研究很有启示，因为由此发现刘伯温传说发展的两个关键都来自刘秉忠。例如，传说称刘伯温是刘秉忠的孙儿，而北京"哪吒城"故事又滥觞于刘秉忠建造大都城的异闻。前者是我在草创论文时从已阅读的《英烈传》中发现，但是后者却要等待十年，到远赴澳大利亚堪培拉（Canberra），参加由澳大利亚国立大学远东史系罗依果

（Igor de Rachewiltz）博士主持的"元人传记计划"，撰写刘秉忠传，重新检读资料时方知晓。

　　在普林斯顿的第二学年，由于牟师休假去了他处，我便修读博士学位必需的其他外国史课目，和旁听刘子健教授的"中国政制史"及"宋史专题"，使我拓宽视野并获得良师指导。同时，在学系的鼓励和资助下，我每周乘车前往纽约市哥伦比亚大学，参加由该校东亚研究系的明代思想史专家狄白瑞（Wm. Theodore de Bary）教授所主持的"明代研究讨论会"（Ming Studies Seminar）。这是每周一次的研究生集会，每次约三小时，题目包括政治制度、社会经济、思想宗教、文学艺术等，分别由哥伦比亚大学的中国研究教授和特约的国内外访问学者主讲。学员除却哥伦比亚大学的本科生，还有数名就读于毗邻大学的研究生，济济一堂，谈学论道，到会者深受其益。由此关系，我认识了哥伦比亚大学的名教授如狄白瑞、夏志清、蒋彝、唐德刚，及当时在该校主持"明人传记计划"（Ming Biographical Project）的富路特（L. Carrington Goodrich）教授，和他的同事——知名学者房兆楹、杜联喆夫妇，也结识了日本的明代思想专家冈田武夫、酒井忠夫；还有，邂逅从前在中国香港见过面，但未有机会请益的澳大利亚国立大学中文系柳存仁教授。以上诸位鸿儒，特别是富教授、房氏伉俪及柳教授对我的研究都很感兴趣，给予热情鼓励和支持。富教授约我撰写刘基传，数年后且邀请参加编纂工作，使我有好几年的机会潜心明史，至于柳教授对我的刘伯温研究更黾勉有加，这从他允肯为拙书作序可以见到。

1965年春，我通过博士学位初试，于是集中精力撰写论文，题目是：*Liu Chi (1311—1375): The Dual Image of a Chinese Imperial Adviser*（《刘基：一个中国皇帝的谋士的双重形象》）。其主旨是探讨刘基在朝廷文书及士绅著作所表露的"官方形象"（otticial image），及如何蜕变成一个出现于小说稗闻、与前者迥异的"民间形象"（popular image），而贯穿二者是考究正史的刘基如何神化为传说中的刘伯温。普林斯顿大学拥有国际闻名的葛思德东方书库（Gest Oriental Library），庋藏汉籍善本及珍贵手稿甚多，其中恰巧有十来种署名刘基撰著的天文地理、历算术数的书，而且明清文集、笔记小说也占相当数量。此外，哥伦比亚大学的东亚图书馆也藏有不少明清子集和近代汉学研究期刊，因此检读资料极为方便，左右逢源，如鱼得水。由于先前对明初史事已有粗略认识，论文架构早在胸臆，所以一旦搜集到基本资料便动笔。一年下来，我已拟好论文初稿，共五章，其中第四章考究刘基传说的演进占篇幅最多，也有若干新意，忝获牟、刘二教授的好评，认为对研究中国人物及明代史事都有创见。

简而言之，这篇论文勾画出刘基神化过程的阶段。最初是当世文人烘托夸大他的才智事业——始作俑者是为他撰述行状的青田同乡，成为传说的基础。到万历中叶，演开国事迹的《英烈传》面世，将他塑造成小说化的传奇人物；在这里，刘基被虚构为刘秉忠的孙子，又变成《三国演义》里的诸葛亮——一位能呼风唤雨的道士和神算军师。接着坊间流传不少嫁名于他的天文地理、历算术数存疑书籍，把他变得更神奇。到最后，由于反清复明的革命分子的煽动宣传，刘伯温进一步被神化为大预言家——遗下《烧饼歌》推测未来。以上所言《英烈传》对刘基神化的关键性，和剖析《烧饼歌》的来源——特别是它的脱胎于明初方外铁冠道人张中的传说，和最初的书名是《蒸饼歌》，都是新发现，使我感到兴奋不已。但是对另一个更玄异的传说——刘伯温建造北京城故事的来龙去脉，因为找不到线索，一筹莫展，无法交代。情急之下，唯有把习见的资料，如E. T. C. Werner, *Myths and Legends of China*; L. C. Arlington and William Lewisohn, *In Search of Old Peking*，及金受申《北京的传说》所录的口语叙述综合作一介绍，并未试图分析。这篇论文在1966年秋通过口试，我于是便以刘伯温研究取得普林斯顿大学的博士学位，接着返港与翁健梅小姐订婚，不久便应聘赴新西兰的奥克兰大学（University of Auckland）出任亚洲史讲席，开始漫长的教学生涯。

1967—1968年这两年，我在奥克兰大学讲授"中国通史"及"中国近代史专题",由于学习这些新设课程的学生不多,教务轻松,也无行政负荷,所以作息多暇。最初一年,我便致力将论文部分改写成两篇单独的文章,一篇论《刘基的双重形象所反映的历史人物塑型》,另一篇谈《刘基在〈英烈传〉中的小说化过程》,分别刊于德国的《极东学志》(*Oriens Extremus*, 15. 1, 1968)和澳大利亚的《澳洲东方学会学报(*Journal of the Oriental Society of Australia*, 5:1—2, 1967)。我没有继续修改论文成专书,主因是环境迥异,奥克兰大学的汉文藏书贫乏,无法作深入的研究。所以第二年我便改弦易辙,恢复金史的探讨,草成一本史学史论集,书名为*The Historiography of the Chin Dynasty (1115—1234): Three Studies*(《金朝史学研究三种》)。这本书稿随后送给德国明兴大学(Universität München)的傅海波(Herbert Franke)教授审阅,承他雅意,列为"明兴东方学丛书"(Münchener Ostasiatische Studien)第四种,于1970年出版。接着,傅教授邀我合作译注《金史》,计划编写一本大型的《金代社会史》,因此二十年来大部分的精力都消耗于这方面,影响了刘伯温研究,使之久久未有进展。

在奥克兰大学期间,虽然学无恒侣,藏书简陋,难有开拓,但是由于地域之便,我常有机会访问在塔斯文海峡(Tasman Straits)彼岸的澳大利亚,向澳大利亚国立大学的柳存仁教授及其他先进如王赓武教授（现任香港大学校长）和罗依果博士请教，对于日后的学术发展有很大的启迪。1968年初，富路特教授邀我回哥伦比亚大学参加编纂《明代名人传》，于是我辞去奥克兰大学教席。这年底，我与夫人返港省亲，然后重返纽约，投身于明史研究工作。在中国香港度假时，适逢香港大学中文系欢送罗香林师荣休，集稿出版纪念论文集，征文于门生故旧，于是将行箧携带的资料，勒成《读刘伯温〈烧饼歌〉》呈献，这是我首篇以中文撰述关于刘伯温的文章。前几年，香港珠海书院文史研究所筹印元一师逝世10周年纪念论文集中，又续写《〈烧饼歌〉新考》致意，增补了若干新资料。

从1969年春天至1972年夏季，我在哥伦比亚大学的"明人传记计划"充任研究员，进入另一阶段学术生涯。这个附设于东亚语文系的研究中心，系由美国亚洲学会（Association for Asian Studies）倡议，由福特基金会（Ford Foundation）提供经费；此外，亚洲基金会（Asia Foundation），及美国七八所设有重点中国研究的知名大学也拨款支持（澳大利亚国立大学也曾赞助）。其主要任务是编纂一部犹如在20世纪40年代，由美国国会图书馆、东方典藏部主任恒慕义（Arthur W. Hummel）博士主编的《清代名人传》（*Eminent Chinese of the Ch'ing Period*）（2 vols. Washington, D. C., The Library of Congress, 1943—1944）的传记辞典，借以推动明史去拓展中国近代史的研究。富路特教授为执行长及总编辑，副手是房兆楹与杜联喆夫妇。房氏伉俪为《清代名人传》的主要作者，此刻合作编纂《明代名人传》，正是相得益彰，为汉学界的盛事。我在普林斯顿大学写博士论文时，经常前往哥伦比亚大学向他们请教，并在暑假时为该计划工作，撰写刘基传，因此留下印象，而这时刚好房夫人准备退休，需要一位较年轻的助手接班，富教授便给了我一个千载难逢的机会，参与这一国际性的学术重任，真的是意想不到。

此后三年半里，我全时致力于明史研究。我的职务是审阅外界的特约稿件，和挑选明代人物撰写传记，因此竟日检读明朝的原手资料，包括实录、政书、碑传、文集、方志、笔记、小说等，大开眼界，对日后的明史研究有无限裨益。在这期间，由于全神贯注在明人传记，和经常参加有关明史或明朝以外的学术研讨会，需要作论文，并无余闲回到刘伯温研究，只有随时摘录资料以备他日之用。不过，我所撰的论文有一篇是与刘伯温直接有关，那便是铁冠道人张中的预言传说之起源和演变。这篇论文取材于为《名人传》撰作的《张中传》（此传由已故的Anna Seidel博士拟稿，我作了大幅修改，因此二人联会署名），它补充了我的《烧饼歌》初稿，指出这本预言书滥觞于张中的《蒸饼歌》，为刘伯温研究打下更坚固的基础。论文随后送到德国的《极东学志》，于1973年刊出。这几年来，总共完成了80篇明人短传，全部收录由富路特、房兆楹主编的《明代名人传》（*Dictionary of Ming Biography, 1368—1644*），于1976年由哥伦比亚大学出版社刊行。这本书分为上下两册，共1644页，我执笔的传记占了篇幅六分之一强，总算为明史研究做出点儿成绩。

上面提到在撰写博士论文时，因为茫无头绪，对于刘伯温建造北京城的传说无法剖析，只好空缺，等候机会再作道理。这个机会，终于在我结束《明代名人传》的工作，准备返港省亲，然后前往西雅图华盛顿大学（University of Washington, Seattle）任教的时候来临。1972年春，蒙古史专家司律义司铎（Fr. Henry Serruys）在美国蒙古学会（The Mongol Society）所任编辑，庆祝拉铁摩尔（Owen Lattimore）教授七十诞辰的纪念论文集，发表了一篇极重要的论文。该论文的题目是"蒙文钞本关于永乐皇帝的祖先为蒙古汗的传说"（"A Manuscript Version of the Legend of the Mongol Ancestry of the Yunglo Emperor"），主要的资料是一份于1907年抄录，题名"大明永乐皇帝如何建造北京城"的蒙古民间传说故事。故事以蒙古相传永乐为元顺帝妥懽帖睦尔的遗子为背景，说当洪武皇帝怀疑这个王子不是自己的骨肉，把他谪戍到北方朔漠，责成在其地营建一座城市之时，王子得到生母碽妃的锦囊，恳求派遣谋士刘伯温随行襄助，结果得请，后来在当地遇到一位黑脸的黑衣黑骑异人，获他指授，请伯温依计行事，这座城市不久便在今日的北京建造起来。司律义司铎把蒙文抄本标注拉丁音并翻译为英文，又附了一篇简短序引，但没有勾稽明人史籍作深入分析。不过，这个资料给我打开了刘伯温建造北京城传说的迷宫的钥匙，因为它解答了为何永乐、刘伯温虽然年代不相属［刘基卒于洪武八年（1375）］，传说却将他们结合一起，而把刘伯温与北京建城套上关系。这篇论文并没有解答所有的疑难，尤其他并无涉及"哪吒城"故事，但是它提供了一个新的研究方向，使我领悟到要彻底解决这个谜案，需要从蒙古传说着手。因此，待我安顿下来计划写这本书时，便先投入研究这个北京建城的蒙古传说。这项工作，却要再搁延好几年才能实现，因为在完成《明代名人传》初稿不久，便准备迁居到西北岸，一时无法投入这件复杂的研究。

1972年初秋，我与夫人及三岁的女儿以真来到西雅图，在华盛顿大学重执教鞭，转眼间已过了20年。华盛顿大学是美国西部中国研究的重镇，自从20世纪50年代泰勒（George E. Taylor）教授创立远东及俄国研究所（Far Eastern and Russian Institute），延揽各方名儒如萧公权、李方桂、施友忠、梅谷（Franz Michael）、卫德明（Hellmut Wilhelm）、包普（Nicholas Poppe）等任教，阵容鼎盛，课程充实，经费丰裕，一直为海内外莘莘学子所向慕，历年造就人才甚众，国际驰名。我能有机会进入华盛顿大学执教，是出于卫德明教授的引荐、牟复礼教授的玉成。这时华盛顿大学这些硕彦多已退休，在校的华裔教授只有施友忠、徐道邻、马逢华与张桂生；我的职位原是萧教授所任，他退休后由牟师来接任，但不久牟师重返普林斯顿大学，这个职位再度空缺。由于华盛顿大学中国史的课程广泛，研究生众多，我的教学与研究范围因此逐渐扩大，包揽从宋朝至明朝的数朝历史，并且兼顾蒙古、女真等民族历史，对个人的学术发展有很大的影响。

自此之后，我的研究与写作都集中在金史，也兼及元史和宋史，主因是与傅海波教授有约，合作译注《金史》，仿照曩昔魏特夫（Karl A. Wittfogel）与冯家升撰述《辽代社会史》［*History of Chinese Society: Liao (907—1125)*］之例，并得到美国学术团体联合会（American Council of Learned Societies）资助经费。不久，我开始撰写一本专书，探讨金朝的章宗与宣宗集议"德运"，推定金朝为"土德"上承宋朝之"火德"为正统王朝的政治与文化意义，作为《金史》研究的一环。这本书在1980年脱稿，题名《中国历代政治符号》（*Legitimation in Imperial China: Discussions under the Jurchen-Chin Dynasty, 1115—1234*），为研究中国历代政权合法化的首创，但迟至1984年始由华盛顿大学出版。1976年初，我接到王赓武教授与罗依果博士的邀请，出任澳大利亚大太平洋研究院远东史系的研究员，专司撰作元人传记，于是向华盛顿大学请假一年，秋间举家（包括小女以真和两岁的长子以荦）前往堪培拉履新。我在一年间完成了七八篇传记，全部收录与罗博士及萧启庆合编的《大汗之侍从：蒙元前期名人传记集》（*In the Service of the Khan: Eminent Personalities of the Mongol-Yüan Period, 1206—1300*），此书已在1993年底由德国的Harrassowitz出版社出版。在堪培拉时，因为参加研讨会，对明末思想家李贽（卓吾）的史料发生兴趣，闲来把新发现的李氏先人墓碑及有关传记资料进行译注，并附加他的著作及近代人论述目录，汇编成一本专书。这本书不久完成，题名《近代中国史学上之李贽》［*Li Chih (1527—1602) in Contemporary Chinese Historiography: New Light on His Life and Works*］，蒙牟复礼师宠赐序文，又得到李又宁教授的协助，于1980年由纽约的M. E. Sharpe出版公司出版。因此，这一年的工作有相当收获，只是没有机会赓续刘伯温研究。

1977年秋天我返回西雅图后，因为积稿亟待整理，加上要开设新的教学科目，又已接受美国学术团体联合会聘请为该会中国文化研究小组的委员，并与哥伦比亚大学狄白瑞教授筹办探讨元朝统治下之思想与宗教的研讨会，工作极为繁忙劳碌。这个研讨会于1979年冬在西雅图近郊的伊瑟阔

（Issaquah）市举行，出席的中外学者有20多人，论文甚多创见，讨论也颇热烈，洵为一次成功聚会，事后并编辑论文集出版。这个会议过后，新的工作又降临。事缘年前牟复礼师应《剑桥中国史》（*The Cambridge History of China*）的总编辑崔德泽（Denis C. Twitchett）教授邀请，主编《明代史》，分为上、下两册，上册述政治，下册论制度，得到美国联邦政府的国家人文学科基金（National Endowment of the Humanities）拨款支持，因此牟师约我参加工作。由于机会难逢，于是答允，又向华盛顿大学请假一年（1979—1980），举家回到普林斯顿（当时幼子以鸣刚好满岁），埋首撰述建文、永乐、洪熙、宣德四朝史事。上册蹉跎好几年，到1988年始出版，下册已经定稿，希望不日付梓问世。

　　1979年岁暮，我在普林斯顿工作方酣，却得一个意外的机会履足神交已久的北京，那是以美国学术团体联合会中国文化研究小组委员的身份，参加专团，应中国社会科学院邀请访华从事学术交流。全程一共三周，于圣诞后一日出发，访问北京、成都、上海、南京、广州等城市，到翌年元月中旬才返美国。这次旅行最兴奋的是有机会亲履旧京，虽然时间短促，行程紧凑，我却能偷闲蹀步天安门、故宫、景山、北海公园，也远足十三陵、颐和园和八达岭长城。此行不但浏览燕都名胜古迹，而且把多年在纸堆里打转的冥想与现实联结在一起，加强我研究北京城的决心。此后有几次赴国内参加学术会议，在首都作短暂停留时，也尽量抽空到旧城内外徘徊瞻仰。这次初访神州，无疑是在普林斯顿工作的一段最有意义的插曲，可是《剑桥中国史》的稿约需要限时完成，未有余暇从事其他的研究。

1980年秋天，我返回华盛顿大学授课，以后两三年间都为清理积压劳形，不但要修订《剑桥中国史》明代篇的稿子，与狄白瑞教授合作编辑元朝之思想与宗教研讨会的论文集［书名为《元思想：蒙古时代的中国思想与宗教》（*Yuan Thought: Chinese Thought and Religion under the Mongols*）］，还需校对此前已完成的金代"德运"论议专书的排印稿。这两本书终于在1982年和1984年分别由哥伦比亚大学与华盛顿大学出版社刊行，了结多年的心头大事。在这时候，仍有一项未完成的工作，那就是元人传记的编纂事宜。于是，1983年夏天，我再应罗依果博士的邀约，回去堪培拉澳大利亚国立大学十星期。这期间除却修订元人传记，又接受当时任大太平洋研究院院长王赓武教授的雅嘱，担任该年度的莫礼逊纪念讲座（George Ernest Morrison Memorial Lecture），以"中国对出版事业管制之今昔"（"Control of Publishing in China: Past and Present"）为题，在该院作一学术演讲，转瞬间三个月就此过去。

然而，没承想这个夏天却是我下决心去钻研北京建城的传说，解决这一谜案，动笔撰写这本小书的开始。主因不是工作时间表出现空当，可以重理旧业，而是在修订元人传记之时，意外发现足以破解一个多年令我困惑苦恼的问题线索。这个线索来自刘秉忠的传记。事缘在增补这篇旧传时，检读刚出版的陈高华所著《元大都》（这书在1982年出版，一年后才在海外流通），发现两则冷僻的史料，修订了我对刘伯温建造哪吒城故事的缘起推断。这本书叙述刘秉忠设计营建大都城，曾产生"哪吒城"的传说。这个故事首见张昱的《辇下曲》其中一首诗："大都周遭十一门，草苫土筑那吒城。谶言若以砖石裹，长似天王衣甲兵。"随后署名为长谷真逸撰的《农田余话》申释"燕城系刘太保定制，凡十一门，作那吒神三头六臂两足"，再把故事渲染夸张。这里道出"哪吒城"的传说，始于好事者穿凿附会，曲解刘秉忠之在大都开辟十一座城门，是为象征哪吒神的身躯模样。哪吒作为托塔天王的第三太子，据说具备守护城垣和降龙治水的法力，所以刘秉忠在设计大都城时要祭祀神灵以求庇护。这两则史料提供了我多年冀望不得的答案，正好填补了拼图缺失的片块，使我恍然大悟，原来刘伯温建造哪吒城的故事滥觞于元代营建大都城！我的这本书的论证因此有了初步的架构和解释，那就是刘秉忠设计大都城为始作俑者，而明人讹传刘伯温为秉忠的孙儿，所以大都"哪吒城"的传说，便移花接木似地栽植到刘伯温身上。至于刘伯温何以跟北京建城沾上关系，那就是从蒙古流传永乐皇帝获得黑脸异人（影射真武神）的翊助，指授刘伯温兴建城市的传说演变而来。

这个发现使我极感兴奋，而不久又幸运地得到一个机会对这个题目整理头绪，爬梳记载，先行供诸同好商榷以便修正。这一机会是我的同窗，当时任教香港大学中文系的赵令扬教授提供的。这年底香港大学冯平山图书馆为纪念创馆50周年，得到冯氏哲嗣秉芬爵士、秉华博士等资助，举办学术讲座以志庆典。讲座由赵教授主持，共邀海内外学者作一连串演讲，出席者有王赓武、席文（Nathan Sivin）、瞿同祖、马幼垣，赵教授联同本人共六人。我于是趁此机会以"北京的历史与传说"为题，用粤语将刘伯温建造哪吒城的传说的源流作一介绍，引起听众的兴趣，发问颇众，可惜时间有限，未能随意发挥。会后，讲座同寅建议集稿编印论文集，因此便将讲稿改写，可是下笔不能自休，一年未过累积三万字，依然未入正题。本来预备浓缩，但是其他讲者俱未交卷，人皆拖延，结果出版计划流产，不过，我已决心撰写专书阐明。

此后几年，在教学与行政百忙之际，我仍尽量抽暇撰写刘伯温建造北京城的传说故事。写作时断时续，无大进展，因为我从20世纪80年代开始，海峡两岸学术活动频繁，多次得海峡两岸暨香港的学术界邀请参加研讨会，需要提供论文，消耗时间及精力不少。这些会议包括宋、金、元和明史，使我有机会与神州各地的学者切磋琢磨，开阔眼界，收获良多。为了维持刘伯温研究不辍，我尽量利用北京城传说的资料撰写赴会的报告。因此，当1986年我参加在南京召开的国际元史会议，提供的论文是《元大都城建造传说探源》，而翌年出席在呼和浩特举行的国际蒙古学会议时，也以英文撰作《蒙古流行关于永乐帝建造北京城的传说》宣读。这两篇文章随后又相继在台北的"中央研究院"历史语言研究所，和台湾大学历史系的学术座谈会上做过讨论，跟着修改发表，前者刊在台北的《汉学研究》（5. 2, 1987），后者见于*Asia Major*, Third Ser（3. 2, 1990），为今日这本小书奠下重要基础。

1988年春季，我应中国台湾大学历史系邀请，出任客座教授一学期，课余埋首撰写北京城传说的稿子，到年底回美国西雅图时已经盈帙，颇有规模，私心窃喜。就在这时候，香港中文大学新亚书院历史系友人谭汝谦博士及李弘祺博士〔谭君现受聘为美国明尼苏达州（Macalester College）教授；李君则较早已转任纽约市市立大学教授〕，盛情推荐我为该院之"龚氏访问学人"，时间定在1990年3月中旬。这年春抵达新亚后，我便用北京城传说的初稿作为学术报告，题目是"北京城建造传说之历史考察"，分两次以国语讲述，先讲元大都，继而讲明北京，听众踊跃发言，不少提出问题质疑，使我受益匪浅。由于这次演讲，我更下决心完成此稿，可是此后两三年间，有几种旧作亟须清理，包括两篇金史论文和一本关于蒙古灭金的小书要准备出版，而且又因出席在匈牙利布达佩斯和在德国柏林举行的常设国际阿尔泰学会议（Permanent International Altaistic Conference）年会（1990，1991），都要交论文。因数项工作同时进行，北京城传说的撰作便缓慢下来，到1992年秋天，我应高锟校长盛意邀请返港出任香港中文大学历史系主任，两年间勉力赓续，至最近始完成初稿。我想不到从一动念到开花结果，晃眼间就过了20多年。

本书的诞生是极其曲折和戏剧性的，从构思到搜集资料以至着笔，都走过迂回反复、柳暗花明的道路，并非经过殚思竭虑、破釜沉舟而获得结论，而是由于因缘凑合，水到渠成始有收获。遗憾的是个人未尝寓居燕都，孤陋寡闻，所论皆多依据文字记录推理分析，并未与当地熟稔掌故的耆老印证，迹近闭门造车。管中窥豹，必有偏失，尚祈博洽君子包涵指正。

写作期间，我欣幸得到多位师长、前辈及学侣的指导、奖掖和给予种种襄助，谨此鸣谢致意。首先，要感谢普林斯顿大学业师牟复礼教授，若非他建议我选择刘伯温研究作为博士论文，我的学术研究方向便会转变，不会写出这本书来。已故的刘子健师和哥伦比亚大学的富路特、房兆楹教授，对我早年的史学研究，特别是明史方面，都有很大的启迪和帮助。柳存仁教授对我向来热诚支持和鼓励，他早年寓居京华，对"哪吒城"传说素感兴趣，承他检读拙稿一遍，提出宝贵意见，又荷宠赐序文，黾勉有加，隆情可感。在搜集资料方面，日本东京的李献璋博士和中国台北的曹仕邦博士曾热心地提示哪吒神在民俗与佛教方面的资料，益我良多。中国社会科学院历史研究所的王春瑜、杜婉言、陈高华、黄振华诸教授，和近代史研究所的蔡美彪教授，以及北京大学地理系的历史地理耆宿侯仁之教授、法律史研究所饶鑫贤教授，北京市社会科学院北京史研究室的苏天钧教授，和辽宁省民族研究所前所长金启孮教授，也多次分别寄赠有关北京史地的书籍和论文，充实拙稿内容，尤为铭感。此外，还要向香港大学的赵令扬教授，香港中文大学历史系谭汝谦博士、李弘祺博士致敬意，没有他们的邀请做学术演讲，这本书便失去催生的机会，也许到现在仍未杀青。

最后，必须感谢贤内助健梅的真挚爱护与操持家务，抚育儿女，使我能长期专心教学和写作。多年来她知道我沉迷研究刘伯温，曾听我缕述《烧饼歌》和"哪吒城"的逸闻，兴趣盎然。今日目睹这本书稿完成，而且最近有机会举家漫游北京，把故事与景物印证，相信她一定会把这份分享的喜悦珍藏起来。是为序。

1994年7月，陈学霖书于美国西雅图

补　记

　　脱稿不久，即在香港中文大学休假一年回美重返华盛顿大学任教，暇中将各篇补订，充实内容。承历史系办公室陈惠森先生及杨颂妍小姐效劳作文书处理，长儿以苹复制部分图像，位于北京的中国社会科学院考古研究所徐苹芳教授同意转载珍藏旧照片，位于台北的"中央研究院"历史语言研究所廖伯源教授查检资料，及淡江大学历史系谢敏聪教授提供自己摄影的照片。本书能够顺利出版，多蒙东大图书公司编辑部悉心处理编印事宜。复承杜婉言教授代向《北京的传说》等三种故事集的编者、作者，及《俯瞰北京》摄影集的编者取得同意转载部分资料及照片。又荷饶师固庵教授为书名题签，增添光彩。拙作行世有日，诸位及所属单位皆匡助良多，特缀数言以志其事并申谢悃。

1996年1月，于香港新界马料水

目　录

前　言

北京建都和都城传说

北京是中国历史悠久和古迹丰富的名城，也是当今驰名世界、人文荟萃、新旧交融的一国之都。这坐落于华北小平原，背山临水，地势险峻，居于南北交通要津的城市，在近三千年的历史上，一共成为十二个政权的都城，为时达一千五百余年。在人类发展史上，特别是都城的历史上是一个辉煌而骄人的纪录。[①]

[①]　根据阎崇年归纳的史料，以北京地区为都城的十二个政权为蓟、燕、前燕、大燕、中燕、辽、金、元、明、大顺（李自成）、清与中华民国前期政府，共约一千五百余年。见所作：《北京"十二为都"谫议》，收入氏著：《燕步集》（北京：北京燕山出版社，1989），第317—327页。关于北京的建置沿革，略见王灿炽所撰论文，收入氏著：《王灿炽史志论文集》（北京：北京燕山出版社，1991），第315—357页。

　　在公元前800年，这座从聚落崛起、当时称为"蓟"的城邑，是战国七雄之一的燕国都城，规模不大，但后来在地理上越来越显得重要，从秦汉至隋唐皆有修缮和增建。到了辽、金、元三朝，塞外游牧民族入主中原，将它升格为陪都或京师：辽名"南京"、金称"中都"、元号"大都"。作为帝王的居所和统治之中枢，这里修建了城垣、宫殿、庙坛，规模宏大，瑰丽壮观。明永乐帝定都这里后，改称"北京"，又经过百年悉心经营，使这座古城变为金碧辉煌、庄严肃穆的都城。清朝时期，也以北京为京师。辛亥革命成功，缔造中华民国，1912年元月孙中山先生在南京就任临时大总统，但不久辞职，袁世凯继任，仍以北京为首都，此后历届北洋政府皆沿承其制。1927年4月，国民党在南京成立国民政府，率师北伐，将北京改名为北平，划为特别市，翌年定都南京。1949年10月，中华人民共和国成立，将北平复名北京，定为首都。这座有三千年历史的文化政治都邑，再度成为掌握全国命脉的中枢，发展为人口逾千万，睥睨寰宇的伟大都会。①

_____

① 研究北京历史风物的文献书刊汗牛充栋，繁不胜纪，详见"引用及参考书目"所列张次溪（江裁）、王灿炽，及首都图书馆地方文献组编纂的书目。中英文专著多也，谨将有代表性者胪列：Osvald Siren, *The Walls and Gates of Peking*, ...（London: John Lane, 1924）（见许永全译：《北京的城墙和城门》，北京：北京燕山出版社，1985）；同前作者，*The Imperial Palaces of Peking with a Short Historical Account*（Paris and Brusseles: G. van Oest, 1926）；

　　举凡中外名都，由于历史久远，世代经营，多留下琳琅的文献记录和瑰丽的名胜古迹，但同时也孕育出各种传说。欧洲的雅典、罗马、巴黎、威尼斯、伊斯坦布尔，其都城的肇兴和变革，皆有各种传闻。中国文化深厚绵长，古都众多，著名的如长安、洛阳、开封、燕京、金陵，也不乏故事。而且这些古代中外名城的传说，很多已成为学者研究的

L. C. Arlington and William Lewisohn, *In Search of Old Peking*（Peiping: Henri Vetch, 1935）; Jeffrey F. Meyer, *Peking as a Sacred City*（Taipei: The Chinese Association for Folkore, 1976）; Edward L. Farmer, *Early Ming Government, The Evolution of Dual Capitals*（Cambridge, Mass.: Harvard University Press, 1976）; James P. Geiss, *Peking under the Ming Dynasty, 1368-1644*（Ann Arbor, Mich.: University Microfilms, 1980）; 侯仁之、金涛：《北京史话》（以下简称“史话”，上海：上海人民出版社，1980）; 北京大学历史系《北京史》编写组：《北京史》（以下简称“北京史”，北京：北京出版社，1985）; 谢敏聪：《明清北京的城垣与宫阙再研究》（以下简称“北京的城垣”，台北：台湾学生书店，1989），与 Yan Chongnian, *Beijing: The Treasures of an Ancient Capital*（Peking: Morning Glory Press, 1987）等。此外，北京史研究会所编的《北京史论文集》二辑（1980，1982）; 北京史研究会所编的《燕京春秋》（1982）; 北京历史考古丛书编辑组编辑《北京文物与考古》第1—2辑（1983，1991）; 北京市社会科学研究所（今称北京市社会科学院）编纂的《北京史苑》四辑（北京：北京出版社，1983—1988）、《北京史研究》（一）（1986）、《燕都春秋》（1988）（以上由北京燕山出版社出版）及苏天钧主编的《京华旧事存真》第1—2辑（北京：北京古籍出版社，1992），都收录有关北京历史风物的重要文章。侯仁之主编的《北京历史地图集》（以下简称“地图”，北京：北京出版社，1988），与曹子西主编的《北京通史》十卷（以下简称“通史”，北京：中国书店出版社，1994），皆为研究北京史地必备的参考工具书。

对象，因为它们不但诡奇玄怪，引人入胜，同时也折射出个别历史文化的一些特征。[①]简而言之，它们滋生和流传的很多方面表露在各国文化体系中单元或多元的"大传统"（Great Tradition）和"小传统"（Little Tradition）的不同层次。这些现象，一向为西方文化和人类学者所关心。

　　"大传统"和"小传统"这两个名词，是已故美国学者雷德菲尔德（Robert Redfield）在他的名著《农民社会与文化》（*Peasant Society and Culture*）中提出的，其含义与他前面提出的高层文化（High Culture）、士绅（或精英）文化（Elite Culture）、底层文化（Low Culture）、民间文化（Popular Culture）等概念类似。雷氏的大小传统理论的主旨，认为大传统系由少数有教育思想的上层人士创造，而小传统则由大多数知识肤浅，甚至文盲的农民在乡村生活中逐渐发展而成。这个理论极其强调大小传统的彼此依存、互相交流的关系。因此，在研究民俗传说时，我们可以借用来解释传说故事的起源、演变，以及它们在各方面所产生的

---

　　① 有关西欧古代都城之建造与神话，参见Arnold Toynbee, ed., *Cities of Destiny*（London: Thames & Hudson, 1967）所收录的个别论文及附列书目。中国古都不乏传说，大多与建城有关，但极少有学术性研究。个别探讨，略见G. William Skinner, ed. *The City in Late Imperial China*（Stanford, Calif.: Stanford University Press, 1977）所收录的Arthur F. Wright与F. W. Mote对长安及南京的讨论，又见《北京城建置的沿革》《明代北京城建造的传说》所揭拙著对元大都与明北京建城之研究。

影响。①

"刘伯温建北京城"传说

中国古都传说中最脍炙人口、家喻户晓的，莫如有关明代北京城的建造——"刘伯温建哪吒城"的故事（"哪吒"之名，唐宋元皆书作"那吒"，明清则作"哪吒"或"哪吒"，俗写为"哪吒"，今日亦然，本书沿用各时代之不同写法）。这个传说，大概从清季开始流行，到现在依然不衰。根据20世纪50年代，寓居京都的满族文艺家金受申编写的《北京的传说》中"八臂哪吒（吒）城"一节，故事简要如下：②

大明永乐帝（明太祖朱元璋第四子燕王朱棣，登基后改元永乐）决定要建造一座首都北京城，派工部营造。众官员大为恐慌，赶忙上奏，说北京这

---

① 关于雷德菲尔德对"大传统"与"小传统"的讨论，见氏著*Peasant Society and Culture: an Anthropological Approach to Civilization*（Chicago, Ill: University of Chicago Press, 1956），chap. 3。余英时曾就其学说有裨益于国史研究的范畴作一诠释，见氏著：《史学与传统》（台北：时报出版公司，1982），序言：《从史学看传统》，第11—17页。又参见《余论》注1.所揭论著。

② 见金受申：《北京的传说》第1集（北京：通俗文艺出版社，1957），第23—26页；又同前书1981年北京出版社合刊本，第3—8页。此书有英文节译，见Gladys Yang, *Beijing Legends*（Peking: Panda Books, 1982）。

个地方，原是苦海幽州，底下的孽龙非常厉害，臣子降服不了，请皇上另派军师去办。永乐帝想想也有道理，于是请他手下通晓天文地理和鬼神的军师出主意。但这些人许久都不敢答话，只有大军师刘伯温和二军师姚广孝自告奋勇，愿意建造北京城。

两人都意气高涨，彼此轻视，所以领到圣旨后，便趁机一展身手。他们俩商量好，一人去东城，一人去西城，各自想主意，十天后见面，然后脊背对坐独自绘图，画好后交换比较，以见本领高下。

于是，刘伯温便去了东城，姚广孝去了西城，分别构思绘图建城。最初的两天，两位军师虽然没在一起，也没外出看地形，但是大家的耳朵都听见一句话："照着我'画'，不就成了吗？"声音像是孩子的，很不清晰，好像是说："照着我的'话'。"这个"话"是什么话呢？他们俩十分纳闷。到了第三天，他们各自无论走到哪里，总看见一个穿红袄短裤的小孩在前面溜达，但就是赶不上。回家以后，两人又分别听到从前那句话："照着我'画'，不就成了吗？"

许久，两人恍然大悟，这个红袄短裤的孩儿，不就是哪吒吗？刘伯温还不相信，第四天早上带着随从，去看这个孩子究竟是不是哪吒。姚广孝也是如此。大家又分别碰见那个小孩，这回他穿的红袄像一件荷叶边的披肩，肩膀两边有浮镶着的软绸子边，风一吹真像是有几条膀臂似的。这一下，刘伯温和姚广孝便知道他一定是"八臂哪吒"，于是赶紧往前追，想揪住这个孩子。

但这个孩子跑得飞快，一会儿工夫就不见了，只丢下一句话："照着我'画'，不就成了吗？"刘伯温回到他在东城的公馆，沉思了许久，认为哪吒那句"照着我'画'"，一定是画图的"画"字，不是说话的"话"字。他又想：这定是要我照他的模样画城图，好镇压苦海幽州的孽龙。此时，姚广孝回到他在西城的公馆，也有相同的想法。

到了约定的日子，这天正午，两位军师依照约定来到城中的大广场，那里已经摆了两张桌子、两把椅子，椅子背对着椅子背。刘伯温朝着东坐，姚广孝朝着西坐，彼此不见面，各自拿起笔来绘城图。到太阳刚往西转时，两人都画好了，随即交换一看，都哈哈大笑起来——原来两张城图完全一样，都是"八臂哪吒城"。

姚二军师请刘大军师解释为什么叫"哪吒城"。刘伯温随即指着城逐一说明哪里代表哪吒的脑袋、五官、八臂和两足。姚广孝点头同意，跟着又问："这个哪吒没有五脏，空有八臂行吗？"刘伯温红了脸，立即一指城图道："那城里四方形儿的是'皇城'，皇城便是哪吒的五脏。皇城的正门——天安门——是五脏口，从五脏口到正阳门——哪吒的脑袋，中间这条长直的平道便是哪吒的食管。"

姚广孝笑起来，慢条斯理地说："大军师画得细致，那五脏两边的两条南北的大道，是哪吒的大肋骨，大肋骨上长着的小肋骨，就是那些小胡同，是不是？"

这一来，两位军师绘的北京城图都是"八臂哪吒城"，刘伯温没夺到头功，姚广孝也占不了上风。据说刘大军师还不怎么着急，但是姚二军师越想越恼，就出家当了和尚，专等着刘伯温修建北京城。

因此，如今北京的老居民都相信这个传说——刘伯温、姚广孝脊梁对着脊梁画出了北京城。

这个传说的主角刘伯温和姚广孝，都是明朝初年显赫的辅佐名臣，勋功盖世，留下不少辉煌记录。刘伯温即是刘基（伯温是他的字，以下为行文方便皆用字代名），今浙江青田人，元至大四年（1311）生，至顺初年举进士，深通经史，擅长天文地理、兵法术数，后来明太祖在位时出任帷幄军师，以奇谋神算著称，为明朝开国创业奠定基础，洪武八年（1375）卒。[①]姚广孝初名释道衍，今江苏吴县人，元至元元年（1335）生，始以高僧入侍燕王朱棣藩府，善行军，有谋略，为"靖难"篡夺建立大功。燕王即位后还俗，拜少师，获赐名广孝，主持监修《永乐大典》，不久退隐，明永乐十六年（1418）卒。[②]两人生活的时代有先后，从未共事一主，虽然运筹帷幄，功勋彪炳，但并没有主持修建北京城。刘伯温曾在应天府（古代称之为金陵、元朝称集庆

[①]　刘基（伯温）的传记详见张廷玉等纂修：《明史》（北京：中华书局，1974），卷128，第3777—3782页；雷铣修、王棻纂：《青田县志》［清光绪二年（1876）］，卷10，4下—10上页；王馨一：《刘伯温年谱》（上海：商务印书馆，1936）（参见郝兆矩：《增订刘伯温年谱》，郑州：中州古籍出版社，1990）；刘德隅：《明刘伯温公生平事迹拾遗》（台北：自印本，1976）；拙著（Chan Hoklam），"Liu Chi," 收录L. Carrington Goodrich and Chaoyang Fang, eds., *Dictionary of Ming Biography, 1368-1644*（New York, N. Y.: Columbia University Press, 1976），pp. 932—938；与郝兆矩、刘文峰：《刘伯温全传》（大连：大连出版社，1994）。有关刘伯温传说的研究，见《明代北京城建造的传说》注12、30所揭论著。

[②]　姚广孝释名道衍，传记详见《明史》，卷145，第4079—4082页；牧田蹄亮：《道衍传小稿》，《东洋史研究》，第18卷第3号（1959年10月），第57—79页，与Eugene Feifel, "Yao Kuanghsiao," in *Dictionary of Ming Biography*, pp.1561-1565. 又见Heinz Friese, "Der Mönch Yao Kuanghsiao," *Oriens Extremus*, 7（1960）: 158—184，及商传：《明初著名政治家姚广孝》，《中国史研究》，1984年第3期，第119—130页。

路）卜地营建新都（后称之为南京），而规划"紫禁城"只是北京城的扩建，始于明永乐四年（1406）的诏令，距他卒年已三十载。姚广孝虽然在燕王登基时也参与新朝建制，然而按史所记载，负责拓展北京城自始至终都是泰宁侯陈珪，姚氏与此并无关系，况且明永乐十八年（1420）底新城竣工时，他已去世两年（见详后）。

"哪吒城"故事的传播

传说盛言刘伯温、姚广孝竞赛画出北京城图，乃是明清以来京师民众对他们的勋业极度尊崇，把历史人物神化，附会为建造都城之奇才英雄的结果。

事实上，这一畅行现代的传说故事，虽然可以追溯到元末大都城建造的异闻，但据后世的考证，大概到了民国初年才定型。明清以来，野史稗乘记载刘伯温的奇迹异行不可胜数，却并没有提到他修建北京城。民国年间，北京著名掌故家瞿宣颖（兑之）、张江裁（次溪）所撰述及编纂的各类燕都风土笔记史料丛书，都未有关于刘伯温建造北京城故事的记载。这类故事，很可能是出自京师娴熟掌故，善于口头创造的无名文艺家的虚构，经过说书、演剧、唱曲等媒介的渲染增饰，传播于大众，更透过文字，在报刊小说和通俗读物间散布，以讹传讹，最后为学者专家采录整理，作为研究民俗歌谣的资料。

　　根据作者整理，刘伯温建造哪吒城的一类故事，较早摘录于美国学者、汉学家沃纳（E. T. C. Werner）撰写的《中国的神话与传说》［*Myths and Legends of China*（1924）］，但十分简略。稍为详细的，见于严工上《北平话语汇·附录》（1932）与刘易斯·查尔斯·阿灵顿和威廉·卢因森（L. C. Arlington & Wm. Lewisohn）合著的《寻找老北京》［*In Search of Old Peking*（1935）］所转述。[①]这些故事最完整的，应是20世纪50年代金受申编写的《北京的传说》所传录各篇。金氏把刘伯温和其他类似的传说故事解释为"北京劳动大众创造的口头文学，去表现他们的集体智慧和血汗劳力的贡献"。此书有"首编"（1957）、"二编"（1959）及"合编"（1981）各版本，又有东京

----

　　① 见E. T. C. Werner, *Myths and Legends of China*（London: George G, Harrap, 1924）, pp. 227—230; Arlington and Lewisohn前揭, pp.175—176, 338—339.严工上《北平话语汇》一书笔者未曾寓目，这本书《附录：北平的传说》介绍刘伯温建造"哪吒城"故事，系据美国《世界日报》1983年9月22日《人间闲话》版、汪侗《"北平话语汇"与其他》（上）一文所转引。近代学者回忆北平旧事，也有提到刘伯温建造"哪吒城"的逸闻，见陈鸿年：《故都风物》（台北：正中书局，1970），第140—142页；白铁铮：《老北平的古典儿》（台北：慧龙出版社，1977），第167—170页；杨明显：《城门与胡同》（台北：纯文学出版社，1982），第1页；翁立：《北京的胡同》（增补本）（北京：北京燕山出版社，1992），第46—47页；卜系舟补述：《推背图》（台北：书裕出版品开发工作室，1994），第163—164页等。

村松一弥日译（1976），台北黄先登改编（1979），与北京Gladys Yang英文节译（1982）。这一经过藻饰加工的刘伯温建造"哪吒城"故事，最近又收入张紫晨、李岳南合编：《北京的传说》（1982）、《中国地方风物传说选》第一辑（1982）和王文宝编：《北京风物传说故事选》（1983）。[①]由此可见这些故事深入人心，反映北京民间最脍炙人口的传说。但截至目前，虽然有不少传录文字，仍未见学术性的论著，不无遗憾。[②]

　　本书所述，系笔者多年钻研刘伯温史事及其神化经过

----

　　①　村松一弥日译题名：《北京の传说》（东京：平凡社，1976），故事见第1—7页；黄先登改编本：《北平的传说》（台北：常春树书坊，1979），故事易名：《八只手的哪吒之城》，见第77—85页。"哪吒城"故事又见张紫晨、李岳南合编：《北京的传说》（上海：上海文艺出版社，1982），第1—5页；《中国地方风物传说选》第1辑（北京：中国民间文艺出版社，1982），第5—21页；王文宝编：《北京风物传说故事选》（福州：福建人民出版社，1983），第1—11页；李勉民：《中国神话与民间传说》（香港：读者文摘远东有限公司，1987），第166—168页。后者根据北京所传资料改写，但略去刘伯温与姚广孝两位大军师的姓名。

　　②　侯仁之曾以答读者问形式，在《北京日报》（1962年7月31日）发表《北京城和刘伯温的关系》一文，认为传说附会刘伯温建造北京城，大概是因为刘氏曾为明太祖卜地建造应天府（南京）的新城，而永乐时兴建北京的京城也以其为蓝图之故。此外，刘伯温在元末曾到过大都（今北京市），写下与京城有关的诗篇，而且也留下一个关于他读书过目不忘的逸事。不过，侯氏并无论及"八臂哪吒城"故事的来源及其与刘伯温传说的关系，所以这个问题的学术性评述迄今仍是一个空白。

的部分成果。主旨在钩稽明清野史稗乘所记载伯温的玄怪逸事，探溯其历史背景，考究其演变轨迹，以求对这一流传广远的北京城传说故事之起源、蜕变及传播作一合理、科学性的解释。并且，透过这个传说的分析，进一步探讨中国文化中"大传统"和"小传统"的相互关系，希望能对流行的民俗学理论有所印证和阐发，和加深认识元明史事与人物对近代民间信仰与传说发展的影响。至于此故事创造者为谁，时代若何，则以生于异代，又未曾寓居其地，闻见局促，不敢作出定论，希望他日能发现更多资料，或得到名师指点而有所修订改进。

第一章　北京建置的沿革

一、从蓟城到幽州城

远古至燕国的蓟城

首先，我们将北京城建置的沿革，从远古至明清作一简述。现在的北京位于河北省西北角、通称北京小平原之上，西、北和东北三面群山围绕——北依燕山山脉，西靠有太行，状似围屏，只有正南一面向广阔的华北大平原展开，形成一个封闭的地势，有"北京湾"之称。小平原背后，因为崇山峻岭横亘，自古以来就是南北交通的极大障碍，幸而有两个峡谷：东北角的古北口和西北角的南口形成了南来北往孔道。在古代，小平原的东南一带水网稠密，淀泊和沼泽星罗棋布，因此又构成河流交通的天然障碍。在这样的地理环境下，古代从大平原北上或是从小平原南下，都必须通过横亘中央、今日称为永定河（古名灢水、桑干、卢沟河等）的河流，然后取道往南北各地。本来，这里应是最适宜产生城市聚落的地点，但因为夏季河水泛滥无常，影响交通，因此旅客商贩便迁移到北郊离渡口最近、不受洪水威胁的一带居住。这个便是后来建置都城，为北京作为奠定首都基础的地区。①

　　从历史记载所见，这个地区在夏、商属于幽都或幽州，到公元前1000年的周朝时隶属燕国；及武王分封黄帝之后于蓟，封召公奭于北燕，既而燕盛并蓟，便迁都到这个地方，都城就在今日的北京范围内。战国时期，燕是七雄之一，蓟因此成为重要都邑，城墙遗址大约在今日北京广安门附近。战国时代的蓟，除是燕之都邑外，又是北方的交通贸易枢纽，俨为当世"富冠天下"的名城。近代学者考证，蓟城是在公元前1057年成为燕国的都城，以此上推，北京建都便已有近三千年的历史。②公元前221年，秦灭六国，统

---

　　① 略见《史话》，第2章；《北京史》，第2章。

　　② 周武王封黄帝之后于蓟，事略见司马迁：《史记》（北京：中华书局，1959），卷24《乐书》，第1229页；卷34《燕召公世家》，第1549、1561页。关于燕国及蓟城的早年史迹，详见侯仁之：《关于古代北京的几个问题》，载氏著：《历史地理学的理论与实践》（上海：上海人民出版社，1979），第141—146页；常征：《召公封燕及燕都考》，收入《北京史论文集》，第1—14页；赵其昌：《蓟城的探索》，收入《北京史研究》（一），第37—51页；李江浙：《"蓟城"前史初探》，刊于《京华旧事存真》第2辑，第17—39页；《通史》，第1卷，第3、4章。有关北京建城始源的讨论，又见侯仁之：《论北京建城之始》，《燕都》，1991年第4期，第2—4页；王灿炽：《北京建城始于公元前1057年》，刊于《王灿炽史志论文集》，第308—314页。

一天下，废封建为郡县，燕被分作六郡，蓟因此而变为广阳郡治所，成为镇守北边抵抗游牧民族入侵的重镇。[①]从此时至唐朝末年的一千余年间，蓟城的任务都没发生多大变化。每逢中原汉族统治者势力强大，要向北方开拓疆土，蓟城便是经略东北的基地；反之，当这些统治者势力衰弱，游牧民族乘机觊觎，它就变成汉族王朝军事防守的堡垒。到了镇防瓦解，边区被异民族占据，蓟城由于地处华北大平原北方的门户，遂成兵家必争之地，甚至成为入侵者进一步南下的据点。

秦汉的蓟城

从秦到唐这一千年间，蓟城的地位虽无基本改变，但是它的发展却经过几段重要历程。首先在秦朝统一之后，始皇帝为了巩固中央集权，曾以首都咸阳为中心在全国修筑驰道，其中一支便通达远在东北的蓟城，不仅用以加强对地方控制，而且又有重要军事意义。还有，为了抵御匈奴等游牧民族入侵，始皇帝驱使役夫近百万，自西北临洮（甘肃岷县）起点，沿着战国秦、赵、燕所建的旧边墙至东北的辽东，建筑长城万余里。经此，蓟城便成为长城以南的军事

---

① 见《史记》，卷6《秦始皇本纪》，第233、238页；郦道元：《水经注》（上海：商务印书馆，1936），卷13《漯水》，第3册，第24页。

要地。[①]

汉朝代兴，始初重建燕为封藩，继而废藩国置幽州刺史领广阳郡，皆以蓟为治所，随后历经魏晋、北朝，除一二例外，都是如此。从两汉至魏晋，蓟城不单是边防战略重镇，又是北方经济都会，沟通四方的商业中心。《史记·货殖列传》记载："夫燕，亦勃、碣之间一都会也，南通齐、赵，东北边胡……有鱼盐枣栗之饶。北邻乌桓、夫余，东绾秽貉、朝鲜、真番之利。"[②]在这几个朝代里，蓟城因为华北平原气候干燥，雨量失调，常遭水旱灾害，地方郡守为了发展农田水利，解决民生问题，曾在城郊进行大规模的灌溉工程。最早的是在公元250年曹魏时代，由征北将军刘靖主持修建的戾陵遏和车箱渠。戾陵遏是一座拦水坝，建筑在现今石景山（古梁山）南麓的永定河上（另有学者认为应系建于石景山北麓与黑头山之间）。车箱渠则是一条引水渠，凿通后把由戾陵遏分流出的河水，顺地形疏导注入蓟城西北高

---

① 见《史记》，卷6《秦始皇本纪》，第241页；卷88《蒙恬列传》，第2565页。参见曹子西等编：《秦汉魏晋十六国北朝时期蓟城资料》（以下简称"蓟城资料"，北京：紫禁城出版社，1986），第1—9页；又见《史话》，第2章；《北京史》，第3章；《通史》，第1卷，第6、9章。

② 见《史记》，卷129《货殖列传》，第3265页。参见王玲：《略论北京古代经济的几个特点》，刊于《北京史苑》第1辑（1983），第212—215页；于德源：《元以前北京的商业经济》，刊于《北京史苑》第2辑（1985），第55—58页；《通史》，第1卷，第7章第2节。

梁河的上游，然后沿河两岸再开通支流，通过灌溉使土地增加了两千顷。262年，郡守又重修戾陵遏，将丰沛的河水注入高梁河，并在河的上游自西而东增辟了一条水道流向今日的（潮）白河（古潞水）。这一水利建设，不但增加农田灌溉面积，而且贯通蓟城东西相去四十公里的两大天然水系，对后代北京城的水源开发有很大的作用。[①]到了南北分裂的北朝，蓟城由游牧民族统治，由于军事形势关系，变为几个政权的都城，直全隋代统一为止。例如公元350—370年，蓟城是鲜卑慕容部所建立之前燕的政治中心，而此后半个世纪，它除却处于氐族前秦统治下的十余年外，一直是慕容部的故都龙城（今辽宁朝阳）与新都邺城（河南安阳）之间的交通枢纽。慕容儁曾在城内修建太庙和宫殿，又在今日的东

[①]　曹魏时代刘靖主持蓟城水利工程事见陈寿：《三国志》（北京：中华书局，1964），卷15《魏书·刘靖传》，第464页；《水经注》，卷14《鲍丘水》，第3册，第30页。参见《蓟城资料》，第187—189页。详见侯仁之：《北京都市发展过程中的水源问题》，载所著《历史地理学》，第274—279页，与苏天钧、王北辰所撰有关古代北京水源问题的论文，刊于侯仁之等主编：《环境变迁研究》第1辑（北京：海洋出版社，1984），第45—46、147—150页。又见蔡蕃：《北京古运河与城市供水研究》（北京：北京出版社，1987），第12—18页，及《通史》，第1卷，第10章第2节。有关戾陵遏原址的争议，详见罗保平：《刘靖建戾陵遏位置之商榷》，收入《京华旧事存真》第1辑，第221—227页。

掖门下铸铜马一座，由此可见当日统治者对蓟城的重视。[①]

隋唐的幽州城

从隋唐时代开始，由于政治军事和经济的转变，蓟城有了显著不同的发展，对后代统治者建都有很大的影响。隋文帝统一中国后，更定疆域，仍设幽州（583）；隋炀帝登基废置改立涿郡，也以蓟城为郡邑。在隋朝统治下，这一地区再次成为北方边防的重镇。隋炀帝向东北扩张势力，先后三次远征高丽，都以蓟城为兵马粮饷集中地。此外，这座古城在隋代也有重要经济意义。隋炀帝于大业元年（605）开凿通济渠，利用古邗沟与淮水把长江和黄河沟通；其后四年，又开凿永济渠，利用沁水（在河南西北）南通黄河，北达蓟城。因此，隋朝在用兵高丽时，四方舟楫都是经行水道，携备粮饷，直到蓟城然后分发出征。[②]唐朝肇创后，恢复涿郡旧名幽州，蓟仍为治所，所以又称之为幽州城，此后有盛大的发展。一方面它依然是北方军事重镇，如唐太宗贞观十八年（644）讨伐高丽，便

---

① 见房玄龄等纂修：《晋书》（北京：中华书局，1974），卷110《慕容儁载记》，第2831、2832、2835、2838页；参见《蓟城资料》，第221—225页；又见《史话》，第27—28页；《北京史》，第55—56页；《通史》，第1卷，第11、12章。

② 见魏征等纂修：《隋书》（北京：中华书局，1973），卷3《炀帝纪下》，第63、70页；卷4《炀帝纪下》，第79、83页；卷24《食货志》，第687页；卷30《地理志》，第857页；详见《史话》，第32—33页；《北京史》，第57—59页，《通史》，第2卷，第1、2章。

在蓟城聚兵誓师；另一方面，它变为农业生产和手工业中心。唐代幽州城南北近五公里，东西三公里，城墙高峻，开十门，城内划分为若干坊，四周筑有围墙，出入口又有坊门和楼门，成为中古之典型州城。由于经济发展蓬勃，幽州城内各行业十分兴旺，城区北部设有固定的商业和手工业区，因而称之为"幽州市"。随着州城的发展，幽州又成为北方佛教中心，不仅附近的山麓凿有无数石窟，保存精心雕刻的石经，而且近郊也兴建不少著名寺庙，许多这些唐代有名的古刹，千年来屡经翻修或重建，一直保存到现代。[①]

二、辽金的燕京城

辽代的南京城

唐朝繁盛的幽州城，到了五代藩镇割据中原时期发生了剧烈的变化。唐朝覆亡以后，幽州地区先后陷落于后梁（907—923）和后唐（923—936）两个军阀政权，他们

---

① 见薛居正等纂修：《唐书》（北京：中华书局，1975），卷3《太宗纪》，第57页；卷39《地理志》，第1515页；欧阳修等撰：《新唐书》（北京：中华书局，1975），卷2《太宗纪》，第43页；卷39《地理志》，第1019页。关于隋唐时期幽州城的概况，详见常润华：《隋唐时期幽州的历史地位》，鲁琪：《唐幽州城考》，都刊于《北京史论文集》第2辑，第94—106、107—123页，及向燕生：《隋末唐初幽州史略论》，收入《京华旧事存真》第1辑，第77—88页。其又略见《史话》，第33—34页；《北京史》，第61—68页；《通史》，第2卷，第4、8、9章。

都设立节度使，实施军事管制。936年夏，后唐河东节度
使石敬瑭为了篡夺皇位，不惜求援于在辽东崛起的契丹
族，愿意割让以现今北京和大同为双中心的燕云十六州，
作为出兵酬偿。石敬瑭废立成功，这年底获契丹主耶律德
光（太宗）于大梁（河南开封）册封为后晋皇帝（936—
943），但因为丧失幽燕州郡，后晋无险可恃抗拒契丹陵
夷，946年底便被敌骑攻陷都城而灭亡。[①]耶律氏在取得燕
云地区后，即诏以皇都为上京（今内蒙古巴林左旗南），
升幽州为南京（后称燕京，隶析津府），改南京（今辽宁
沈阳）为东京，到降服后晋的翌年（947），便建国号名
大辽。契丹原是游牧民族，逐水土而居，初不重视城郭，
既然为了统治需要建立两座京城，何故又要在幽州设置陪
都？这个决定，固然因为利用该处地理优势，作为南侵的
基地，但与华北的经济发展也有关系。原因是契丹族自从
据有燕云十六州，疆域大大扩张，而且新增拓的地区人口
稠密，物产丰饶，经济文化远远超越契丹本部，故有营建
幽州为陪都，以加强控制的必要（后来因为新形势的需

---

　　① 关于契丹占据燕云十六州的经过与影响，略见姚从吾：《从宋人所
记燕云十六州沦入契丹后的实况看辽宋关系》，《大陆杂志》，第10卷第28
期（1964年5月），第7—12页；赵铁寒：《燕云十六州的地理分析》，《大
陆杂志》，第17卷第11、12期（1958年12月），第3—7、18—22页；又见
《通史》，第3卷，第1章第2节。

要，又添设中京和西京，共成五京）。[①]契丹自建国后雄视北边，但不到二十余年，赵匡胤废立后周，开创宋朝于汴梁（开封）（960），南北由此变成对峙之势。宋代君主一直想从辽国夺回幽燕地区，可是经过多年战争和媾和都不得逞，到了宋真宗时，在契丹大军压境之下，签订了屈辱的"澶渊之盟"（1005），岁输贡币缔结弟兄之国，更断送了收复的希望。因此自从契丹占据燕云十六州，幽州便沦入外族手中，直至明朝才回归。[②]

在辽朝统治下的南京，到了10世纪末，由于种种关

---

① 见脱脱等纂修：《辽史》（北京：中华书局，1974），卷4《太宗本纪》，第44—45页；参见于杰编：《北京史资料长编·辽金部分》（北京：北京燕山出版社，1986），第4页；略见《史话》，第40—60页；《北京史》，第69—79页；《通史》，第3卷，第2章。关于辽统治下燕京（南京）的发展与作用，详见朱偰：《辽金京城宫苑图考》，《国立武汉大学文哲季刊》，第6卷第1号（1936），第50—60页；陈陆：《辽幽州市容举例》，《中和月刊》，第2卷第9期（1941年9月），第33—48页；那波利贞著、刘德明译：《辽金南京燕京故城疆域考》，《中和月刊》，第2卷第12期至第3卷第1期（1941年12月至1942年1月），第58—67、80—90页；王玲、毛希圣：《辽代南京（燕京）的历史作用》，载《燕京春秋》，第10—20页。

② 关于宋辽缔结"澶渊之盟"的始末，详见蒋复璁：《宋辽澶渊之盟的研究》，载氏著《宋史新探》（台北：正中书局，1966），第100—150页；王民信：《辽宋澶渊之约缔结的背景》，《书目季刊》，第9卷第2期（1975年9月），第35—49页；第3期（12月），第45—56页；第4期（1976年12月），第53—64页。又见陶晋生：《宋辽关系史研究》（台北：联经出版事业公司，1984），第2章；柳立言：《宋辽澶渊之盟新探》，《"中央研究院"历史语言研究所集刊》，第61本第3分（1990），第693—760页。又略见《通史》，第3卷，第6章。

系，已成为华北地区的政治经济和文化重镇。它是当日北方最大的城市，规模为五京之冠，但基本上是沿袭唐代的城址建筑加以修缮，直至兴宗重熙五年（1036），辽朝建立差不多一百年后才开始重建宫阙府署。根据《辽史·地理志·四》所载，南京城周三十七里（疑为二十六里之讹），城墙高三丈，宽一丈五尺，有八座城门。皇城在大城西南隅，幅员五里，有内外三门，内有宫殿与供皇帝游幸娱乐的球场、内果园和泛舟游览的湖泊。由于地理形势关系，京城十分繁华，人口号称三十万，除却汉族，还有许多异民族寄居其间。城中划分为二十六坊，街巷、坊市、廨舍、寺观，井然有序。城区北部为商业中心，不但集中各地的海陆百货，而且与中原地区维持密切关系。此外，因为幽州在隋唐时已是释教中心，契丹统治者也极为崇信，辽代南京的佛事十分兴盛。京城内外建有大量寺庙殿塔，规模宏丽，造型精巧，不少著名建筑都幸免战火的摧毁留存至今，在文化和艺术方面做出重大贡献。①

---

① 见《辽史》，卷18《兴宗本纪》，第217页；卷40《地理志》，第494页；参见于杰编：《北京史资料》，第21页，及上注11.所揭资料。辽代南京城的状况，路振在其于宋真宗大中祥符元年（1008），奉使辽国归来撰述的《纪行》《乘诏录》中有简要记叙。见贾敬颜：《路振、王曾所记的燕京城》，刊于《北京文物与考古》第1辑，第233—239页；其经济及佛教发展情况见王岗：《辽燕京地区佛教与寺院经济述略》，收入《京华旧事存真》第1辑，第89—108页；详见《通史》，第3卷，第3、10、11章。

燕京城的发展，到了12世纪初叶，由于女真族崛起东北松花江流域，在完颜部族长阿骨打的统领下推翻契丹的统治，有了重大变化。1115年春，经过一连串对辽朝战争的胜利，阿骨打正式称帝（金太祖），国号大金，建都于辽东会宁府（后称上京，今黑龙江阿城区）。女真族的兴起与北京的扩展有很大的关系，因为后来金主完颜亮（被弑后贬为庶人，随改封海陵郡王）迁都其地，奠定燕京为今后统治中国的首都。始初几年，燕京数度遭战火的洗礼。宋徽宗政和八年（1118），宋室趁着女真族的胜利，派遣使者与金主结盟夹击辽国以湔雪耻辱，两年后约成，协议双方用兵以长城为界，辽亡后金将幽燕地区归还，宋仍以原来输纳辽朝岁币给予金国。此后金兵势如破竹，1123年初攻下南京，占据幽燕地区。宋室随后要求归还所允土地，但是阿骨打渝盟，苛索百万缗额外"代税钱"始肯交还燕京六州；金人又同时趁机毁坏城垣，搜刮人财，结果宋朝只得一座残破空城。1125年春，金太宗完颜吴乞买嗣位不久，女真族翦灭辽国，继而卷土重来再取燕京，渡过黄河，年底直逼宋都汴梁。宋徽宗引咎仓皇让位其子钦宗，改为靖康元年（1126）。宋钦宗割地纳款求和，然金将拒绝，十二月攻陷汴京，将二宗及宗室几千余人掳去，掠夺金银财物无数，北宋由此覆亡。此后女真族雄踞华北，宋徽宗子高宗移跸临安（浙江杭州），借长江天堑延续赵宋命脉，是为南宋。[①]

金代的中都城

自从阿骨打开国，金朝统治者从完颜吴乞买至熙宗完颜亶皆以上京为首都，但到完颜亮篡位（1149），改变了统治中原的政策，便将都城移到燕京。这些转变，与金朝政治的发展和疆土扩大有很大的关系。当金人重占燕京后（1125），即起用前辽朝汉人宰相刘彦宗、韩企先等在其地设置中书省和枢密院，后来改设都元帅府和行台尚书省，由宗室将领统筹，负责汉地军政事宜。到了降灭北宋，金主忧虑朝廷力量薄弱，不能控制中原，于是设立傀儡政权，先后册封张邦昌为楚皇帝（1127）、刘豫为齐皇帝（1130—1137）管辖华北，作为缓冲权宜。这两个地区因此成为女真族统治汉地的中枢，但是大权旁落宗室将领之手，到完颜亮弑杀熙宗篡位才改变了形势。金主完颜亮（海陵王）是女

---

① 　关于宋徽宗与金国结盟夹击契丹始末，参阅赵铁寒：《宋金海上之盟始末记》，《大陆杂志》，第25卷第7—9期（1962年9—10月），第9—14、14—19、26—34页；Herbert Franke, "Treaties between Sung and Chin," in *Études Song (Sung Studies) in Memoriam Étienne Balazs*, ed. Françoise Aubin, ser. 1, pt. 1（Paris: Mouton & Co., 1970），pp. 60—80；又见《通史》，第3卷，第8章；第4卷，第1章。专题研究见Dagmar Thiele, *Der Abschluss eines Vertrages: Diplomatie Zwischen Sungund ChinDynastie, 1117—1123*, Münchener Ostasiatische Studien vol.6（Wiesbaden: Franz Steiner, 1971）.

真族汉化最深的皇帝，为要达成专擅和统一中国的野心，他登位后加强中央集权，采取一连串积极有效的措施，其中影响深远的是把京师迁到燕京。迁都的原因很复杂，主要是上京偏处一隅，交通不便，而且土地贫瘠，不足为拓展王朝的都城；反之，燕京位当华北中央，地广土坚，人物蕃息，正是统一天下的理想京师。金天德三年（1151）春，海陵王便任命汉臣张浩、卢彦伦等设计规划，在辽旧城的基础上营建新都宫城。工程浩大，时间紧促，动用役夫百余万，耗费金银钱财物资无数。贞元元年（1153）三月，新宫落成，金主诏令迁都，改燕京名为中都，更析津府名永安（随后改大兴），汴梁为南京。自此之后，燕京便成为统治中国的首都，虽然金主完颜亮于正隆六年（1161）为要配合侵略南宋，迁都到汴梁，但后因征伐丧师为部属所弒，嗣位的世宗（乌禄）和他的后人仍以燕京为京师，因此继续促进它的发展。①

---

①　关于海陵王篡位及其中央集权政策之展开，见脱脱等纂修：《金史》（北京：中华书局，1975），卷5《海陵本纪》；宇文懋昭：《大金国志》，卷13—15（见崔文印：《大金国志校证》，北京：中华书局，1986）。近代学者研究，略见陶晋生：《金海陵帝的伐宋与采石战役的考实》（台北：台湾大学文学院，1963），第1章；刘肃勇：《论完颜亮》，《中国史研究》，1985年第4期，第89—99页。关于海陵王迁都燕京及营建中都城的经过，见《金史》，卷5《海陵本纪》，第97页；卷24《地理志》，第572页；卷83《张浩传》，第1863页；《大金国志》，卷13，第470页。详细讨论，见田村实造：《金の海陵王燕京迁都一考察》，刊于《纪元二千六百周年纪念史学论文集》

　　金中都的营建有两方面值得注意：它不仅是在北京原始聚落旧址上发展的最后一座大城，为未来统治王朝的首都奠下基础；而且是利用辽的南京城旧址，参照北宋汴京的规制而建造的都城，因此在城市建筑史上有承先启后的作用。新建的中都城有三重，最外面的大城在东、西、南三面相较于旧城都有所向外扩张，只有北城墙没有移动。大城周长三十七里余（据20世纪50年代的勘测是18690米，位置相当于今日北京宣武区西部的大半，略呈长方形，每边开三扇门，共有十二扇门（一说北面有四扇门，故共为十三扇门）。大城中部的前方为皇城，内有宫城，宫城西则为风景秀丽的苑囿。中都城设计最突出的，就是刻意把发源城西的西湖，即今日莲花池中间，一条名为洗马沟的小河圈入城内；一方面利用这条河的水源，开凿环绕大城的护城河，另一方面又把河水引入皇城西部，造成一座优美的御用园池。都城内规划整齐，共分六十二坊，东边二十坊，西边四十二坊，设两县（大兴、宛平）分治。中都建成后，金主完颜亮曾下令征调四方之民充实京师，人口因此有了很大的增长，据说大兴府共有

（京都：京都帝国大学文学院，1941），第33—53页；毛希圣：《金海陵王迁都燕京原因初探》，刊于《北京史论文集》第2辑，第124—130页；李晓菊：《论金完颜亮迁都燕京》，《东北师大学报》（哲学社会科学版），1984年第6期，第52—56页；于杰、于光度：《金中都》（北京：北京出版社，1989），第1章，与《通史》，第4卷，第3章等。

255000余户，较辽代增加了一倍以上。城中北部是全城最繁华的商业区，设有官吏征收赋税，管理市场。居住于新都城和往来贸易的塞外民族甚为复杂，包括有来自西域的回鹘商人，因此，中都又是金朝的商业贸易、中外交通往来的重要城市。[①]

中都城最重要的建筑，是位于中央偏南、豪华壮丽的皇城，故址在广安门以南，为一座长方形小城。皇城之内有宫城，宫城西侧为风景优美、建筑精致的苑囿。中都的皇城宫室模仿北宋汴京的制度，但也保留了辽代一些原有的宫殿。皇城周长九里三十步，开辟四扇门，正南是宣阳门，门内有驰道和东西千步廊。自此往北就是宫城，南门名为应天门。在宣阳门与应天门之间有太庙、尚书省、会同馆和主要的官署。宫城内最主要的建筑是大安殿和辽代已有的仁政

---

① 金中都城之主要史料，出自南宋奉使其国之使臣所撰之纪行，如范成大：《揽辔录》（1170）及楼钥：《北行日录》（1169—1170）。前者收入徐梦莘：《三朝北盟会编》［光绪四年（1878）刊本］，卷245；后者收入其著：《攻媿集》（《四部丛刊》本），卷110—111。详细介绍，见拙著：《宋史论集》（台北：东大图书公司，1993），第241—338页，及王灿炽：《王灿炽史志论文集》，第86—126页，所收录有关论文。关于金主完颜亮对燕京（中都）城的扩拓及其都市状况，略见《史话》，第46—65页；《北京史》，第82—87页。详见注11.揭朱偰论文，第60—80页，及那波利贞著、刘德明译文，第91—97页。又见G. N. Gates, "A New Date for the Origins of the Forbidden City," *Harvard Journal of Asiatic Studies* 7（1942—1943）：180—202；阎文儒：《金中都》，《文物》，1959年第7期，第8—12页；于杰、于光度：《金中都》，第2、8章，及《通史》，第4卷，第3、4章。城图见《地图》，第24页。

殿，分别是金朝皇帝举行盛大庆典、临朝听政的地方。西边玉华门外，便是利用洗马沟河水引入，建成专为皇室游幸、玩乐的园池，名叫同乐园，又称太液池，里面辟有瑶池、蓬瀛等风景中心。此外，由于女真统治者也热烈崇拜佛教，所以中都城内又建造不少寺庙。根据《元一统志》记载："都城之内，招提兰若如棋布星列，无虑数百，其大者三十有六焉。"（《元一统志·中书省·大都路》）并且，因为金朝后期的帝王又尊奉道教，特别是全真道，中都由此也兴建了道观，但是许多建筑却在蒙古入侵时被战火摧毁。①

金世宗嗣位不久，又在中都城郊建造了几处离宫作为避暑憩息之所，最著名的就是金大定十九年（1179），在都城东北，属于高梁河水系的湖泊区内兴建的大宁宫。这座后来改名万宁的离宫，位于风景秀丽的湖滨（元代太液池，今日北海公园境内），建有许多楼台亭阁，极为富丽幽雅，千姿百态。湖中有一座小岛，名为琼华岛，岛上的小山（今白塔山）据说是金人灭宋后，将汴梁宋徽宗所建的"艮岳"的假山石运来堆成，山顶就是著名的广寒殿。金世宗的嫡孙金章宗开始游幸的习惯，常于三四月间到万宁宫，八月间才回中都，年中有几个月住在离宫。此外，都城南也建有行宫，名为建春宫；城西的香山和玉泉山也有行宫，但没有万

---

① 详见《金中都》，第3章。

宁宫重要。这座金世宗建立的离宫，国亡后成为忽必烈建造宫城的新址，由此为元大都城奠下重要基础。[①]

金朝自定都燕京以后面临一个迫切的问题，就是如何浚治水道，把华北的物资直接运输至京师。这些运输初始由水道汇集，然后循着潞水（潮白河），逆流而上到中都以东的通州（今通州区），称为漕运；但是从通州至都城这一段短距离并无河道，需用人工运河（漕渠）或陆路挽运，才能转运至京师。开凿运河的困难在于中都地势比较高峻，不能把潞水西引入漕河，因此起初要利用城东北郊的高粱河，从中游开渠，引水东下通州注入潞水。然而河水流量有限，难以满足需求。随后，又在高粱河上西北，元代称为瓮山（今颐和园内万寿山）和玉泉山下的湖泊（今昆明湖），另凿渠道，引水转流高粱河一同注入运河。由于地形起伏很大，必须沿河设闸以节流水（故别名闸河），可是这一渠道又因地势峻陡，水流湍急，容易沉积泥沙，河道变浅，以致船只无法通行。金世宗时虽然曾发大量役夫浚治，仍不能解决困难，时常需要兼用陆路挽运。因此，金大定十年（1170），朝廷议决开中都西边的卢沟河（今永定河）以通漕运，于是重开古代车箱渠下游，称为金口河，引水东下城北的护城河，然后沿闸河直达通州以接潞水。这条渠道开

---

① 详见《金中都》，第4章。

凿后（1172）仍未收效，因为河床坡度过陡，水大则易于
冲决，水小又不能行船，而且每逢卢沟河洪水暴涨，波涛汹
涌，还直接威胁都城的安全，因此不久就将金口河口堵塞不
用。所以金朝一代中都的漕运，都因水源发生困难，因此当
元朝政权建都此地时，便要严肃地处理这个问题。①

三、元代的大都城

蒙古崛兴与建都燕京

　　金代锐意经营的中都城，经过半个世纪的繁华昌盛，
又被战争摧残而没落，这是蒙古族在成吉思汗（元太祖）的
统领下，向金国发动全面攻击的结果。1211年初，即铁木
真登大汗位第五年，蒙古分兵抢掠河北、山西诸州县，这一
年秋夺取中都西北的居庸关，但不久退师北还。到1213年
底，统帅木华黎率大军猛攻华北，直逼中都。金宣宗乞和无
效，翌年五月仓皇迁都汴梁（南京），又后一年，中都不战
而降。蒙古鉴于中都的特殊地位，并无横暴蹂躏，但是城垣

---

　　① 关于金中都城的水源困难与漕运的开展，见《金史》，卷27《河
渠志》，第682—683、686—687页。详见注6.引侯著收入《历史地理学》论
文，第281—288页；苏天钧、王北辰收入《环境变迁研究》论文，第46—
68、153—155页。又见蔡蕃著：《北京古运河与城市供水研究》，第19—21
页；段天顺：《燕水古今谈》（北京：北京燕山出版社，1991），第186—
196页；《通史》，第4卷，第8章第3节。

宫殿因为在沦陷前后两度遭遇火灾，已经残破不堪。成吉思汗随后改名燕京，设置燕京路总管，作为华北行政中枢，此后历经窝阔台（元太宗）和蒙哥汗（元宪宗）时代，都是管治汉地的重镇。在这时期，蒙古统治者常遣官吏滥定差发赋役，横加搜刮，并随意将土地民户分赐贵族功臣，时称"头下"，以致民不聊生，大大破坏了地方安宁和经济发展。这个动荡不安的局面，直到成吉思汗的嫡孙忽必烈继立，彻底改革蒙古统治中国的政策才告终止。[①]

　　1259年秋，蒙哥（成吉思汗第四子拖雷的长子）远征南宋，殒命于四川合州钓鱼城军次。翌年五月，胞弟忽必烈（元世祖）得到多数王族拥戴，压倒幼弟阿里不哥，在开平（后称上都，今内蒙古自治区锡林郭勒盟正蓝旗东）即大汗位。由于他受学养丰富的母亲、庄圣皇后唆鲁和帖尼（Sorqaqtani）所影响，忽必烈很早受到汉文化熏陶，1244年年末三十，居处和林（Qara Qorum）潜邸之时，已开始延聘藩府旧臣和四方儒士，广备咨询，讲明治道，为将来基业构绘蓝图（和林故址在今蒙古共和国后杭爱省厄尔得尼召北）。当中影响最大的汉人谋士，就是禅宗大师海云（宋印简）和他博学多才的弟子刘秉忠［1216—1274年，河北邢台

---

　　① 关于金末及蒙古占据华北初期中都城的情况，略见《史话》，第62—64页；《北京史》，第93—96页；《金中都》，第283—297页；《通史》，第5卷，第1章。

人，时名释子聪，称聪书记，至1264年（元至元元年）始奉诏复姓刘氏，赐名秉忠〕。1251年夏，蒙哥继大汗位，便遣其弟管治赤老温山（今河北沽源县南）漠南汉地的军国庶事。忽必烈随后在金莲川地区（今内蒙古自治区锡林郭勒盟正蓝旗闪电河之地）设置幕府，在开平建筑新城（事情在1256年，由刘秉忠规划，后称上都），并加紧笼络中原俊彦，以吸收经验和争取支持。一时在王庭的汉人干材，除刘秉忠外，有张文谦、姚枢、窦默、张德辉、董文炳兄弟等数十人倡议采用汉法，建官制，立法度，兴学校，劝农桑，并曾于邢州（今河北邢台）藩地改革弊政，促进生产，由此民殷物富，州县大治。忽必烈登基后，便大举延用汉儒士辅政，创建官制朝议，定礼乐，立国子学，重农薄赋，并在燕京筑造新都城，最后（1271）立国号为"大元"，将蒙古统治中国带进一个新纪元。①

---

① 关于忽必烈的崛起及其援用汉人辅政始末，详见姚从吾：《忽必烈汗对于汉化态度的分析》，收入氏著：《东北史论丛》下册（台北：正中书局，1959），第263—301页；拙著："Liu PingChung（1216—1274）: A Buddhist Taoist Statesman at the Court of Khubilai Khan," *T'oung Pao*, 53.1—3（1967）: pp. 98—146；张跃铭：《试论士大夫在元初政权建设中的作用》，《北方论丛》1982年第4期，第89—95页；周良霄：《忽必烈》（长春：吉林教育出版社，1986），第27—64页；姚景安：《忽必烈与儒臣和儒学》，《中国史研究》，1990年第1期，第31—39页。又见de Racheniltz, Hoklam Chan, Hsiao Ch·ch·ng and Peter W. Geier, eds., *In the Service of the Khan: Eminent Personalities of the Early MongolYüan Period (1200—1300)*（Wiesbaden: Harrassowiltz Verlag, 1993），Part Ⅱ所收之拙作刘秉忠、王鹗、姚枢、窦默、许衡等英文传记。

忽必烈选择燕京为都城，因为它不但是历史上的古都，又是管治汉地之中枢，在此建都，有利于南下统一全国。当时受命设计新都的便是刘秉忠，他是大汗的亲信，博览经史，兼通释道，而且擅长天文地理、阴阳术数，此前又曾规划开平城。《元史》本传说他："于书无所不读，尤邃于《易》及邵氏《经世书》，至于天文、地理、律历、三式六壬遁甲之属，无不精通。"又记其营建都城的事迹云："初，帝命秉忠相地于桓州东、滦水北，建城郭于龙冈，三年而毕，名曰开平，继升为上都，而以燕为中都。四年，又命秉忠筑中都城，始建宗庙、宫室。八年，奏建国号曰'大元'，而以中都为大都。"[①]

① 刘秉忠的传记详见苏天爵：《国（元）朝名臣事略》（《丛书集成》本），卷7，第87—89页；宋濂等纂修《元史》（北京：中华书局，1976），卷157，第3687—3694页。主要资料系他的同僚张文谦、王磐及徒单公履分别操作的《行状》《神道碑》《墓志铭》，都收录于刘氏文集《藏春集》（《四库全书珍本》六集，台北：商务印书馆，1975），卷6。参见王德毅等编：《元人传记资料索引》（台北：新文丰出版公司，1982），第1840—1841页。近代学者论刘秉忠的论著不少，除了注21.所揭拙作征引外，又见袁冀：《元太保藏春散人刘秉忠评述》（台北：商务印书馆，1974），与颜吉鹤：《试论刘秉忠的历史作用》，收入《北京史苑》第3辑（1985），第21—32页。关于刘秉忠对开平城的规划营建，详见陈高华、史卫民：《元上都》（长春：吉林教育出版社，1988）。

刘秉忠营建大都城的贡献

关于刘秉忠对营建大都城的贡献，除却《元史》记载，同时代人的文集及元末熊梦祥所纂的大都城志书《析津志》残本都有扼要记载，足以窥见忽必烈的雄谋与刘秉忠的策划及其僚属的参议。简而言之，忽必烈考虑建造新都城时，最重要的决定是不在旧城基础上修葺补充，而是利用近郊金世宗所建之万宁离宫为中心，重新兴建城垣宫殿。根据专家的研究，这一决定基于三个因素：一是中都城过于残破，原有的宫阙已成废墟，特意修缮还不如重新建造；二是旧城周长三十七里，作为一个帝国的首都，面积太小；三是中都城所依靠、今日称莲花池的水系，容量有限，"土泉疏恶"，影响了漕运和城市发展。在东北隅的金代万宁宫则不然，这里有修竣的琼华岛可做新城宫殿的基础，而且周围湖泊，上接高梁河，水源兴旺，足以应付京都的需求。[①]在刘秉忠和他的同僚悉心指授下，工程很快就开始，最先建造皇城、宫城和宫殿，始于元至元三年（1266）；期年大城正

---

① 关于刘秉忠对大都城营建的实质贡献，除上注所揭传记资料，又见熊梦祥：《析津志（辑佚）》（北京：北京古籍出版社，1983），第8、32、213页。详见袁著：《元太保藏春散人》，第96—99页；侯仁之：《元大都城与明清北京城》，载《历史地理学》，第160—164页；陈高华：《元大都》（北京：北京出版社，1982），第36—38页；颜吉鹤：《刘秉忠主持修大都城》，《学习与研究》，1983年第10期，第42—43页；拙著：《元大都城建造传说探源》，《汉学研究》，第5卷第1期（1987年7月），第102—109页。

式动工，再经过几年，主要的宫殿次第落成。元至元九年（1272）二月，忽必烈诏改中都为大都，宫城随即竣工，但是大都城的基本工程，到元至元二十年（1283）底才完成，而两年后始迁旧城居民入新城。一时监造的官员包括汉军万户张柔、弘略父子，行工部尚书段祯（段天祐），管领石匠杨琼，蒙古人野速不花，女真人高觿和大食人也黑迭儿等，动用工匠数百万，耗费钱财物资无数，经过十多年才建成这一座巍峨壮丽、举世知名的伟大都城。①

刘秉忠筹划建造大都城，从考古与文献所见，基本上是遵照中国传统皇城的设计原则，去体现儒家与阴阳家融合的天极至尊、皇极神授的政治思想。《周礼·冬官·考工记》所描述之理想皇都："匠人营国，方九里、旁三门，国中九经九纬，经涂九轨，左祖右社、面朝后市"，象法天地，经纬阴阳，便是后世规划都城的圭臬。从汉长安、洛阳开始，都城建筑的样式、布局与色彩，尽多与天垣星宿、阴阳五行配合，而门阙宫殿的图像、命名与格调，也反映这些

---

① 见《元史》，卷6《世祖本纪》，第113、114页；卷7，第140页；卷12，第257页，及上注所揭《析津志》资料。详见陈高华：《元大都》，第36—38页；同作者：《元大都史事杂考》，载《燕京春秋》，第139—144页；拙著：《元大都城》，第104—105页，及Cary Y. Liu, "The Yüan Dynasty Capital, Tatu: Imperial Building Program and Bureaucracy," *T'oung Pao*, 78: 4—5（1992）: 264—301。又见《通史》，第5卷，第5章。

天人合一、阴阳协调的理念。北宋汴京和金中都城，都根据
这一稽古的蓝图和理念营建，大都城亦然，不过它还考虑到
基址上的建筑和水源。由于在决定建造新城时，选择中都东
北万寿离宫的湖泊区为中心，新建宫殿便按照地形，分三组
鼎立，环列后来称为太液池的东西岸。东岸兴筑以皇帝正殿
为主的宫城（大内），即明清"紫禁城"前身；西岸另建南
北两组宫殿，分别为皇室所居。在三组宫殿四面，后来加增
一道墙（称为萧墙）建成皇城，然后在外面环绕兴筑大城。
大城设计最突出的，是以在太液池东边的宫城为中心而开始
建筑。这处恰好位于全城的中轴线上，沿宫城的中心线向北
延伸，一直到太液池上游名积水潭（海子）的大湖东北岸，
便选定全城平面布局的中心。这个中心点上竖着一个石刻的测
量标志，题名"中心之台"，位置相当于今日北京城内鼓楼所在
地。中心台建立后，便以它为起点向南包括皇城的一段距离作为
半径，以确定南北城墙的位置，又用往西包括积水潭的一段距
离作为半径，来确定东西城墙的位置。这样精确的测量和布
局，充分把理论和环境相互配合，在古代城市建筑史上实是
创见。[①]

　　① 参见陈著：《元大都》，第52—58页；上注23.揭侯著论文，第164—
175页；杉山正明：《クどうイと大都》，刊于梅原郁编：《中国近世の都
市と文化》（京都：京都大学人文科学研究所，1984），第495—505页。

大都城的规划与建置

大都城的外郭周长六十里（实地测量为28600米），南北略长，呈长方形。南墙在今北京城东西长安街南侧，北墙在德胜门和安定门以北两公里处，东墙和西墙与今日的东直门和西直门，各在南北一条垂直线上。城墙全部用夯土筑成，以苇蒉之，自下砌上，以防雨水摧塌。北有两座城门（东曰安贞，西名健德），其余三面各辟三扇门（东边名光熙、崇仁、齐化；西边名肃清、和义、平则；南面东名文明、中间名丽正、西边名顺承），一共有十一扇门。南面本应也只开两扇门，但因为宫城位于全城中央向南，有御道直通皇城之外，需在正中特辟一扇门（丽正门）专备銮驾出入，因此多开一扇门。每座城门以内都有一条笔直的干道，而两扇门之间，也多数加辟一干道，彼此纵横交错，全城因此共有南北东西干道各九条。在这些大道所划分的地区，除少数例外，又都是纵横排列的街道，有大街、小街和"胡同"（一作"衙衖"，原出蒙语gutung，即"水井"之

《周礼·冬官·考工记》引文见郑玄注、贾公彦疏：《周礼注疏》（《四部备要》本），卷41。关于《考工记》城邑规划制度之研究，见贺业巨：《考工记营国制度研究》（北京：中国建筑工业出版社，1985）。有关北宋汴京之设计蓝图，论者甚多，略见 E. A. Kracke, jr., "Sung K'aifeng: Pragmatic Metropolis and Formalistic Capital," in *Crisis and Prosperity in Sung China*, ed. John W. Haeger（Tucson: University of Arizona Press, 1975），pp. 49—77；吴涛：《北宋都城东京》（郑州：河南人民出版社，1984），第1章。

义）。根据《析津志》的记载，当时有"三百八十四条街巷，二十九条胡同"。皇城外面便是居民区，一共划分为五十坊，采用《易经》"大衍"之义，坊各有门，所以看来全城整齐，井然有序。这里除却府署、佛寺、道观和民居外，有三组重要的建筑，那是在皇城东面的太庙、西面的社稷坛和在城中"中心台"左方的鼓楼和钟楼。此外，城里有三处主要市场。一处是皇城以北，在积水潭北岸的斜街，称"斜街市"，是全城商业最繁盛的地点。一处在皇城之西，顺承门内，今西四牌楼附近，名为羊角市，是羊、马、牛、骆驼、驴、骡交易之所。还有一处在皇城之东，文明门内，今东四牌楼西南，名"旧枢密院角市"，麕集不少商贩，贩卖各类日常用品。①

大都城最显要部分，无疑是处于太液池风景区，建筑金

---

① 参见陈高华：《元大都》，第45—52、59—61页；《史话》，第67—75页。关于大都城平面设计的研究，详见朱偰：《元大都宫殿图考》（上海：商务印书馆，1939），第3章；王朴子：《元大都平面规划略述》，《故宫博物院院刊》，1970年第2期，第61—62页；赵正之：《元大都平面规划复原的研究》，《科技史文集》第2辑（1979年5月），第15—25页。又见注25.揭杉山正明论文，第505—515页；Nancy Shatzman Steinhardt, "The Plan of Khubilai Khan's Imperial City," *Artibus Asiae*, 44. 2—3（1983）: 137—158; 同前作者, *Chinese Imperial City Planning*（Honolulu: University of Hawaii Press, 1990）, chap. 7. 关于元大都城的"胡同"的发展，参见翁立：《北京的胡同》，第43—57页。有关"胡同"的研究，又见张清常：《胡同及其他——社会语言学的探索》（北京：北京语言学院出版社，1990）。

碧辉煌，巍峨宏丽，远远超逾辽、金两代的皇城。城墙周约
四十里，东墙在今南北河源西侧，西墙在今西皇城根，北墙
在今地安门南，南墙在今东、西华门大街以南。皇城的中央
偏东就是宫城，规模形制都是仿照汴京的宫阙制度。城址在
太液池东岸，周九里三十步，共辟六扇门，所有宫门金铺朱
户、丹楹藻绘，十分壮观。宫城的主要建筑，就是南北对望
的大明殿和延春阁，二者一同处于全城的中轴线上；大明殿最
为重要，皇帝登基、正旦、会朝等重大庆典，都在此处举行。
殿和阁后面都有寝殿，中间以柱廊连接成"工"字形；寝殿东
西又各有小殿，四周都有百多间周庑围绕，略呈长方形。宫
殿建筑的形式和结构，主要是根据汉族传统，但也融合不少域
外民族的技巧和风格，像建筑上的畏吾儿殿、粽毛殿和水晶圆
殿等。宫城设计也有异于前代，就是把宫廷前空旷（后称为广
场）的位置，从传统的宫城正门，迁移到皇城正门前方，由此
使宫阙的布置更突出，门禁变得更森严。宫城往北便是御苑，
种植奇花异木，西面就是太液池。池中有两座小岛，北面的便
是琼华岛，元至元九年（1272）改称万寿（岁）山，山顶著名
的广寒殿，就是全城最高点，倒映在池上，湖光山色，极为优
美。南面的小岛名瀛洲（今之团城），上有仪天殿，也是帝王
憩息之地。在两岛之间，有二百余尺长的白玉石桥，连接二者
以方便交通。此外，太液池西岸，又有南北对峙的隆福宫和兴
圣宫，各建有正殿、寝殿和周庑，结构与宫城大体一致，分别

为太子及太后的居所。这些在宫城郊外的两组大建筑，辉煌豪华远跨前代，把皇城点缀得更加美轮美奂，雄伟壮观无比。[①]

大都城水利的发展

在营建大都城当中，城内外的水源问题也是整顿的对象。在这方面，刘秉忠的得力助手郭守敬——当世闻名的天文和水利工程专家——做出了极大的贡献。大都城内有两条主要水道：一条是高粱河、通惠河（运河）构成的漕运系统，另一条是由金水河、太液池构成的宫苑用水系统。二者都有特别用途，不关涉民生日用，因为燕都地下水丰沛，居民多汲井水。但是在建城前后，这两条水道都需要浚治。首先，在元至元三年（1266），为配合都城的修建，重开金代已封闭的金口河，以便引导卢沟河水来运输建筑材料，却因为河床过陡，水势急湍，经常泛滥而没有收效。此项工程是疏浚玉泉山下的河渠，俾使供应宫苑的金水河河水，能经过专辟的渠道直接流入城内。同时，专家们又注意到城内的排水问题。根据

---

①　关于大都皇城、宫城与宫殿的规模形制，除《析津志》外，明初工部主事萧洵所撰的实地调查《故宫遗录》也提供了重要史料。此书有《知不足斋丛书》本及北京出版社1963年排印本。参阅王剑英：《萧洵〈故宫遗录〉考辨》，收入《北京史研究》（一），第128—143页。近代学者论述见朱启钤、阚铎：《元大都宫苑图考》，《中国营造学社汇刊》，第1卷第2期（1930年12月），第1—117页；注26.揭朱偰专著，第4、5章，与陈高华：《元大都》，第52—58页。

最近发现，大都城南北主干大街两旁都有排水渠，由石条砌成的明渠构成，可以将自北向南、顺地形坡度流泻的废水排出城外。这些以排水渠为骨干的排水系统，也为明清北京城的设计者沿袭。最后，郭守敬所以垂名千载，便是开凿运河改善大都的漕运。金人曾尝试很多办法，并未能解决从通州到京师的运输问题，因此元至元二十八年，经过多年实地勘察测量，郭守敬提出新的浚治漕渠建议。他主张引导在都城西北六十里外，昌平神山（今凤凰山）下之白浮泉水，西折向东南经瓮山泊入城，环汇于积水潭，复沿皇城东墙外南下，出东南城门与闸河（旧运河）相接。同时，又沿河建造新闸以节制流水，特别在坡度较大的河段，设置上下双闸交替启用，以调剂水量方便漕船。忽必烈批准了他的计划，翌年秋动工，次年（元至元三十年）完成，共浚通州至大都漕河十四条，又凿六条渠以灌昌平诸水。运河全长八十公里余，命名通惠河，由此漕船可从通州直达大都城内，解决财政和民生需要的大困难。[①]

---

①　参见陈高华：《元大都》，第38—40页；注23.揭侯著论文，第175—182页。关于大都城的水源问题与运河的开凿，见《元史》，卷64《地理志》，第1588页；卷164，第3846、2852页。详细讨论，见注6.揭侯著收录《历史地理学》论文，第288—294页；又见苏天钧：《郭守敬与大都水利工程》，《自然科学史研究》，1983年第1期，第66—72页；蔡蕃：《北京古运河》，第3章；段天顺：《燕水古今谈》，第145—151页。

　　在忽必烈的悉心经营下，大都很快成为规模宏大、建筑瑰丽、人口众多、繁华旺盛的京都——根据元初记录，都城超十万户，人数约四五十万，除定居的汉、蒙、色目和其他北方民族，还有众多从中亚、欧洲来作短暂停留的使节、商贾。因此，大都既是蒙古帝国的政治经济、宗教文化的中枢，也是当时世界最富庶和商业最发达的首要都城。这些国际性、多元化的发展，不论是政治的权力斗争、中外贸易往来的频繁、本土和外来宗教的蓬勃（包括佛教、道教、喇嘛教、回教、基督教等），或是程朱理学及其他文化的活动，文献都有历史记载。还有，透过到中国访问的外国商人使者，像著名的马可·波罗（Marco Polo），在他所著世界游记渲染夸张的记述，大都城恢宏壮丽的建筑、富庶繁荣的市容便辗转流传到欧洲，引起彼邦人士的惊奇和渴慕。因此，大都城极有历史性的贡献，甚至不因元朝覆亡而消失，因为半个世纪后它又成为明代的京都，发挥簇新的功能和使命。①

---

　　①　参见陈高华：《元大都》，第4—6章；《史话》，第5章；《通史》，第5卷，第10、11章。马可·波罗对大都城的描述见冯承钧译、A. J. H. Charignon校注之 *Le Livre de Marco Polo*, 3 vols.（Peking, 1924—1928），题名《马可波罗行纪》（上海：中华书局，1955年重印），卷2，第85—97章（中册，第323—402页）。又参见张宁：《〈马可波罗行纪〉中的元大都》，刊于余士雄编：《马可波罗介绍与研究》（北京：书目文献出版社，1983），第85—106页。

四、明代的北京城

明太祖营建南京、中都城

14世纪中叶，蒙古政权愈趋腐朽和残暴，两淮民众纷纷揭竿起事，在秘密宗教，特别是白莲和弥勒的领袖策动下，组织红巾军反抗元廷统治。经过十多年的鏖战灾乱，朱元璋脱颖而出，力败群雄，1368年即位于应天府（旋即改称南京），开创明朝，建元洪武，史称太祖，恢复汉族的政权。[1]此年八月，主帅徐达挥军攻下大都，更名北平府，元顺帝妥懽帖睦尔退走朔漠。《实录》载在太祖谕令下，徐达

---

[1]　朱元璋戡定群雄，于应天府（南京）即位之史实见姚广孝监修：《太祖实录》（台北："中央研究院"历史语言研究所，1962），卷34，第1页；张廷玉等纂修：《明史》，卷1《太祖纪》，第19、21页。关于元末红巾军反抗蒙古建立明朝的事迹，近代学者论著可见和田清：《明の太祖と红巾の贼》，《东方学报》，第13卷第2号（1923），第278—302页；王崇武：《论明太祖起兵及其政策之改变》，《中央研究院历史语言研究所集刊》，第10本（1943年5月），第57—71页；吴晗：《朱元璋传》（北京：三联书店增修本，1965），第2章，与John W. Dardess, "The Transformation of Messianic Revolt and the Founding of the Ming Dynasty," *Journal of Asian Studies* 29. 3（May 1930）: 539—583。又参阅*The Cambridge History of China* vol. 7: *The Ming Dynasty, 1368—1644*, part 1, eds. F. W. Mote and D. C. Twitchett（Cambridge, England: Cambridge University Press, 1988）, chap. 1。并见张书生等译：《剑桥中国明代史》（北京：中国社会科学出版社，1992），第1章。

入元都后"封故宫殿门"，"以兵防守"，而"兵无犯于秋
毫，民不移其市肆"。跟着为方便防守，于是放弃都城北
面的城墙，在其南两公里以积水潭为界另筑新墙，仍开两
座北门，其余九扇门仍旧，此为北京城的内城。因此，传
闻言明祖出于迷信，认为元朝已亡，需要消灭"王气"，
下令拆毁其宫殿纯系臆说。①明太祖既奠都应天，又将家
乡临濠（今安徽凤阳县）升为陪都（中都），对北平旧城
未如前代的重视，但因为它是防范蒙古入侵的要塞，仍然
垂意它的军备。明洪武三年（1370），太祖建立藩国于全
国要冲，分封诸王以为屏障，随后立第四子朱棣为燕王，
驻节北平府。朱棣当时尚幼，十年后（1380）始出居封藩
（藩府位在元故宫城的九华宫殿），然后逐渐经营元朝故

------

　　① 见《太祖实录》，卷34，1上、7上、9下、11上页；《明史》，卷2
《太祖本纪》，第21页。参见《史话》，第97—98页；《北京史》，第207—
208页；《北京的城垣》，第25—26页；《通史》，第6卷，第1章第1节。有
关元故宫在明洪武元年秋徐达攻陷大都后的情况，详见上揭萧洵《故宫遗
录》。根据王剑英、王红考证，明人说萧洵奉命毁元故宫系从当年"缩其城
之北五里"，改"旧土城"为砖城的更革穿凿附会，见氏著《论从元大都到
明北京的演变和发展》，《燕京学报》，1995年第1期，第61—64页。单士元
揣测元故宫是在明洪武六年（1373）至十四年（1381）拆除并无凭据。见氏
著：《元宫毁于何时？》，《燕都》（1992年6月），第22—25页。

都，作为扩张势力的基地。[①]

开国不久，明太祖便锐意建设应天和临濠的都城与宫殿。应天南京城的扩建，始于朱元璋称帝前两年，即元至正二十六年（1366），奉命规划的就是帷幄谋臣刘基。此年八月，刘伯温在钟山的南面建造新的宫殿，在南唐旧城东边白下门外二里处增筑新城，东北方向一直到钟山的山脚，绵延环绕周围总共五十余里，规制雄壮，完全占据了山川的优美景色。第二年（吴元年，1367）二月，拓展都城的工程竣工；八月，圜丘、方丘及社稷坛建成；九月，太庙及新内建成；洪武元年（1368）八月改称南京。宫城在城中偏东，大约是一公里见方（边长是二里的正方形），又称"紫禁城"。此名源于紫微（紫宫）垣，即北极星，为古代天宇三垣之一，居中央，视为天帝宝座，皇帝贵为天子，故引申喻至尊居所，而宫廷之内门户有禁令，因此凑合称作紫禁城。宫城开设了六扇门，周围有护城河，河内有"前朝"三殿：奉天、华盖和谨身殿；谨身殿背为"后廷"二内宫：前为乾清宫、后为坤宁宫（建文继位后在乾清宫、坤宁宫之间

---

① 朱棣获册封为燕王事见《太祖实录》，卷51，第6页；卷130，第4页；《明史》卷2，第24、35页。关于明太祖营建家乡临濠为中都的始末，详见注34.所揭资料。燕王府之地址与修建的考证详见王璞子：《燕王府与紫禁城》，《故宫博物院院刊》，1979年第1期，第70—77页；又见上注31.揭王剑英、王红论文，第64—68页。

加了一个省躬殿），六宫依次排列，雄伟壮丽，气象森严。
皇城作口字形，也开了六扇门，周长四十三公里。明洪武八
年（1375）七月太祖停止中都城工程劳役之后，又下令仿
照前者依据《周礼》"左祖右社，前朝后市"的方法所制定
的都城宫殿蓝本，去扩建宫城、皇城内的宫殿、庙坛和官
署，历时十多年。至明洪武二十三年（1390）四月始兴建
京城的外郭，开辟十六门，周长九十公里，而所有内外城的
工程于明洪武二十八年（1395）才完成。①

中都的新城处于临濠旧城之西，于明洪武二年

---

① 见《太祖实录》卷21，1上、9上页；卷22，3上页；卷25，1上页；
卷29，6上页；卷101，1上页；卷114，1下页；卷115，4下页；卷120，4下
页；卷220，4上页；卷222，4下页；卷230，3下页；卷243，4下页；何泽：
《洪武京城图志》［元洪武二十八年（1395）序刊］；《明史》，卷1《太
祖本纪》，第14页；卷2，第30、32页；卷40《地理志》，第910页；王焕镳
等编：《首都志》（南京：正中书局，1935），第71—73页。《明史·地理
志》言"洪武二年九月始建新城，六年八月成"甚误，当以《实录》记载为
确。详见季士家：《明都南京城垣略论》，《故宫博物院院刊》，1984年2
月，第70—81页；张泉：《明初南京城的规划与建设》，收入中国古都学会
编：《中国古都研究》（杭州：浙江人民出版社，1986），第171—202页；
徐泓：《明初南京皇城宫城的规划、平面布局及其象征意义》，《台湾大学
建筑与城乡学报》，第7期（1993年12月），第79—96页。近代学者对南京城
的其他研究见朱偰：《金陵古迹图考》（上海：商务印书馆，1936），第10
章；F. W. Mote, "The Transformation of Nanking, 1350—1400", in G. William
Skinner, ed., *The City in Late Imperial China* （Stanford: Stanford University Press,
1967）, pp. 101—153, 689—696；南京师范学院地理系编：《江苏城市历史地
理》（南京：江苏科学技术出版社，1982），第1章；高树森、邵建光编：《金
陵十朝帝王州》（北京：中国人民大学出版社，1991）第139—158页等。

（1369）九月兴工，规模中有"紫禁城"、皇城和中都三座城，门阙形制皆依周制，但到明洪武八年四月，因为劳役过度，工匠反抗，由此中止工程，改建大内宫殿。不过，重要的是，中都与南京随后而仿效的皇城和紫禁城宫殿的蓝图，都成为永乐时建造北京城的模式，因此具有特殊意义。[①]

永乐帝迁都建造北京城

明太祖在位三十年驾崩（1397），嫡长子朱标早逝，皇太孙朱允炆承先旨嗣统，史称建文帝，又称惠宗。朱允炆继位不久，即以"削藩"政策与诸王叔冲突，而燕王朱棣遂冒称为高皇后幸存诸子之最长者，援引《皇明祖训》条文，斥责建文纵容奸臣，变乱祖法，兴兵讨伐，史称"靖难之变"（根据史家考证，朱棣本为蒙古汪古部之碩妃所生，他所以假冒为高后嫡子，因为《祖训》规定嗣统者必须是正室所出）。1402年6月，燕王大军攻破南京，宫中火起，建文帝下落不明，一云焚死，一言乔装出亡。次月，朱棣即帝位，改元永乐，史称永乐帝，在位二十二年，大展宏图，功

[①]　见《太祖实录》，卷45，2下—3上页；卷71，6上页；卷99，3下—4上页；《明史》，卷2《太祖纪》，第23、30页；卷40，第912页。关于太祖对中都城营建的经过，详见王剑英：《明中都》（北京：中华书局，1992），第4节。

业灿然，庙号太宗，至世宗时改称成祖以配祀太祖。[1]

　　朱棣登基后，除致力巩固王权和拟定拓展策略，又进行重建北平府的城垣，准备取代南京为京都。改元之年（1403）正月，明永乐帝即下诏以北平为北京，期月并改北平为顺天府，下辖大兴、宛平两县。同年秋，诏令迁徙直隶苏州等十郡、浙江等九省的富户到北京；翌年，又迁徙山西的民户万余到北京城。明永乐四年（1406）闰七月，永乐帝下诏以明年五月建北京宫殿，遣派大臣宋礼、陈珪等分赴各地纠集物料，征召工匠、军士和民丁至北京听役。迁都的原因不难了解，首先，应天府地处偏僻，不能够成为全国的中枢，太祖晚年已有迁都之意；其次，永乐帝长久驻跸北平府，锐意将这里发展为权力的基地与防范蒙古的堡垒；再次，北京为历史上的古都，元大都的宫殿未遭毁坏，皇城、大城也完整无损，足以为拓建京都的基础。[2]不过，虽然永

① 建文继统与燕王篡夺的起端，略见《明史》，卷4《恭闵帝本纪》，第59页；卷5《成祖本纪》，第69页。关于"靖难"之变的官私记载与考证，详见王崇武：《奉天靖难记注》（上海：商务印书馆，1948），与同作者：《明靖难史事考证稿》（四川李庄：中央研究院历史语言研究所，1945）。

② 见张辅监修：《太宗实录》（1962），卷16，1上页；卷17，1上页；卷22，6上页；卷46，3下页；卷57，1上页。关于明永乐帝定都在北平的理由及建城的经过，除上揭有关北京城历史的论著外，参见Edward L. Farmer, *Early Ming Government*, chaps. 4—5；阎崇年：《明永乐帝迁都北京述议》，收入氏著：《燕步集》，第342—364页；万依：《论朱棣营建北京宫殿、迁都的主要动机及后果》，刊于故宫博物院编：《禁禁城营缮记》（北京：紫禁城出版社，1992），第52—61页；等等。又略见《通史》，第6卷，第2章第3节。

乐四年已诏谕建筑北京宫殿，但由于翌年徐皇后病故，需要营建山陵，工程并未开始；明永乐十一年（1413）初长陵（在今昌平区天寿山下）竣工，明永乐十四年（1416）春长陵殿成，至此才进行营建。此年八月，永乐帝下诏在太液池西边建造西宫为视朝之所；永乐十五年（1417）初，遣内官倪忠至南京"丈量殿宇，相度规制"；六月，在交趾（安南）名匠师阮安的监工下开始建造皇城、宫城（紫禁城）的宫殿、门阙及城池，至永乐十八年十二月（1421年1月）才完成基本工程。其间，曾于永乐十年（1412）四月浚治北京通流等四条闸河，永乐十三年（1415）夏凿清江浦以通漕运，永乐十七年（1419）冬，以旧有元代的南面城壁倒塌，于是将其向南推移一公里许，仍开辟三扇门，成为以后北京城的形态。翌年，又建钟楼、山川坛及天坛，至此规模具备。在这十数年的经营，单就兴建紫禁城，朝廷已征召十万工匠与百万民夫，其他物质工料、人力钱财消耗难以估计，结果建成了一座空前壮丽雄伟的都城。[①]

---

　　①　见《太宗实录》卷127，1上页；卷164，2下页；卷182，1下—2上页；卷218，3上页；卷232，1下页；《明史》，卷7《成祖本纪》，96、99、100页；卷40，第884页。又见明清北京史资料汇编如孙承泽：《春明梦余录》（香港：龙门书店，1965），卷6《宫阙》，8下—9上页；《天府广记》（龙门书店，1968），卷1《建置》，第4—5页；卷4《城池》，第38—39页；于敏中等编纂：《日下旧闻考》（北京：北京古籍出版社，1981），卷4《世纪》，第64—67页；周家楣修：《光绪顺天府志》［光绪十一年（1885）］，

明永乐十八年（1420）九月，永乐帝下诏以明年正月初一日改正北京为京师，不称"行在"，然而此年四月初八日，御新殿未满百日，奉天、华盖、谨身殿因雷殛失火被焚，永乐帝惧怕有违天意，不敢再事经营。永乐薨后，子仁宗嗣位，决意复都南京，遂下令北京各部院衙门均加"行在"二字，但在位一年即驾崩。宣宗君臣锐意文治，整顿国家，并不注意复都问题，因此至英宗初年仍沿用旧制，称北京为"行在"。明正统五年（1440）三月，英宗诏令重建三殿。明正统六年（1441）九月完成，随即废北京各衙门"行在"二字，南京各衙门则增"南京"二字，一直到明亡，都保留这一深思熟虑的"两京制度"。①

卷1《京师志》（城池），7下—8上页。近代学者著作略见《史话》，第97—99页；《北京史》，第207—210页；《北京的城垣》，第25—33页；《通史》，第6卷，第3章。关于倪安与阮安对建造北京城的贡献，详见吴梦麟、刘精义：《记研究明代北京营建史的重要志石——〈内宫监倪太监寿藏记〉》，刊于《北京与中外古都对比研究》，北京市社会科学院历史所编（北京：北京燕山出版社，1992），第332—344页；陈绍棣：《明代杰出的建筑规划家阮安》，《学林漫录·七集》（1983年3月），第243—248页。

①　见《太宗实录》，卷229，2上页；卷236，1上页；张辅监修：《仁宗实录》（1963），卷8下，7下页；孙继宗监修：《英宗实录》（1963），卷65，2下页；卷85，6下页；《明史》，卷7，99页；卷8，第108页；卷10《英宗前纪》，第132页。参见《北京的城垣》，第84页；Edward L. Farmer, *Early Ming Government*, p. 123.关于北京"行在"之称谓与"行部"设置的沿革，详见徐泓：《明北京行部志》，《汉学研究》，第2卷第2期（1973年12月），第569—598页。

北京城的设计与建置

北京城的设计布局极为严密完整，外城包围着内城南面，内城包围着皇城，皇城包围着紫禁城，而紫禁城周边环绕着护城河，皇帝的居所便成为全城的中心。此外，在建城设计时，还采用一条纵贯南北的中轴线来安排一切的建筑和布置。这条线穿过紫禁城的中心，南达永定门，北达钟楼，全长约八公里，把北京城分成东西两半，以东归大兴县所辖，以西归宛平县所辖。全城最宏伟的建筑物和场地都安排在中轴线上，而其他的建筑物也按照这条线来安置和配合，洵为古代中外建筑都城的一项伟大设计。

紫禁城系沿用元大都城的大内旧址，为正方形但稍向南移，四周新凿护城河。它的设计原则、建筑样式、布局与格调，都凸显了古代营造都城奉为圭臬的天极至尊、皇极神授的天人合一政治理念。这可见于城门的开辟，护城河的制定，"外朝"三大殿、左右二殿，"内廷"后三殿、东西十二宫的样式、布局，以至命名、图样及色彩，全都井然有序，象征以紫微垣为中心的宇宙天极。因此，紫禁城成为天地汇合、四季融洽、风调雨顺之处，也是皇帝屹立于天下中心，安抚四海万民之所在。紫禁城垣周六里十六步（3.5公里，计南北长960米，东西宽760米），辟四扇门，正门（南）叫作午门，后门（北）叫作玄武，东门叫作东华，西门叫作西华。城内的主要建筑都坐落在中轴线上，

在南北门之间的中央，仿效南京宫城的形制，从南而北建
造皇极（奉天）殿、中极、建极（原称华盖和谨身）殿、乾
清宫、交泰殿和坤宁宫，称为"外朝"三大殿和"内廷"后
三殿（或后三宫）。前者为皇帝处理政事之处，后者为皇帝及
后妃的寝所。其他次要的建筑都按照对称排列的原则，配置在
中轴线的左右两边，例如"外朝"三大殿的左右有文华殿、武
英殿，"内廷"后三殿的左右，则有嫔妃居住的东六宫、西六
宫。后三殿北通御花园，再往北便是玄武门，坐落在中轴线上
的是万岁山、鼓楼和钟楼。万岁山高十四丈七尺（46.67米），
相传由土渣堆筑而成，上有五峰，登临山顶可以俯瞰全城。此
山立在元朝延春阁（后宫）之上，意在压胜前朝，所以又称
"镇山"。紫禁城南面，在午门前的中心御道两侧，便是太庙
和社稷坛所在。此外，又在社稷坛之西、元朝太液池的南端开
凿南海。这一工程扩大了皇家御苑西苑中以太液池为主体的水
域，使北海、中海、南海连为一体，往西北接上什刹海和积水
潭，使紫禁城北面有山、南面有海。①

---

　　① 见《春明梦余录》，卷6，10上—17上页；《天府广记》，卷5《宫
殿》，第46—51页；《日下旧闻考》，卷33《宫室》，第494—496页；《顺
天府志》，卷3《京师志》（宫禁下），18下—27上页。近代学者论著见朱
偰：《北京宫阙图说》（上海：商务印书馆，1938），第1—4章；侯仁之：
《元大都城与明清北京城》，收入氏著：《历史地理学》，第189—197页；
同作者：《紫禁城在规划设计上的继承与发展》，刊于《禁城营缮纪》，第
7—15页；又略见《史话》，第99—104页；《北京史》，第210—214页；

　　包围着紫禁城的皇城位于京城中部，系在元大都皇城的旧址上扩建的，周长十八里多，开辟四门，正南叫作承天，北叫作北安，东称东安，西称西安；但由于西南缺少一角，并不是完整的四方形。皇城设计最突出的，是在正南的承天门开辟一个完整的"T"字形广场，时称"天街"，就是今日举世瞩目的天安门广场前身。广场的东西南面修筑了宫墙，把广场完全封闭，三面各开一扇门，东面叫作长安左门，西面为长安右门，南面叫作大明门。宫墙内的建筑排列，主要用来存放档案的廊庑，称为"千步廊"，东西相向各一百一十间，其北端在承安门前又分别转向东西各三十四间，千步廊的中间就是称为"天街御衢"的御道，从大明门向北直达承天门。广场的东边是中央官署所在地，五府（前、后、中、左、右军都督府）、各部（吏、户、礼、兵、工部）对列东西方向。大明门前横亘着一条棋盘街，这是东、西两城交通往来的孔道，也是商业活动的集中地，正南是正阳门，又正南为永定门。永定门里以东为天坛，以西

《北京的城垣》，第4章。关于建筑紫禁城所依据的阴阳理论及其所反映的宇宙世界观，见于倬云主编：《紫禁城宫殿》（香港：商务印书馆，1982），《专论》，第18—28页；《北京的城垣》，第7章；姜舜源：《五行·四象·三垣·一极——紫禁城》，刊于故宫博物院编：《清代宫史探微》（北京：紫禁城出版社，1991），第251—260页。地图见《地图》，第35—36页。

为山川坛（后改称先农坛），这是皇帝祭天和祭祀农神的
场所。[①]

　　包围着皇城的是内城，原称为京城，也叫大城，到后来
又增筑外墙才改称内城。城周长二十二公里，全部用砖包砌，
城墙高十二米。明初徐达将北边的城墙往南缩短两公里，到明
永乐十七年（1419）则将南边的城墙往南扩张一公里许，仍开
辟三扇门，名称依旧。明正统元年（1436）底开始修建九门，
至正统四年（1439）初完工。每个城门上都建有重楼，为了
防护外敌入侵，又在城门之外增筑一座弧形或方形的墙，称为
瓮城，并在其上修建箭楼以加强守备。城门的名称也有变更，
将丽正门改称正阳门，文明门改为崇文门，顺承门改名宣武门，
齐化门改称朝阳门，平则门改为阜成门，但是明初改称时的安定
门和德胜门、东直门和西直门则依旧不动。更名后的内九门为
清朝因袭，今天仍然沿用。此外，还在城南建筑宏伟壮丽的
天坛、山川坛（后改先农坛），又在城北建了地坛、城东建
了日坛、城西建了月坛，以为皇帝祭祀天地、日月、山川的

　　① 　见注39.揭资料。又略见《史话》，第102—104页；《北京史》，
第214—216页；《北京的城垣》，第3章。皇城图见《地图》，第33—34页。
关于天安门的历史，略见赵洛、史树青：《天安门》（北京：北京出版社，
1957）。

场所。①

北京城的形状，从永乐到世宗中叶都没有改变，但到嘉靖三十二年（1553）初，为了防卫蒙古俺答入侵，兴建包围南郊一面的外罗城，便出现所谓的外城。本来计划将内城四周都加筑外垣，唯因经费不敷，只修南面，皆以砖包砌，因成"凸"形，把天坛和山川坛都纳入外城的范围内。工程于是年底竣工，南面开四扇门，正中为永定门，东面为左安门，西面为右安门，东、西两面各有一扇门，东面称广渠，西面名为广宁（广安门），东北和西北两隅还各有一扇门，分别称为东便门和西便门。北京城由此便有"内九，外七"十六扇门，此后城墙再未有增建，其名称也保留至今天。外城南北长3100米，东西长5350米，整个北京内外城的面积为62平方公里，成为中国和世界上一座巍峨的伟大都城。②

---

① 明正统初年修建北京城九门事见《英宗实录》卷23，10上页；卷54，8上页；《明史》，卷40，第884页。详见《春明梦余录》，卷3《城池》，3上—4下页；《天府广记》，卷4《城池》，第39—40页；《日下旧闻考》，卷4《世纪》，第66—67页；《顺天府志》，卷1《城池》，8上—10下页。又略见《史话》，第103—104页；《北京史》，第208—210页；《北京的城垣》，第35—40页。城图见《地图》，第31—32页。

② 见注41.揭资料。明嘉靖三十二年（1553）兴建外城事见张溶监修：《世宗实录》（1965），卷396，1下—4上页；卷403，6下—7上页；《明史》，卷40，第884页。关于明代北京的城墙和城门的研究，详见喜仁龙（Osvald Siren）著、许永全译：《北京的城墙和城门》（北京：北京燕山出版社，1985），第3—8章。

北京城的规划与特色

明朝北京城共划分成三十六坊，计内城二十八坊，外城八坊，分属东、西、南（外城）、北、中五城管辖，依坊建筑街巷胡同。内外城每一座门都有笔直的大街，著名的有三十余条，大街多作南北向，而胡同则作东西向，纵横交错，形似棋盘。根据嘉靖时的记载，当时街巷有七百一十条，胡同四百五十九条，比元朝增加了近三倍，分布内外城，为居民住宅的集中地。商业区位于内城北面的鼓楼和西四牌楼附近，永乐年间已在皇城四扇门，钟、鼓楼，东、西四牌楼，以及朝阳门、安定门、西直门、阜成门、宣武门附近兴建了几千间廊房，召民居住，召商居货。同时，也建会同馆，方便外国来朝贡的使节，或是从边疆来的外民族在京师进行贸易。由于漕运是从城南转陆路入京，正阳门、崇文门以南逐渐形成新的商业区，最繁华的市街"朝前市"就是在正阳门内外。①

---

① 见《春明梦余录》，卷5《城坊》，1上—4下页；《天府广记》，卷2《城坊》，第19—21页。详见张爵：《京师五城坊巷胡同集》（北京：北京出版社，1962）；又见翁立：《北京的胡同》，第73—82页。明代京师的商业状况略见《史话》，第118—123页；《北京史》，第157—163页；《通史》，第6卷，第4章第1节。关于会同馆的建立与京师贸易的发展，参考赵令扬：《明代会同馆》，《大陆杂志》，第41卷第5期（1970年9月），第17—30页；罗保平：《明清时期北京市场初探》，刊于《北京史苑》，第4辑（1988），第242—256页。明代漕运论著甚多，其与北京的关系略见吴缉华：《明代海运及运河的研究》（台北："中央研究院"历史语言研究所专刊，1961），第37—42页。

大明门前的棋盘街是东、西城来往的要冲，重要的官府机构都集中在大明门的东、西侧，其东侧为会同馆南馆，因此棋盘街百货云集，非常热闹。正阳门外大街侧，也布满市廛旅店商号，其中廊房"头条胡同"的商人富冠全城。此外，城内多处还有米、猪、骡马、羊、果子等专门市集，而隆福寺、护国寺、东岳庙、城隍庙、白云观等寺庙定期举行的庙会，也成为物资交流中心。文教区位于安定门内，其中成贤街北的国子监，便是元明清三代的太学所在，内有宏伟的孔庙、讲坛、图书馆、刻书处等。明永乐年间在北京学习的监生达万人，为一所规模可观的高等学府。此外，在现今东城的贡院东、西街一带，兴建于万历年间的贡院，也是北京城的文教重点，这是明代三年一次开科考试的试场。[1]由此可见，北京内外城的结构和活动，无论在商业或文化，都有相当的发展，反映出一代京都的特性。

从永乐开始，北京城郊也进行了其他的建筑工程，例如修建寺院，包括道教、佛教、喇嘛教的寺院和回教的清真寺，整个明代达千余所。此外，又建筑很多大大小小的园林别墅，布置雅洁精致，有山水，有石，有流泉、花木，楼阁

---

[1]　关于明代京师的市集、庙会等商业活动，又见郭子昇：《北平庙会旧俗》（北京：中国华侨出版公司，1989）有关章节。关于明代国子监与监生的活动，参阅林丽月：《明代之国子监生》（台湾：台湾师范大学历史研究所，1979）；又见《通史》，第6卷，第14章第1、6节。

亭台，栏杆和桥梁，构成一个幽美闲适的休憩风景郊区。还有，明代十六帝后除却太祖朱元璋、建文帝朱允炆和景泰帝朱祁钰，十三位都在近郊昌平区北天寿山下归葬。从永乐兴建长陵开始，历代都有营建陵墓，终明之世共十三座，称为十三陵。每座陵墓都占地广阔，规模宏大，建筑精巧，耗费人力、物力和财资无数，却为北京城郊区增添了一系列辉煌壮丽的建筑群。①

北京城的水源问题

　　北京作为都城最主要的困扰，仍是水源问题，不是疏通运河以方便漕运，就是开导泉流，供应日常居民的必需。早年因为京师不在北京，这些问题并不存在，但到明永乐定都，修建宫阙城垣，情况便有改变。从漕运而言，明永乐早年由于水源枯竭，通惠河长时间堵塞淤积，不能行船，便已需要陆路拉运，耗费的钱财无法计量。还有，在修建宫阙时，因为要把元朝的皇城向东南三面开拓一些距离，结果将绕经旧日皇城

---

① 关于明十三帝陵寝的概况，见顾炎武：《昌平山水记》（北京：北京古籍出版社，1982），卷上，第4—14页；《春明梦余录》，卷70《陵园》，3上—4下页；《天府广记》，卷40《陵园》，第552—557页。详见汤用彬纂：《旧都文物略》（北平：市政府秘书处，1935），《陵墓略》，第1—7页；谢敏聪：《中国历代帝王陵寝考略》（台北：台湾学生书局，1980），第167—171页；胡汉生：《明十三陵大观》（北京：中国青年出版社，1993）。

东北及正东一面的运河圈入城内，漕船自此不能进入皇城，这一段路程只能仰赖陆运。明成化年间，有司曾建议重新疏通通惠河，但因上游玉泉水不足，河道多难行船而没有收效，其后明嘉靖、正德年间多次赓续这项工程，也是徒劳无功。此外，北京城郊的水源也不如元大都的丰沛，主要原因是白浮泉因修建明陵而断流（白浮泉流经明陵的南面为堪舆家所忌讳，故不再导引），水源枯竭，金水河上游由此弃置，玉泉水汇注西湖景（元瓮山泊）后，便由白浮泉下游旧的水道流入德胜门水关，至什刹海，一支流注三海，一支流入通惠河。因此，明代北京城的宫苑给水，就与城郊运河的源是相同的，并合为一条河流，而京城居民的水源便自此锐减，严重地受到气候转变的影响，其情况后代相沿，一直到今天并无大的改变。[①]

　　在明永乐及后继诸帝的锐意经营下，北京成为大明帝国的政治经济中枢、学术文化的渊薮，和与外国藩属往来的都会，在各方面都有显著的发展。明北京是有计划建造的

---

　　① 见《明史》，卷85《河渠志》，第2110—2113页；《春明梦余录》，卷69《川渠》，1上—4下页；《天府广记》，卷36《川渠》，第474—476页；《顺天府志》，卷46《河渠志》（河工），7下—19下页。关于明代北京城的水源及漕运问题的讨论，见注6.揭侯仁之：《历史地理学》论文，第295—300页；蔡蕃：《北京古运河》，第2、3、5章；王伟杰、任家生等著：《北京环境史话》（北京：地质出版社，1989），第62—65页。

都城，特色是四面八方的总汇，对全国各地区产生套纳和放射的作用。例如，紫禁城和宫殿的形制，是按照应天南京城的宫阙制度，物料与工匠来自不同的地区。北京本地人口稀薄，需要从外边徙民充实，因此从永乐开始下至嘉靖、隆庆，曾数度迁移南直隶、苏浙等郡富户至京师；到了万历初，北京人口的七十多万中，不少是从江南各省迁徙来的。[①]由于北京是统治帝王的都城，官宦麕集之地，和中枢考试铨选的场所，因此吸引了无数从各省府州县来的文人学士，促进京畿跨地区的政治、学术和文化的交流。明北京的另一特色是蒙古居民充斥，其中大多是留滞的原来元朝文武官员及其眷属，他们从永乐时期开始被收编入军伍，或充当各种朝廷职务，对京师的政治经济和社会都有相当

---

① 永乐初年徙民充实京师的诏令见《太宗实录》，卷22，6上页；卷34，4下页；卷46，3下页；又见《明史》，卷6，80、81、82页。根据明万历六年（1578）的统计，顺天府有100134户，706861口。见《明史》，卷40，第885页；《顺天府志》，卷49《食货》（户口），3下页。梁方仲对此数字作考订，核实为82462户、562134口；见氏编：《中国历代户口、田地、田赋统计》（上海：上海人民出版社，1980），附表28，第457页。有关明代北京的人口与其他朝代比较，见崔永福、谭列飞：《漫谈历史上的北京人口》，刊于《北京史苑》，1985年第2辑，第343页；又见贺树德：《明清两代北京人口初探》，收入《京华旧事存真》（一），第187—192页。

的影响。[①]况且，明廷长期与外国发展频繁密集的"朝贡关系"，经常有外籍贡使和随从往来京师，由此使京城增添了一些国际色彩。此外，北京的经济资源主要来自全国各地，川流不息地透过水陆两路输送岁粮和物资，因此融会吸收了各地区的特色，维持京师的繁荣富庶，和镕铸成一个多元的性格，象征着中华帝国兼收共蓄的一统性。这些明代北京城的特征，虽然有些是前朝遗留下来的，但大多数是本朝这二百年间逐渐形成产生，为后继的清王朝和现代的北京奠下坚固的基石。

五、清代的北京城

明朝经历二百七十六年，由于末代帝王昏庸腐朽，苛政暴敛，人心思变，便被李自成率领的农民武装集团推翻。1644年正月，李氏在陕西称帝，以"大顺"为号，以西安为西京；三月中攻克北京，四月底即皇帝位一天就撤出。五月初，满族摄政王多尔衮率领军队进入京师，结束大顺政

---

①　根据蒙古史专家司律义司铎的研究，元亡后有四五十万蒙古军士及家属留在中国没有回去，《实录》记载甚多，对京畿人口的种族比例有很大的影响。详见Henry Serruys, *SinoMongol Relations during the Ming I: The Mongols in China during the Hungwu Period, 1369—1398, Mélanges chinois et buddhiques*, vol. 11（Brusselles, 1959）, pp. 47—50；又见"The Mongols in China, 1400—1450," *Monumenta Serica*, 26（1968）: 233—305。

权，随后迎接始祖努尔哈赤的裔孙顺治即位，改国号为"大清"，奠定了中国历史上最后的君主王朝。[1]清朝诸帝仍以北京为京师，沿袭明朝的宫殿建筑及相关制度，除却将若干建置如城垣、宫殿、楼廊的名称稍微改变和作必要的修建，并无显著的变革。由此可见，在康熙时期朱彝尊编辑的《日下旧闻》及后继的考证。[2]在行政设施方面，制度也一如前朝，仍将顺天府设置在京畿，下辖大兴、宛平两县；京城的管理也是这样，直至19世纪文宗至德宗时，由于英法联军（咸丰十年，1860）和八国联军（光绪二十六年，1900）先后入侵，才有了较频繁和显著的变化。因此，近代学者论述北京城，都是以明清时期的北京两座城池并举。

紫禁城的扩建和制置

清代北京城，最豪华壮丽的自然是"紫禁城"，规模

---

①　见《明史》，卷309《李自成传》，第7963、7967页；赵尔巽等纂：《清史稿》（北京：中华书局，1977），卷4《世祖本纪》，第87、89页。参见《通史》，第6卷，第13章。

②　朱彝尊的《日下旧闻》成于清康熙二十五年（1686），共十三门，四十二卷，为首本辑录北京历史文献的资料总集，一时士林称誉。清乾隆三十九年（1774），弘历帝诏将此书加以增补、考订，由于敏中、英廉任总裁，因成（钦定）《日下旧闻考》一百六十卷，于乾隆五十年（1785）至五十二年（1787）出书，为研究北京城必备的官方核许参考书。从此书可见，明清北京城一脉相承，虽有损益，但不可分割，因此近代学者论述北京城，多以明清两代并举。

气势较诸前朝有过之而无不及。李自成攻陷京师时，宫城的
三殿二宫及大部分的城门曾数次为流贼焚毁，所以顺治即位
后，即就旧地基修复重建。由于工程庞大，加之国初百废
待兴，进展迟缓，至圣祖康熙二十五年（1686）始基本完
成。康熙后期与世宗（雍正）时增建渐多，而以高宗乾隆一
朝最为频繁，此后国力衰退，少有兴造，因此仁宗（嘉庆）
朝（1796—1820）守成，仅有修筑而无增建。清代紫禁城
仍开四门，北门改名神武门，其余三门仍沿旧称。主体建筑
一如明制，分前朝与后廷。前朝三大殿改称太和殿、中和
殿、保和殿。太和殿为皇帝设朝之处，凡是国家重大典礼，
如朝会、赐宴、命将出师等都在这里举行。中和殿为升朝之
前接见内阁及各部大臣的场所，也为在出祭太庙、社稷坛之
前做准备之处，而保和殿则为欢宴群臣、外藩使者，及举行
科举殿试的场所。保和殿后为三大宫，沿旧称为乾清宫、交
泰殿、坤宁宫。乾清宫为皇帝的寝宫，也是皇帝召见大臣的
地方；交泰殿为皇后三个重要节日接受朝贺的场所，也为存
放御玺的地方；坤宁宫则为帝后寝宫、皇帝大婚的地方。坤
宁宫后为御花园，其北侧为钦安殿，为祭祀元（玄）天上帝
的地方，其后即神武门。后廷两侧仍为东、西六宫，为帝后
嫔妃的居所。西六宫南有养心殿，为皇帝听政颐养的便殿，
其东殿则为清末慈禧太后"垂帘听政"的地方。前朝两侧为
文华殿与武英殿，东西并列。前朝内廷之间，东侧有奏事

所，设于顺治初年，西侧有军机处，设于雍正年间，为清代施政与权力斗争的重要中心。①

　　清初三朝国富民康之时，紫禁城内增添了不少新的建筑物。例如在圣祖朝兴建的有毓庆宫、惇本殿、咸安宫、宁寿宫、昭仁殿、宏德殿等，分别建于清康熙十八年（1679）、二十一年（1682）、二十七年（1688）、三十六年（1697）。随后清雍正七年（1729）、九年（1731）又建咸安宫官学及斋宫。高宗时更大兴土木，落成的有建福宫、乾清等门直庐、寿安宫、东华门北的琉璃门、北海万佛楼、文渊阁等，分别建于清乾隆五年（1740）、十二年（1747）、十六年（1751）、二十四年（1759）、三十五年（1770）、三十九年（1774）。此外，紫禁城东北角的养性殿、乐寿堂、颐和轩等殿堂及乾隆花园；西北角的重华宫、延春阁、西花园，与慈宁宫、西寿康宫等，也是清代新

---

　　① 见《日下旧闻考》，卷9—19《国朝宫室》；《顺天府志》，卷2—3《京师志》。详细考证见朱偰：《北京宫阙图说》，第1章；同作者：《明清两代宫苑建置沿革图考》，第3章；又略见《北京的城垣》，第5—6章；《北京史》，第265—269页。近代学者对紫禁城之学术著作甚多，偏重清代者有李学文、魏开肇、陈文良：《紫禁城漫录》（郑州：河南人民出版社，1986）；汪莱茵、陈伯霖：《紫禁城——红墙内的宫闱旧事》（天津：南开大学出版社，1989）；及收入清代宫史研究会编：《清代宫史探微》（北京：紫禁城出版社，1991），与故宫博物院编：《禁城营缮纪》（北京：紫禁城出版社，1992）二书有关论文。城图见《地图》第41—42页。

建成或改建的重要建筑物，其规模瑰丽皆媲美前朝。[①]

　　包围着紫禁城的清皇城仍辟四扇门，将南面的承安门更名天安门，北的北安门改称地安门。天安门外广场及长安左门、右门也如前，唯大明门易名大清门（民国改为中华门）。天安门内由端门至午门，以至太庙及社稷坛都承旧制。地安门明代的万岁山则改名景山，俗称煤山，山上五峰并列，峰顶各有一亭，建于乾隆十五年或十六年（1750或1751）。山的中峰有一座亭子，名为万春，恰好在全城的中轴线上，形势宏伟；其左为观妙、周赏，右为辑芳、富览，东西四亭两相对称，十分壮观。此外，清皇城另有几处较显著的变更。例如，原皇城东南角明代小南城的重华宫，康熙时改建为玛哈噶喇庙，不过附近明朝建的皇史宬仍获保留。至于皇城西苑的若干宫殿，如玉熙宫、清馥殿、万寿宫、兔儿山和旋坡台等，有些被废除，有些则改建，变化较大。在行政管理方面，清朝与明代迥异的，就是清廷将皇城的东安、西安、地安三扇门开放准予居民迁住。因此，前明内官各衙署所在地，渐渐转变为居民的"胡同"，如内官监胡同、织染局胡同、酒醋局胡同、惜薪司胡同等。至于像皇城内的水系，与前朝比较也无大的改变。太液池在明代始称

　　① 见朱偰：《明代宫阙图说》，第2—4章；同作者：《明清两代宫苑建置沿革图考》，第3章。

"三海"：北海、中海和南海，到清朝逐渐流行，而三海周围的西苑也相继修建，使园林景色益加秀丽多姿。世祖曾于清顺治八年（1651），在琼华岛上建了一座西藏式白塔，耸立湖山之上，塔前的永安寺便是前朝广寒宫故址，新旧辉映，凸显出一代的建筑风格。因此总的来说，清代的皇城比明朝更多姿多彩，豪华壮丽。[1]

京城的规划及管理

清代北京城前期的整体布局，沿用了明朝的制置，分为内城和外城。内九外七的十六座城门名称未改，街道规划系统也从其前，只有局部建置与市政管理与前朝有所不同。例如，清朝的管理者们在皇城前中央官署的集中地区撤销了明朝的五军都督府，改为民居；将刑部、都察院、大理寺三法司迁到了皇城前门的右边，即原明朝后军都督府与锦衣卫的所在地，因此改变了皇城中央官署左右对称的布局。明朝时的若干仓厂，如安民厂、广平厂、天师庵草场、新太仓、台基厂及盔甲厂等场地或转为民居，或改建为王府。至于市政管理方面，清初便有重大的变革，最显著的是废除内

---

① 见《日下旧闻考》，卷39—42《皇城》；《顺天府志》，卷13—14《京师志》（坊巷）。又见朱一新：《京师坊巷志稿》（北京：北京古籍出版社，1982）上下卷。皇城图见《地图》，第43—44页。关于清代北京城"胡同"的发展，详见注64.揭近代学者论著。

城坊制，规定内城由满洲旗人居住，归八旗统领（提督）
管辖。清雍正三年（1725）所议定的各旗界址，从乾隆十
四年（1749）开始绘制的《京城全图》可以见到。[①]例如，
左翼镶黄旗管安定门内的前明金台、灵椿等五坊；正白旗管
东直门内的前明仁寿等三坊；镶白旗管朝阳门内的前明保大
等三坊及黄华场；正蓝旗管崇文门内的前明南薰等二坊；右
翼正黄旗管德胜门内的前明日中等三坊；正红旗管西直门内
的前明朝天宫西等四坊；镶红旗管阜成门内的前明金城等四
坊；镶蓝旗管宣武门内的前明阜财等二坊。外城主要由汉人
居住，原来内城汉官商民也皆迁居外城。外城仍设坊管理，
将前明八坊合并为东、西、南、北、中五城，归巡城御史管
理，由都察院奏派。

　　清朝统治者这种对北京内外城住民按民族进行区分的
政策，旨在保障迁居到京师的满族人的地位与优越感。不
过，在清朝后期，由于种种政治与社会的动荡和京畿人口压
力，这种强制的分族居住制度已慢慢废弛，但是整个制度，
直到清光绪末年民政部成立后，才将全城分为内外左右十个

---

　　① 清乾隆十五年的京城全图已收入《地图》，第43—44页；及中国社
会科学院考古研究所编：《明清北京城图》（北京：地图出版社，1986）。
详细考证，见《明清北京城图》卷首：《明北京城复原图说明书》，第1—
8页。

区，由警厅负责管理。①

西郊园林的营建

清朝对北京城经营的一大贡献，是发展出西郊境内群峰叠立、泉流汇集，属于太行山的一个支脉、通称为西山的园林。从国力鼎盛的康熙朝开始，清朝的统治者们在前代建筑的基础上，一共扩建了时称"三山五园"［畅春园、圆明园（包括长春园、绮春园）、玉泉山静明园、香山静宜园、万寿山清漪园］的皇室园林。这一片建筑东起自海淀村，西至香山，三十里内都是瑰丽精雅的离宫别馆、殿阁楼台，规模庞大、工程浩繁，之前各个朝代罕与匹敌。其中，康熙初年的畅春园是最先修治的，它的原址是晚明皇戚武清侯李伟的清华园，位于海淀北邻的湖泊沼泽之区，为上游平地泉流所灌注，可称得上风景绮丽。与它邻近的是著名的勺园，为书画家米万钟所开辟，取"海淀一勺"之意，旧址都在北京大学境内。畅春园落成后，康熙帝常年在此处理政事，直到驾崩。初建时，因为工程简朴，康熙皇帝对此曾做过"茅屋涂茨，略无藻饰"的评价。到了乾隆时期，园子得以扩展粉饰，但却于庚申（1860）英法联军攻陷北京时被焚毁，今

---

① 见《日下旧闻考》，卷72《官署》，第1206—1208页；《顺天府志》卷13，55上—58上页；略见《北京史》，第249—252页；《北京的城垣》，第51—52页；《通史》，第7卷，第3章第1节。

日只剩下两座庙门。①

　　圆明园原属畅春园，是园林中的精粹，历代皇室园林的典范，也是世界宫苑建筑中的奇珍。它位于京城西北部，与毗连东南的长春园、绮春（万春）园并称"圆明三园"。现遗址在北京大学、清华盛顿大学学的北部，全园面积二十余里，占地五千多亩，由平地起园，堆土成岗，引水为池，其间宫殿楼阁、亭台馆榭林立，工程十分繁大。整个园林从康熙四十八年（1709）开始修建，至乾隆九年（1744）基本完成，后继又经历嘉庆、道光、咸丰三朝不断扩建，时间长达一百五十年。康熙之后的诸帝常在园中驻跸，举行朝政宴会，因此圆明园成为仅次于紫禁城的政治活动中心。

　　整个圆明园划分为内朝与外朝，建筑宏伟而富丽堂皇。外朝由大宫门（正门）、二宫门的宫殿官署组成。大宫门前面的东西侧有六部朝房，为中央政府各衙署所在；其后二宫门的正中便是正大光明殿，是皇帝朝会听政的地方。殿后为前湖、后湖，被九座小岛屿团团环抱，正北有九洲清晏殿，为内廷宫殿的中心。往东是福海，是园中最大的人工湖泊，湖中有两个毗连的岛屿，称作"蓬岛瑶台"，景色优美，宛若仙境。圆明园有四十处（后来增加八处）精致可赏

---

　　① 见《日下旧闻考》，卷76《国朝苑园》（畅春园），第1268—1285页；《顺天府志》，卷4，3上—6上页。略见《史话》，第145—148页；《北京史》，第265—270页；《通史》，第7卷，第9章第4节。

的风景点，称为"四十景"，由各种不同的殿阁楼台、廊榭山石组成，很多名景都是模仿全国著名园林设计建造，所以千姿百态，琳琅满目。相继兴建的长春园、绮春园各有特色。长春园在福海东邻，原为乾隆计划颐养晚年之处，主体建筑为居于中央雄伟秀挺的淳化轩，和在东北角仿照苏州园林建造的狮子林。最突出的是乾隆十二年（1747），供职朝廷的欧洲传教士在园北近墙兴建的西洋楼房，全以汉白玉、艾叶青砖石砌成，房顶用的是中国琉璃，庭院里建有欧式喷泉，俗称"西洋楼"。绮春园则为皇太后的住所，园内有含光楼、四宜书屋、凌虚阁等三十多处著名风景点，皆以建筑壮丽、景色绮美见称。

　　然而，遗憾的是，这座举世闻名的圆明三园，连同其间陈设罕见的大量珍宝艺术文物，都在庚申年被侵入北京的英法联军纵火付之一炬。同治十二年（1873），同治皇帝曾下诏重建，并将绮春园更名万春园，作为慈禧太后的私邸；光绪初年，三园又经过一次修缮，但后来又为八国联军毁坏，今日只余残垣败瓦，供人凭吊。①

---

① 见《日下旧闻考》，卷80—83《国朝苑囿》（圆明园）；《顺天府志》，卷4，10上—21下页。近代学者研究圆明园历史及艺术者甚众，可参考刘凤翰：《圆明园兴亡史》（台北：文星书店，1964），及王威：《圆明园》（北京：北京出版社，1980）。圆明园图则见《地图》第53—54页。

郊区水利的发展

在修建圆明园与长春园的过程当中，由于大量凿池引水，发源于万泉庄诸泉的河水已难满足，于是建造者们同时开建了整理西郊河湖水系的工程。清乾隆十五年（1750），工程基本完成，它不仅为西郊的园林开拓出水源，改善了京城的供水系统，并且增加了通惠河上游的流量，纾解了漕粮运输的困难。后者极受清廷重视，因为清前期沿明制仍用运河为漕运主干。治水主要的工事包括：（1）建筑石槽分别导引西山卧佛寺、碧云寺，与香山诸泉水汇注四王府广润庙内石筑方池；（2）用石槽自广润庙方池引水东流与玉泉山诸泉水相汇；（3）疏浚玉泉山东面的原有渠道引导泉水东注瓮山泊；（4）开拓瓮山泊东岸筑造新堤，下设二龙闸，按时开关以保证海淀诸园及近郊的用水。此外，瓮山泊（随后更名昆明湖）南端新建了秀漪桥闸以调节京城水，并在北端改建青龙桥闸，专司泄洪之用。这几番调整后，昆明湖成为京师郊外第一座人工水库，玉山及附近诸泉不断直流汇注，除却应付用水需要，还保证了通惠河上游水源充沛，维持漕运水道的畅通。[①]

随着水系的整理，乾隆帝于乾隆十五年在瓮山南麓的

---

① 关于清代整理北京西郊水源的成绩与影响，有侯仁之：《历史地理学》，第300—302页；蔡蕃：《北京古运河》，第5章；段天顺：《燕水古今谈》，第33—45页；王伟杰、任家生：《北京环境史话》，第2、3章。

风景区兴建了清漪园，作为庆贺其母转年六十诞辰的大礼，将山改名万寿山，湖改名昆明湖。瓮山在明代建筑稀少，唯以山水取胜。乾隆帝随后又大兴土木，修建了勤政殿、怡春堂、玉澜堂、宜艺馆、乐寿堂等宫殿堂馆。同时，他在听鹂馆西的昆明湖中修建"石舫"，湖东堤上铸造铜牛，并且模仿无锡秦氏的园林，修建了惠山园（如今谐趣园）。此外，他又将万寿山旧寺改建更名为"大报恩延寿寺"。漪春园于乾隆二十九年（1764）全部完成；光绪十四年（1888），在慈禧太后的主持下，光绪帝下诏，重建了漪春园，改称颐和园，其规模与宏丽超过了前代。但颐和园在八国联军入侵时遭到严重破坏，事后清廷再行修缮，维持旧貌，一直保留至现在，与故宫同为京华最著名的文物保护及旅游单位。①

　　除颐和园之外，其他两个园林都坐落在昆明湖上游的玉泉山与香山之间。玉泉山的园林早在金朝已经开始经营，金章宗曾在这里建造芙蓉殿行宫。清康熙十九年（1680）这里改称为澄心园，康熙三十一年（1692）易名静明园，乾隆时再加扩建，仍沿旧称。玉泉山之西至香山之间，山林胜地延亘，金元两代皆曾兴建离宫别馆，乾隆十年（1745）重修，增建楼阁台榭，命名静宜园，并在其地为

---

　　① 见《日下旧闻考》，卷84《国朝苑囿》（清漪园）；《顺天府志》，卷4，21下—23上页。简介见狄源沧：《颐和园》（上海：上海文化出版社，1957）。

迎接西藏班禅喇嘛，兴建宗镜大昭之庙，增添了特别的宗教色彩。[①]因此，清代西郊园林的发展，至乾隆时臻至极点，此后逐渐式微。后来英法联军及八国联军侵略，焚毁圆明园和附近诸园，不但使园林夷为废墟，并且摧残了乾隆时整理的近郊水源系统，产生严重的后果——尤其是清廷在这时实行"停漕改折"，南北漕粮完全停运，引发大运河的废堕，使北京地上水源日益枯竭。从清末至民国期间，城郊内外河道淤塞，闸坝废毁，湖泊淤浅，直到1955年以后，北京市致力整顿水系，兴建十三陵诸水库，才逐渐改善这个地区的供水问题。

京城多元化的特色

综上所述，清朝的北京城虽然沿承明朝旧制，无大的更改，但从开国以来，在建置、制度和市容上逐渐多元化，凸显了中华王朝的宏伟壮丽、富庶繁华。这些特色来自政治、社会经济和文化的演变。清初，为了巩固政权和争取蒙古族、藏族的支持，清朝统治者们容许宗室贵胄在京畿近郊圈占房屋和土地，将内城划入八旗管治，在城内广泛建造奢华的王府邸宅，将旗人提升为特权的统治阶级。根据一项研究表明，乾隆

---

① 见《日下旧闻考》，卷85《国朝苑囿》（静明园），卷86—87（静宜园）；《顺天府志》卷4，23上—26下页。

末年在京师的八旗人口达五十五万，内城有四十五万，而当时内城全部人口共六十二万（宣统末年为七十八万），成为庞大的消费阶级。[1]同时，为了笼络蒙、藏族等上层阶级，清朝统治者在政治、社会经济上广施优惠，因此两者在内城都获得种种特权。由于蒙、藏族都信奉喇嘛教，清初诸帝从顺治至乾隆都曾兴建多座喇嘛庙以争取人心，推行政教合一政策。其中，最著名的便是乾隆九年（1744）始建，雍正登基后更名的雍和宫和同时代兴建的东黄寺、西黄寺，它们分别坐落在安定门内外。此外，一些在前代已落籍北京的少数民族，在朝廷的优惠政策下茁壮起来，发展自己的居所，例如回族便在宣武门区内的牛街聚居，兴建清真寺，为京城增添了特色。[2]

　　清代北京内外城的发展，虽然受到前朝的建筑设计和

　　① 清代八旗官兵额数略见《清史稿》，卷130《兵志》，第3879—3889页；顺天府人丁数字见《顺天府志》，卷49《食货》（户口），6上—8下页。北京城人口统计见梁方仲编：《中国历代户口》，甲表86，第286页。关于清代京城八旗人口的推算及其他人口问题，见韩光辉：《清代北京八旗人口的演变》，《人口与经济》，1987年第2期，第51—56页；同作者：《试论清代北京城市人口的增长与控制》，收入《京华旧事存真》第1辑，第193—210页。
　　② 见《日下旧闻考》，卷20《国朝宫室》（雍和宫）；《顺天府志》，卷2《京师志》（宫禁上），22下—23上页。简介见魏开肇：《雍和宫漫录》（郑州：河南人民出版社，1985）。关于以牛街为中心的回族聚区地域，见《顺天府志》，卷14，22下—25上页；朱一新：《京师坊巷志稿》，卷下，第238—239页。详细研究，见刘东声、刘盛林编：《北京牛街》（北京：北京出版社，1990）。

城坊形制规范，但也有时代性的特色。内城布满满洲的府邸和八旗兵营，大部分的汉族和少数民族迁到外城去重建居所。内外城坊的结构和居民的政治、社会经济地位及活动因此都起了重大的变化。根据记载，内城因为拆除一些明代的仓库衙门，胡同与街巷随着扩张，胡同达到七百一十五条，街巷达到七百六十二条，其间（尤其西城）修建了不少宽广豪华的王府宅第，许多都是宗室贵胄的私产。外城由于汉族人口的迁入，在废地上兴建矮窄的民居，发展极快，胡同增至二百六十三条，街巷则增至三百三十七条。内外城的街巷胡同合计，就比明朝时期多了九百多条，总共达到两千多条。在规划上，外城因为不像内城受到皇城中间的阻隔，而且有中轴和长纬线作为指引，可以有较不规则灵活的发展，为现代北京外城的形态奠定基础。①

　　在经济和商业活动方面，北京城也在明朝的基础上有蓬勃旺盛的发展。如同前朝一样，清代北京是个庞大的消费都城，依赖外边（特别是南方）运输漕粮、货物及生活必需品，因此除却维持旧有的市场架构，又随着经济的转变，发展了新的市集。内城最繁华的商业区，仍是明代已开展的皇城

---

　　① 　见注53.揭资料。关于清代北京城"胡同"的发展，参见中国社会科学院考古研究所编辑：《明清北京城图》，第9—40页；翁著：《北京的胡同》，第82—91页。又略见多田贞一著、张紫晨译：《北京地名志》（北京：书目文献出版社，1986）有关章节。

四门、钟鼓楼、东西四牌楼以及朝阳门、安定门、西直门、阜成门、宣武门等处，那里"衢中有市""货物辐辏"，市廛鳞次栉比。由于商业需求，出现不少典当、银号及盐店。外城市场在明代后期才开始形成，集中在今日的宣武区、崇文区，而以正阳门（前门）一带最为热闹。这里有各种专门的市集，如猪、马、菜、米、煤、鱼、布市等，不少从暂时性变为永久性，而所在地就成为胡同的名称。由于外来货品都是从漕河自城南进入京城，所以前门外面又是行商的聚集地，棚房、会馆林立，成为新的商业繁华区。此外，清代北京城的重要商业活动还有源于寺庙祭祀的庙市。从明代开始，商人经常云集定期或非定期的庙会——寺庙的祭祀庆典——例如在雍和宫、太阳宫、东岳庙、关帝庙、护国寺、隆福寺等重要寺庙所举行的诞日，进行各种物资交易。这种寓商业贸易于宗教活动的行径，是明清北京城社会经济多元化的显著表现。①

最后需要一提的是作为全国文化的中心，清代北京城也发展了若干特色，与前代互相辉映。清诸帝汉化甚深，崇文礼儒，虽然曾以政治原因屡兴文字狱，但极力提倡文学，

---

① 以上略见《史话》，第174—176页；《北京史》，第245—247页；《通史》，第7卷，第8章第1节。有关清代京师市集与庙会的状况，详见注43.、44.揭资料；又见杨ування洪运、赵筠秋主编：《北京经济史话》（北京：北京出版社，1984）有关章节。

推行科举取士，赞助庞大的编纂典籍计划，到乾隆时的《四库全书》达到高峰。这些编纂工作，都在京城进行，所以翰林院、武英殿、文渊阁等处便成为清代的古典文化活动中心。北京城的特殊环境，又为满族文学家创造条件，因此孕育了举世知名的小说——曹雪芹的《石头记》（《红楼梦》）——以细致的手笔，描叙封建四大家族的悲欢离合、兴衰演变，饮誉中外文坛。此外，由于清朝帝王酷爱戏剧，北京又成为全国影响最大的剧种——京剧——的故乡，内外城出现不少戏班上演的"茶园"和"茶楼"。

　　谈到清代北京城的文化活动，必须提到两处地方。一是位于正阳门外右一区的琉璃厂，这是从康熙以来发展为经销旧书籍、文物的大街，在乾隆编纂《四库全书》时尤为旺盛，与文化事业的发展息息相关。另一处是距离不远，在正阳门大街与天坛相接的天桥。这里是清代最繁盛的平民会合休闲的场所，有摊贩、食肆，大众艺人演曲艺、玩杂技的游乐区，为发展通俗文艺、次文化的重镇，到民国时盛况依然，为这个古都大放异彩。①

---

　　① 略见《史话》，第174—181页；《北京史》，第260—265页；《通史》，第7卷，第9章第1、2节。最近丁守和、劳允兴主编的《北京文化综览》（北京：北京师范大学出版社，1990）对近代北京文化论述尤其详细。关于清代琉璃厂与天桥的文化活动，参考王冶秋：《琉璃厂史话》（北京：生活·读书·新知三联书店，1963），与张次溪：《人民首都的天桥》（北京：修绠堂书店，1951）。

清朝后期的变化

清朝后期，由于英法联军及八国联军先后攻入京城，朝廷被迫签署辱国丧权的《北京条约》和《辛丑条约》。

北京城有了频繁的变化，首先在咸丰十一年（1861），由于条约的协定，在崇文门内的东堂子胡同设立了"总理各国事务衙门"［光绪二十七年（1901）改为外务部］，掌管对外事务，并开始兴办洋务。外国随后在京师设立使馆，分布于皇城南面之东、西交民巷。光绪二十四年（1898），由于维新运动的关系，在景山东侧建立了京师大学堂（北京大学前身），又相继设立了农工商总局、邮政总局、铁路局、海关办事处等机构。光绪三十年（1904），根据《辛丑条约》的条款，成立了北京公使馆区，东起崇文门大街，西至兵部街，南至城根，北至东长安街。域内原有居民、衙署一律迁出，使馆皆享有治外法权。光绪三十一年（1905），由于废科举、兴学堂，又建立优等师范学堂（北京师范大学前身）、工业、高等巡警及税务、法律等学堂。光绪三十二年（1906），将内外城各设十区分隶诸巡警总厅警备，取消前期施行的五城八旗管治制度。到宣统元年（1909），清室宣布立宪，京城便相继成立资政院、宪政处，同时改户部为度支部，兵部分为海军、陆军、军咨府；改刑部为法部，工部为农工商部；改大理寺为大理院，理藩院为理藩部，并增置学部、邮传及民政部。此外，随着政治、社会、经济的变更，清末王府不少被焚毁，或拆卸改建为民宅，著名的如定安大街的庆亲王府和三座桥的恭亲王府。同时，由于外国宗教势力的入侵，京城出现许多不同教派的洋教堂，除却较早时俄罗斯人在内城东北角修建的东正教堂（建于康熙年间后期），有基督教与天主教会所建的教堂、医院、学校等。此外，光绪末年开始兴建的铁路，都是以北京为终点，先后完成了京津、京奉、京汉等线［光绪二十二（1896）、二十四年（1898）、三十二年（1906）］，而著名的京张铁路也于宣统元年（1909）通车。所以，内城正阳门的左、右两侧，便先后建成东、西两座火车站，开拓了内外的交通网络。由此可见，随着时代迈进，外国势力的入侵，政治、社会、经济的转变，北京内外城的官署衙门、行政设施，以及市肆容貌，都受到很大的冲击而有所更改。①

　　1911年10月武昌起义成功，推翻了清政权，缔造中华民国，从此结束了两千年的君主王朝统治。次年元月，孙中山在南京就任临时大总统，但不久袁世凯干政，翌年窃取大总统职位，将政府迁回北京。此后历届北洋政府皆沿承其制，直至民国二十六年国民政府执掌政权，把都城迁回南京，才取代了

————————

　　①　关于清末北京城的种种变化，有系统著述的不多，最赡详者为陈宗蕃：《燕都丛考》（北京：北京古籍出版社，1991年据1937年修订版重刊），其次为佘棨昌：《故都变迁纪略》（北京：自印本，1941），与汤用彬：《旧都文物略》。简略记载见《史话》，第8章；《北京史》，第8章；《通史》，第8卷有关章节。

它的政治地位。清帝虽然退位，但根据民国政府订定的优待条例，其中有"大清皇帝辞位之后，暂居宫禁，日后移居颐和园，侍卫人等，照常留用"，废帝溥仪及其随从仍留住紫禁城的北半部，到民国十三年（1924）在军阀冯玉祥的逼迫下这才迁出。从此，清帝旧居改为故宫博物院，一切建筑形制都获保留，不过，皇城的垣墙被拆除，天安门广场也逐步扩张，慢慢有所改变。到中华人民共和国成立，定都北京，由于经济建设发展的需要，人民政府从1950—1965年便系统地将内外城墙、城门和城楼拆除，从内城放射出二十八道公路，连接远郊、近郊的工厂、学校和风景区。北京城从此起了基本的变化，今日仅存内城西便门的一段城墙、正阳门的城楼箭楼、德胜门的箭楼及瓮城部分的垣墙而已，旧京故城的风貌便只能在历史文献中追寻。[①]刘伯温建造"八臂哪吒城"的传说故事，就是在清末民初这个古都的新旧交替时代出现的。

---

① 以上略见《史话》，第195—203页；《北京史》，第331—358页；《通史》，第9卷，第5章第1节；第10卷，第5章第1节。并参考北京市社会科学研究所编写组：《北京历史纪年》（北京：北京出版社，1984），与赵庚奇著：《北京解放三十五年大事记》（北京：北京日报出版社，1986）有关20世纪的北京大事记。

第二章　元代大都城建造的传说

一、刘秉忠建大都城的传说

前面已经点出，刘伯温建造北京城的故事，脱胎于刘秉忠营建元大都城的传说，因此，要了解整个问题，就先要探索后者的来龙去脉。根据前述，当刘秉忠奉忽必烈之命兴建大都城时，他以宋代汴京为蓝图，按照《周礼·冬官·考工记》所载的形制，在金中都东北角为蒙古营造新的京城。刘秉忠不但是个儒、道、释"三位一体"的政治家，博学多才艺，精通天文地理、三式六壬遁甲，而且喜爱玩弄迷信，把军政机要的决定，用神秘诡奇方式去表现，来争取蒙古大汗的信服。于是，刘秉忠的高超才智技艺和扑朔迷离的态度，不期然地被好事者以讹传讹附会起来。元末明初的私家杂著，便有以下几处载录他建造大都城所发生的玄怪事情：

（1）张昱：《张光弼诗集》卷三《辇下曲》："大都周遭十一门，草苫土筑那吒城。谶言若以砖石裹，长似天王衣甲兵。"①

（2）长谷真逸：《农田余话》卷上："燕城，系刘太保定制，凡十一门，作那吒神三头六臂两足。世祖庚申（1260）即位，至国亡于戊申（1368）己酉（1369）之间，经一百一十年也。"②

（3）叶子奇：《草木子》卷三上《克谨篇》："元刘太保迁元京北城，取居庸关水入城，冀稍润其土，然亦不及百年，祸变亦作，岂地数有限而致然耶？"

（4）同前书卷三下《杂制篇》："元世祖既一天下，问刘太保曰：'今之定都，惟上都、大都耳。两处何为最佳？'刘曰：'上都国祚短，民风淳；大都国祚长，民风淫。'遂定都燕之计。"

（5）同前书卷四下《杂俎篇》："初，元世祖命刘太

_____

① 《四部丛刊续编》本，卷3，15下页。张昱，字光弼，江西庐陵人，元末杨完者镇抚江浙，用为参谋，后迁行枢密院判官，明初征召至金陵，以年老遣还。行谊略见邵远平：《元史类编》［扫叶山房本，嘉庆二年（1797）］，卷36，26上页；柯劭忞：《新元史》（天津退津堂刊本，1922），卷238，9上页；又见王德毅前揭书，第2册，第1060—1061页。光弼《辇下曲》作于寓居大都时，故所写"那吒城"故事当系采自燕都谈荟。

② 收入陈继儒：《宝颜堂秘笈·广集》第4辑（1922），引文见3下页。长谷真逸是外号，作者本姓名、籍贯、仕履不详。

保筑元京城。及开基，得一巨穴，内有红头虫，不知其几万。世祖以问刘曰：'此何祥也？'刘曰：'异日亡天下者，乃此物也。'"①

综上所述，这些神异骇俗的故事，不但反映出元朝统治时期，北方民众对燕都若干世代传闻崇信不衰，而且透露他们对传统意识，和当代政治某方面的态度与愿望。显而易见的，他们假借都城的修建，一则神化心目中的英雄刘秉忠，把艰巨工程的完成作神秘解释，归于他的超凡智慧和特殊才能；二则借此渲染夸大汉人辅臣在元廷的作用，喻指忽必烈对他们的眷倚，并借古讽今，预言元政权败亡。例如《草木子》首二条所述的故事，说刘秉忠"迁元京北城，取居庸关水入城，冀稍润其土"，又记其与忽必烈对话，解释何故弃上都而取大都为京师，便是附会当日择都建城，慎重考虑开辟水源的史实，借此神化刘秉忠的英雄形象与奇智殊能。首条所言"迁元京北城，取居庸关水入城，冀稍润其土"等，实则指郭守敬引导在大都西北的昌平神山下的白浮

---

① 北京：中华书局排印本（1959），41、63、83页。叶子奇，处州龙泉人，元末隐居未仕，史言明初获荐任巴陵县主簿，不久因事株连下狱。足迹未出江南，故其所记刘秉忠建造大都城的异闻，谅系出自道听途说而加以渲染。传记略见何乔远：《名山藏·高道记》（台北：成文出版社，1970），6上页；朱彝尊：《曝书亭集》（《四部丛刊》本），卷63，10上页。

泉水，西折向东南经瓮山泊流入都城的工程。不过传说敷衍，奢言谓水源虽已解决，但因地数有限，不及百年而祸变兴作，影射民间相信天意亡元而先有征兆。同一本书另一条记录刘秉忠筑大都城时，开基发现一个巨穴，内有"红头虫"，忽必烈问为何祥，秉忠答云"异日亡天下者，乃此物也"，更明显地将建城之事，与元末民众抗蒙战争连贯一起。当日大都建城开基时，是否出现"红头虫"诚有疑问，不过故事所以提出，无疑影射"头缠红巾"反抗蒙古的白莲、弥勒、明教徒众，而所言"异日亡天下者"，便是暗喻红巾军旗开得胜，重建"中华正统"。这些附会大都建城而预言元廷覆亡的传说，显然是淮北民众蜂起反元的宣传产物，正是如此，大都建城的各种传说频出，增广了它的意义和扩大了流传地域。

二、"那吒城"传说溯源

以上所揭传说故事，最玄秘诡异的莫如张昱《辇下曲》，长谷真逸《农田余话》所载，解释刘秉忠制定大都十一座城门的缘故。前节已言，大都城既为长方形，东西面各有三座城门，北面有二门，则南面也应当有两座城门相配，一共应有偶数的十座门。它所以南面开辟三门，使全城有十一座门，是因为宫城居中央向南，有御道直通皇城出外，因此增辟一座城门专备銮驾出入。民间传说则不然，另有奇异光怪的解释。根据《辇下曲》所录"大都周遭十一门，草苫土筑那吒城"，和《农田余话》的申释"凡十一门，作那吒神三头六臂两足"，刘秉忠所以开辟十一座城门，是要附会那吒神的身躯：南面三门象征三头，东西六门代表六臂，北面两门配合两足。《农田余话》末节又补充一笔，说元世祖即位至元朝灭亡，恰好一百一十年，因此燕都十一门也是亡国之谶，更加离奇怪诞。总而言之，这些充满神奇色彩的传说，不论是作者虚构，或是采自闾里，莫非揄扬刘秉忠能感通神灵，未卜先知，夸张其超人的才智技能。它们不但透露民间的膜拜英雄意识，虔诚供奉神祇冀求解难禳灾的心态，而且表露汉人对元朝统治的反抗，把流行的传说渲染增饰，来宣传鼓吹反对蒙古统治者的意识和行动。[1]

　　显而易见，这些大都城的谣传，其实是以刘太保制定

---

[1]　爱宕松男于所著《元の大都》，第61页，首先揭示张昱《辇下曲》大都"那吒城"资料；陈高华：《元大都》51页又引录长谷真逸《农田余话》申释"那吒城"故事，可惜二者都未进一步探索其意义。杉山正明所著《クゥ゙イと大都》517页，注十八，揣测"那吒太子"与"ジらア神变身Nataraja（诵の王）"有关联，但未说明其与大都城传说的关系。详细研究，见拙作《元大都城》。最近施连方著：《北京街巷地名趣谈》（北京：中国国际广播出版社，1992），第76页曾谈及"三头六臂"与元大都城的传说，然误引吴长元《宸垣识略》为故事出处。

十一座门为基础的演化，为了与那吒神的身躯配应，从而成为明代北京建城传说的产生之主要媒介，因为后者的主角人物刘伯温和姚广孝，也分别依照那吒的躯体画出北京城图。在整个传说发展中，二者显然有极密切的关系。①但在分析彼此的联贯性及演化过程之前，我们要考究一个基本问题：那吒是一个怎么样的神？有何法力？都城的设

① 关于刘秉忠设计大都城十一门的缘由，前面所揭翁与长谷真逸的记述已有说明，但是最近翁立撰《北京的胡同》，则作以下的解释："如按《周礼》要求，（大都）应是正方形的大城，四面各有三个城门，那就应为十二个城门，为什么大都只有十一个门，北面少了一个呢？说到这儿就有了个传说故事了，还是我小的时候听胡同里的老人讲的。刘秉忠不仅熟知《周礼》，且有术数思想。他在画大都城图时，眼前总有个三头六臂、两脚穿着红袄短裤的小孩。起初他并没在意，后来小孩说话了：'你照我画，就能镇住苦海幽州的孽龙。'他一琢磨，这小孩不是哪吒吗！是得照他画。于是大都城的城门就成了这个样子，南边的丽正门、文明门和顺承门就是哪吒的三头；东西两边的崇仁门、光熙门、齐化门、和义门、平则门和肃清门就是哪吒的六臂；北边只好开两个门了，于是健德门和安贞门就成了哪吒的两脚。张昱曾经在著名的《辇下曲》中说：'大都周遭十一门，草苫土筑那吒城。谶言若以砖石裹，长似天王衣甲兵。'大都的城墙是用夯土筑成的，为保护土墙，防止雨水淋蚀，就把苇子编好，一排排地从墙脚排到墙顶，自下而上地把整个土城遮盖起来，成为不镶砖的苇编蓑城，好像给这'三头六臂两足'的哪吒，又穿上了条'荷叶裙'，所以当时不少人都称之为'哪吒城'。"（第46—47页）这个解释，显然是把近代传诵的刘伯温仿照哪吒的模样，画图建造北京城的故事，与元末明初流行关于刘秉忠设计大都城十一门的异闻混杂一起。根据上述资料，这两个故事虽然一脉相承，但是各自独立发展，到近代才融会起来。

计者为什么要依照他的模样去绘制规划图？

那吒的出身与蜕变

　　所谓那吒，明朝以后多书作"哪吒"，源出梵语Nata，又译作那拿、那吒俱伐罗等名，是佛教四天王之一的毗沙门天王（Vaiśravaṇa，或译作毗舍罗婆拿、吠室啰末那等名）的第三个儿子。早在南北朝北凉时代（397—439），释昙无谶所翻译马鸣菩萨的《佛所行赞》，已提到那吒（书作那罗鸠婆）和毗沙门天王。卷一有言："毗沙门天王，生那罗鸠婆，一切诸天众，皆悉大欢喜。"在唐玄宗开元（713—741）、天宝（742—755）年间，从北天竺传入的密宗经典，如后揭不空所译经文，则以那吒为毗沙门之孙，但这是偏例。毗沙门又名多闻天王，主守北方，掌领夜叉（Yaksha），有子五人，都是神通广大的精怪，以护持佛法，守护国王国界，殄灭内奸外敌，降伏恶魔著称，其中又以次子独健、三子那吒最知名。到了唐宋之际，中原民众出于崇拜英雄观念，将已谥为道教神祇的唐初名将李靖（571—649）与流行中国的释氏四大天王之一的毗沙门相融合，塑造了一个"毗沙门天王李靖"，又称"托塔天王"，更将他渲染为勇猛超群、法力无边的天神。而由于这个缘故，原来毗沙门天王第三子的那吒，便在中土变为托塔天王李靖之三太子，成为小说演义、民间信仰所熟识的"三头八臂"、变化多端、勇不可当、降妖伏魔的神将。①

　　佛经中记载的那吒，始见于唐天宝年间北天竺密教高僧不空（705—774）奉诏翻译的《北方毗沙门天王随军护法仪轨》。经书中的那吒是毗沙门之孙，与一般的经传有差异，它是这样叙述的：②

　　　　尔时那吒太子，手捧戟，以恶眼见四方白佛言：我是北方天王吠室罗摩那罗闍（即毗沙门）第三

---

　　① 释传密乘所记毗沙门天王，及第三子那吒的事迹，略见望月信亨编：《佛学大辞典》第4册（京都：世界圣典刊行协会，1957），第3994页；第5册，第4304页所撮资料。那吒之名出自梵语Nata，与Narya、Nara等同源，俱有坚固、天界力士之义。略见William E. Soothill, *A Dictionary of Chinese Buddhist Terms*（Delhi: Matilal Barnarsidars, 1937），pp. 247—248.《佛所行赞》引文见高楠顺次郎、渡边海旭编：《大正新修大藏经》（东京：日本大正一切经刊行会，第1924—1932页），第192号，第3页。关于毗沙门在中国民间释道信仰，与唐初名将李靖混合之经过，详见柳存仁：《毗沙门天王父子与中国小说之关系》，收入氏著《和风堂文集》中册（上海：上海古籍出版社，1991），第1045—1052页，及同作者（Liu Ts' unyan），*Buddhist and Taoist Influences on Chinese Novels*, vol. 1: *The Authorship of the Feng Shen Yen I*（Wiesbaden: Otto Harrassowitz, 1962），chap. 1. 又见万书元：《哪吒闹海故事考论》，《东方文化》第1集（南京：东南大学出版社，1991），第76—86页。有关二者资料之辑录，见吕宗力、栾保群编：《中国民间诸神》下册（台湾：学生书局，1991），第1022—1031页。

　　② 不空所译经文见《大藏经》，第1247号，第224—225页。不空资料见陈垣：《释氏疑年录》（北京：中华书局，1964），第124页征引。

王子其第二之孙。我祖父天王，及我那吒同共每日三度白佛言：我护持佛法，欲摄缚恶人或起不善之心。我昼夜守护国王大臣及百官僚，相与杀害打陵，如是之辈者，我等那吒以金刚杖刺其眼及其心。若为比丘、比丘尼、优婆塞、优婆夷，起不善心及杀害心者，亦以金刚棒打其头。尔时毗沙门孙那吒，白佛言：世尊，我为未来诸不善众生，降伏摄缚皆悉灭散故，亦护持国界故，说自心暴恶真言，唯愿世尊听许我说。佛言：善哉善哉那吒天王，汝为降伏一切国王大臣百僚杀凌者，亦法佛相违者……

在这部经书里，那吒不只是护持佛法、慑缚恶人，而且守护国王百僚，维持国界，以金刚杖降伏暴恶，另备"真言"可使行者诵咒殄灭邪魔。《仪轨》续言：[①]"若行者受持此咒者，先须画像，于彩色中并不得和胶，于白毡上画一毗沙门神其孙那吒天神七宝庄严，左手令执口齿，右手叉腰上令执三戟稍。其神足下作一药叉女住跌坐，并作青黑色少赤加。若诵此咒时，就好地勿使有秽恶，种种花烧香供养，行者上下衣服并须一清，一厕行时当护身，黑月十五夜起首，对象前诵咒满三十万遍讫，然后取香泥供养尊像……

① 同注9.揭经文，第225页。

依照以下经文，信徒只须供奉那吒神和诵咒真言，所有"相违叛逆国王大臣百僚，有不善之心起者"，及"有人比丘比丘尼犯者"，都会于"七日内殄灭"。况且，施展类似的法术诵咒，还可以歼灭侵略国土的敌兵，如唐朝中叶安西城遭遇五国军围城时，就曾使用玄秘的行军法术收效，因此经名称为《随军护法》。这里那吒的造像是"七宝庄严，左手令执口齿，右手叉腰上令执三戟稍""足下作一药叉女住趺坐，并作青黑色少赤加"，与后来出现在小说、演义中的造型有很大的差别。又根据不空另译的《毗沙门仪轨》所传，天宝元年（742）二月，当大石、康五国（Taskand, Samarkand）连同围攻河东安西时，毗沙门天王曾应玄宗圣旨，率神兵出现城楼救援，击败敌军，而第二太子独健同时领天兵防护其国界，三太子那吒也捧塔随侍天王左右（内文有言："昔防援国界，奉佛教敕，令第三子那吒捧塔随天王。三藏大广智云：每月一日，天王与诸天鬼神集会日；十一日，第二子独健辞父王巡界日；十五日，与四天王集会日；二十一日，那吒与父王交塔日……"）。由此可见，在密教的传统里，毗沙门天王父子除了护持佛法、降伏恶魔外，还以守护国王和防援国界扬名。①

---

①　不空所译经文见《大藏经》，第1248号，第328页；参见注8.揭柳存仁论文，第1049—1050页。

那吒降龙治水的传说

在稍后出的密宗经典，如宋初中天竺高僧法贤（卒于1001年），于太宗太平兴国年间（976—983）奉诏译的《佛说最上秘密那拿天经》，那吒却以伏龙的天神出现，称为那拿天，模样、法力与此前的都不一样。本经卷上《最上成就仪轨》分第一，描述那吒现身于世尊之前如下：①

> 大毗沙门天王，与百千俱胝眷属围绕世尊。是时有天名曰那拿，色相殊妙，面现微笑，手持日月及诸器仗，众宝严饰，光逾日月，以难陀、乌波难陀二龙而为络腋，得叉迦龙以为腰绦，有大威力如那罗延，亦来集会坐于佛前……尔时世尊如是安慰毗沙门天王已，即入调伏夜叉炽盛普光三摩地，于其定中，身放大光，其光普照三千大千世界……其光回还绕佛三匝入于佛顶，复从面门出七色光入那拿天顶。时那拿天光入顶已，即现大身如须弥山，面忿怒相复大笑相，而有千臂，手持葛波罗及诸器仗，以虎皮络腋葛波罗而为庄严，光明炽盛具大威力。是那拿天现此身时，大地震动，睹者皆怖……

---

① 法贤所译经文见《大藏经》，第1288号，第358页。法贤传记资料见陈垣前引书，第197页揭示。

　　这里所见的那吒，"手持日月及诸器仗……以难陀、乌波难陀二龙而为络腋，得叉迦龙以为腰绦"，活现伏龙的神威。经文随着又说，哪吒"合掌向佛白言：世尊，我有心明，善能调伏阿修罗众，及一切夜叉罗刹部多毗舍左等，乃至大梵天王、那罗延天、大自在天咸令归伏，亦能句召一切天龙之众。世尊，我此心明，是一切持明者最上成就之法"。所谓"心明"，就是咒语。降龙祈雨是佛经中很重要的仪轨，因为依照中土古代迷信，不论何类宗教，都相信天龙控制雨水，能伏龙始能消旱。至于降龙之法，密乘也有指示。前经《最上成就仪轨》分第二言："又法若行人欲降龙者，当塑作龙身安曼拿罗（按即"天华"）中，以香花供养，用葛啰尾啰枝诵大明加持一遍打彼龙身，复诵大明加持彼龙，即现本身降大甘雨……"由此可见那吒的咒语有伏龙的威力，缺水之时，依法行仪便可得甘霖。①

　　从上述密宗文献所示，自唐宋以来，透过经典的翻译

---

　　① 中国古代宗教信仰自唐朝以来，糅杂原始迷信与释、道二教，也以龙为雨师，天旱即祭祀之以求甘霖。宋、明两代帝王多建龙王祠庙，封龙为护国之神，遇旱则往祷告，行祀龙祈雨之法。参见樊恭矩：《祀龙祈雨考》，《新中华》，复刊第6卷第4期（1948年2月），第36—38页；泷泽俊亮：《龙蛇と祈雨の习惯について》，《东方宗教》，第20号（1962年11月），第19—21、28—30、143—146页。黄芝岗：《中国的水神》（香港：龙门书店影印，1968），第11章，及刘志雄、杨静荣：《龙与中国文化》（北京：人民出版社，1992），第245—269页。

和民间的膜拜，那吒已成为中土著名的释教天神，具备护持佛法、降伏恶魔、随军护城和降龙除旱等法力。因此，传说称刘秉忠制定大都十一城门，象征那吒神的身躯便不难理解。依照释氏的传统，那吒既能守护国王百僚、殄灭叛逆邪魔，又曾侍从托塔天王领兵援城，正是保护京师最理想的神灵。况且，他又有降龙祈雨的法力，而大都水源匮乏，亟须这样的天神坐镇以禳除灾难。现存有关大都的文献，虽然未见著录龙王作孽的故事，但是《析津志》于《城池街市》目下，有如此记载："光熙门，与漕坝相接，当运漕岁储之时，其人夫纲运者，入粮于坝内龙王堂前唱筹。"[①]上面提到的漕坝，便是郭守敬开凿新运河后用作漕运的环城水坝，在这里建庙堂、祀龙王，当是祷求开恩，务使水源丰沛，间接道出大都居民流行龙王控制水源的迷信。

刘秉忠建上都城的传说

然而，大都盛传刘秉忠驾驭龙王的传说，又因刘氏较早于忽必烈即大汗位前四年（1256）奉命在开平建造后来称为上都城所孕育的传说阑入，产生了更大的影响。按元末杂史的记载，秉忠于桓州之东、滦水北岸，时称龙冈的草原兴建新城时，曾有向龙王借地的异闻。阙里外史行素（孔克

① 《析津志辑佚》，第2页。

齐）《静斋至正直记》卷一"上都避暑"条记云：

> 上都本草野之地，地极高甚寒，去大都一千
> 里。相传刘太保迁都时，因地有龙池，不能干涸，
> 乃奏世祖当借地于龙，帝从之。是夜三更雷震，龙
> 已飞上矣。明日，以土筑成基，至今存焉。乱后车
> 驾免幸，闻宫殿已为寇所焚毁，上都千里皆红，寇
> 称伪龙凤年号，亦岂非数耶？①

这个故事的滋生，显然系因建城之地旧有湖泊，民间
相传有龙寓居，由此名其山为龙冈，刘秉忠在该处动土，就
难免与龙发生争执。元末记载有两处提到其事。例如伍良臣
的《上京》诗首末句云："龙冈秀色常青青，年年五月来上
京……铁竿屹立海水竭，卧龙飞去空冥冥。"附注作此申
释："上都有山名龙冈，宫阙对之。车驾至，年例直北诸王

---

① 《粤雅堂丛书》本［同治二年（1863）］，卷1，1下—2上页。这本
误植作者为孔齐。孔克齐父文升，为至圣五十四代孙，以赘于溧阳沈氏，因家
其地。克齐后获荐授黄冈书院山长，召为国史编修。元末避兵居鄞之东湖，记
所闻见，成《至正直记》四卷。传记见汪淮等纂：《溧阳县志》［弘治十一年
（1498）刊本］，卷4，29下页；叶昌炽：《藏书纪事诗》（上海：古典文学出
版社，1958），卷2，第69页；又见王德毅前揭书第1册，第47页。此条及注16、
17.所揭资料都见陈高华、史卫民前引书，第24—25、118—119页，唯著者未有作
进一步分析。

毕会。金兰花叶绿如黛，紫菊花大如盂，色深紫，娇润可
爱，俱产上都。旧为龙渊，刘太保卜吉而视之，龙夕去水
竭，遂创宫室，立铁幡竿于阙西以镇之。"①元亡后，杨允
孚的《滦京杂咏》其中一首又说："圣祖初临建国城，风飞
雷动蛰龙惊。月生沧海千山白，日出扶桑万国明。"（自注
云："上京大山，旧传有龙居之，奉白宥通。"）这里虽然
未提及刘秉忠，但所述的也是蛰龙居于上京山下的传说。②
伍良臣诗注所记与前揭《至正直记》一则略同，都说的是
刘秉忠以龙之居地兴建都城。前条谓秉忠奏忽必烈请借地
于龙，帝力威猛，龙因此飞遁；此处则言其以法术逐龙，
既取其所居建宫室，又竖立铁幡竿作为镇压，较前者则更

---

①　这首诗收录于姚广孝等纂：《永乐大典》卷7702；见北京中华书局
1960年影原钞本第85册，10上—10下页。伍良臣，江西高安人，有文学。父
伍兴甫，仁宗延祐三年（1316）任管领拔都儿民户总管，泰定二年（1325）
卒，年六十。照此推算，良臣应为元中叶时人，传记略见王德毅前揭书第1
册，第286页。

②　《知不足斋丛书》本（1921），卷上，4上—4下页。《滦京杂咏》
共一百零八首，为七言绝句，这首诗为第三十首。杨允孚，字和吉，江西吉
水人，至正时为尚食供奉官，后弃去，襆被岁走万里，穷西北之胜，凡山川
地产典章风俗无不记以诗歌。《杂咏》系元亡后重游旧地，见兵燹所过，荟
为丘墟，慨然兴叹感怀之作。小传见曾廉：《元书》（1911），卷91下，14
下页；陈衍：《元诗纪事》（上海：商务印书馆，1925），卷20，第381页；
又见王德毅前揭书第3册，第1540页。

为诡异。①由于刘秉忠亲自策划建造大都城，而幽燕向来有龙的传说，这个言刘秉忠借地于龙以兴建上都的异闻，对大都的传说无疑有推波助澜的作用。不过，由于环境不同，刘秉忠的镇龙之法也各自迥异——在上都要竖立铁幡竿，在大都则倚重哪吒神的威灵；前者显然出于地方民间迷信，后者则源于密乘所传毗沙门天王三太子的故事。

哪吒故事在民间的展开

哪吒的传说虽然脱胎于密宗经典，但从通俗文学资料来看，元末开始流传的大都"哪吒城"故事，却与盛行中土神格化的托塔天王李靖及其第三太子的传说有更密切的关系。后者的孕育和滋长，无疑得力于密宗之推动，但是它的演变和畅行，又借助于道教的流传和杂剧、演义与说书的渲染增饰，由此故事散播民间，流传长盛不衰。因此，现代盛

---

① 铁幡竿是上都西山的一处名胜，元末周伯琦在所撰的《立秋日书事五首》第三首《注》描述为"高数十丈"，见《近光集》（《四库全书珍本》第2集，台北：商务印书馆，1981），卷2，8下页（不过此小注但言"以其海中有龙，用梵家说作此镇之"，并未提到刘秉忠）。杨允孚《滦京杂咏》第三十五首又言："铁幡竿下草如茵，淡淡东风六月春。高柳岂堪供过客，好花留待踏青人。"铁幡竿所在的山名铁幡竿山。此铁幡竿疑是郭守敬于成宗大德二年（1298），在上都设开水渠排泄山水时所竖立作为标志，好事者穿凿附会，就把铁幡竿解释为用以镇压蛰龙的符法。这个竖立铁幡竿用的小洞，近年在上都做考古调查的人员曾经发现其痕迹。见陈高华、史卫民前揭书，第118页。

行北京的"八臂哪吒城"传说，虽然源于附会神化了的历史人物刘秉忠和刘伯温，但是它的发展和传播，与哪吒在元明时代民间信仰的演化，有不可分割的关系。

简而言之，作为毗沙门天王李靖第三子的那吒，在宋代以来的佛家典籍和民间传说中，是一位"三头六臂"的孩童天神，与见诸唐代密教经传的有差别。哪吒这相貌，大概出现于北宋后期，如圆悟克勤（1063—1135）《碧严录》第八十六则便曾记载："忽若忿怒那吒，现三头六臂。"灵隐普济（1179—1253）《五灯会元》卷二又记："那吒太子析肉还母，析骨还父，然后现本身，运大神力，为父母说法。"①他之所以现本身而成"三头六臂"，显然是从那吒的形象演化出来，可见宋元时期膜拜的那吒神都大同小异（那吒之现身为"三头八臂"，变化多端、神勇伏魔的托塔天王三太子，大概出自元明坊间的想象渲染，始见下揭的《三教源流搜神大全》，到嘉靖、万历年间，经过陆西星《封神演义》和稍后吴承恩《西游记》等小说的修饰，便成为有口皆碑、闻名广远的释教善神）。从现存资料所见，那吒在元代是很受重视的神灵，据托名郑思肖撰写的《心史》

①　《碧严录》全名《佛果圆悟禅师碧严录》，载《大藏经》第2003号。有关哪吒事迹见卷9，第212页。《五灯会元》载前田慧云、中野达慧编：《大日本续藏经》（京都：藏经书院，1905—1912），第一辑第二编第138册，所揭那吒故事见卷2，38下页。

中记载，每年二月那吒太子诞日时，大都都会举行盛大的仪
式庆祝。①那吒在元杂剧中的小令也极为盛行，如无名氏杂
剧《叮叮当当盆儿鬼》第一折有"黑脸那吒"，第二折有
"那吒法"；杂剧又有"那吒太子眼睛记"（今佚）与"二
郎神醉射锁魔镜"等剧目，小令有"那吒令"调名，而那吒
之名也屡见戏曲，常称为"狠那吒"。因此，附会刘秉忠的
大都"那吒城"传说故事，无疑是民间普遍膜拜那吒神的
产物。②

　　现存文学资料所记那吒的神迹异行，数量类别虽然不
少，但出自元代的大都是些残存的片段，完整的作品都出自明
代。这些玄怪故事主要出自杂剧小说，前者如佚名撰的《猛烈
那吒三变化》，后者如《封神演义》和《西游记》，大多光怪
离奇，眩人耳目，荡人心弦。元明杂剧中的那吒（明代通称那
吒或哪吒），如前揭篇目所见，是个化身的善胜童子，护持佛

---

①　《心史》此条记载见上海支那内学院刊本（1933）卷下，74下页。
据近代学者研究，郑思肖的《心史》系明遗民伪作，但所收录颇多的是元代
资料。略见姚从吾所撰关于郑思肖的生平与《铁函心史》的考证，刊《姚从
吾先生全集》（七），姚从吾先生遗著整理委员会编辑（台北：正中书局，
1982），第139—200页。其他近代学者关于是书真伪的论辩从略。

②　关于元明杂剧中的"那吒"剧目，见傅惜华编：《元代杂剧全目》
（北京：作家出版社，1957），第78、283页；同前编者：《明代杂剧全目》
（北京：作家出版社，1958），第253、262页。元小令有《那吒令》调名，见
陈乃乾辑：《元人小令集》（北京：中华书局，1962），第32页。

法，"有千变万化之机，六臂三头之势"，仗天圣世尊的神力，讽诵咒文，能慑伏妖魔，匡扶正气。[1]较《封神演义》成书略早的小说，如朱鼎臣编辑的《全相唐三藏西游释厄传》十卷和刘致和的《西游记（传）》、余象斗的《华光天王南游志传》各四卷（后二者并收入明末清初书贾刊刻的《四游记（全传）》）都已出现哪吒太子的神魔故事。例如《西游记传》讲了哪吒被玉皇大帝封为三坛海会大神，与猴王悟空大战三十回合的情节，与《南游记》描述三太子领衔为定远征寇大元帅，与华光天王鏖战的扮相、所用的武器与法宝，都为《封神演义》和吴承恩的《西游记》采用。[2]《封神演义》为描写周武王伐纣的神怪小说，书中塑造的哪吒更为神奇灵怪，变化多端。全书第十二至十四回记述了哪吒一连串的神迹异行，如诞

---

① 《猛烈那吒三变化》作者阙名，戏文载王季烈编校：《孤本元明杂剧》（北京：中国戏剧出版社，1958），第1—10页。

② 《全相唐三藏西游释厄传》有万历刊本，唯杨致和《西游记传》未有明代单刻本流传，仅见明末清初书贾刊行之《四游记（全传）》所收录。此编除《西游记传》外，包括吴元泰《八仙出处东游记》、余象斗《南游记》及《北方真武祖师玄天上帝出身全传》（《北游记》）各四卷（后三者俱有明末单刻本）。《四游记》现存最早之版本为清嘉庆十六年（1811）坊刻本，今有上海古典文学出版社1956年排印本及其他普及本。哪吒太子故事见《西游记传》卷1及《南游记》卷3。关于是书各个小说刻本的考证及杨氏《西游记传》与吴承恩《西游记》的关系，见柳存仁：《〈四游记〉的明刻本》，收入氏著：《和风堂文集》下册，第1260—1318页。《四游记》故事的演变详细研究见Glen Dudbridge, *The Hsiyu chi, A Study of Antecedents to the Sixteenthcentury Chinese Novel*（Cambridge, England: The Cambridge University Press, 1970）．

生为一个肉团，大闹水晶殿，与东海龙王三太子搏斗，抽去
其龙筋，剔骨割肉还父母，显形为莲花化身及父子交恶等故
事并未见于为《封神演义》前身的元代至治本《全相武王伐
纣平话》，应是后世的各个编纂者刺取释道史传、《四游记
（全传）》所收诸小说及民间传说，匠心独运，剪裁镕铸而
成。这里所见的哪吒太子，身长六尺，摇身一变能长到一丈
六尺，长出三头八臂，头戴金轮，身披八宝盔甲，手握火尖
枪，脚踏风火轮，法力无边，成为后来的小说、杂剧、戏曲
和说书沿袭的例子。[①]吴承恩的《西游记》所述哪吒三太子
的故事，基本上取材于《四游记》的《西游记》和同类的小
说话本，因此便有哪吒被玉皇大帝封为天神，与猴王孙悟空
在花果山鏖战，到得唐三藏往天竺取经，途中又助悟空与诸
妖搏斗等情节。但在倒叙他的身世、形象、法力、所持兵器
及与其父托塔天王交恶等事情上，显然是撮取《封神演义》

---

① 《封神演义》一百回现存最早版本为明末金阊舒载阳刊本，今有北
京作家出版社于1955年排印本及其他普及本。此书作者旧题许仲琳，但柳存
仁先生考证为明嘉靖、万历间道士陆西星（1520—约1601），见前揭英文
专著，chap. 12.柳氏曾撰陆西星长传，收入氏著Selected Papers from the Hall
of the Harmonious Wind（Leiden: E. J. Brill, 1976），pp. 175—202.哪吒太子故
事见于《封神演义》的，主要在第12—14回，关于其造像的取材，见注8.揭柳氏
论文，第1055—1081页，及其英文专著，第223—242页。又见Ho Kinchung,
"Nezha: Figure de L'enfant rebelle," Études Chinoises, 7. 2（Autumn, 1988）:
7—26。于秀溪所著《哪吒传》（长春：北方妇女儿童出版社，1985），系根据
《封神演义》改写的通俗读物，并没有作任何考证。

而加以改编。①

　　哪吒的故事在《封神演义》中之所以变化多端，皆因作者想象力丰富，镕裁各种材料，妙手创新所致。这些资料，除了《四游记（全传）》和其他释传平话，最重要的是万历年间佚名编纂的《三教源流搜神大全》，其中掺入了道教故事《那叱太子传》。此传见卷七，以道教传说的托塔天王李靖父子事迹为背景，原文如下：②

　　　　帅本是玉皇驾下大罗仙，身长六丈，首戴金轮，三头九眼八臂。口吐青云，足踏磐石，手持法器，大喝一声，云降雨从，乾坤烁动。因世间多魔王，玉帝

　　① 　吴承恩著《西游记》一百回首刊于明万历二十年（1592），今有北京作家出版社于1954年的排印本及其他普及本。哪吒太子故事见于第4、5、51、52、61、83回。参见Anthony C. Yu, *The Journey to the West*（Chicago: University of Chicago Press, 1983）, vol. 4, Index, p463。柳存仁曾撰 "Wu Ch'engen（1506?–1582?）: His Life and Career," 收入氏著: *Selected papers*, pp. 259—355, 详述吴承恩的生平及著作。又根据哪吒故事的发展，考证《封神演义》与吴承恩《西游记》撰作的先后，见注8.揭论文《毗沙门天王父子与中国小说之关系》，第1081—1091页。《西游记》的其他研究见注23.所揭论著。

　　② 　见佚名编：《绘图三教源流搜神大全》（台北：联经出版事业公司，1969），卷7，14上页、第330—331页。此本并未署明刻刊年月，然而现存同一性质之六卷本《新刻出像增补搜神记》有罗懋登于明万历二十一年（1593）所撰《引论》。依此推断，今本《三教源流搜神大全》应刻刊于同一时期。详见注27.所揭论著。

命他降凡，是以托胎于托塔天王李靖。母素知夫人生下长子金吒、次木吒，帅为三胎那吒。生五日，化身浴于东海，脚踏水晶殿，翻身直上宝塔宫。龙王以踏殿故，怒而索战，帅时七日，即能杀死九龙，老龙无奈何而哀帝。帅知之，截战于天门之下，而龙死焉。不意时上帝坛，手搭如来弓箭，射死石记娘娘之子，而石记兴兵，帅取父坛降魔杵，西战而戮之。父以石记为诸魔之领袖，怒其杀之以惹诸魔之兵也。帅遂割肉刻骨还父，而抱真灵求全于世尊之侧。世尊亦以其能降魔故，遂折荷菱为骨，藕为肉，系为胫，叶为衣而生之，授以法轮密旨，亲受"木长子"三字，遂能大能小，透河入海，移星转斗，吓一声天颓地塌，呵一气金光罩世，锑一响龙顺虎从，枪一拨乾旋坤转，绣球丢起山崩海裂。故诸魔若牛魔王、狮子魔王、大象魔王、马头魔王、吞世界魔王、鬼子母魔王、九头魔王、多利魔王、番天魔王、五百夜叉、七十二火鸦尽为所降，以至于击赤猴，降孽龙，盖魔有尽而帅之灵通广大，变化无穷，故灵山会上以为通天太师、威灵显赫大将军，玉帝即封为三十六员第一总领使、天帅之领袖，永镇天门也。

这里所述的情节说的是哪吒原是玉皇大帝驾下大罗

仙，其后投身释迦世尊，获授法轮密旨，神通广大，勇伏
群魔，遂被玉帝封为天帅领袖。这与先前密教经传的记叙
有差异。由此可见在民间道教信仰中，哪吒也很受重视，
被罗懋登转化成玉皇大帝的首席神将。这里的故事，叙述
虽然极度光怪离奇，体裁仍是简略朴实，比较起来，似应
出于《封神演义》之前，而为其作者资取。《三教源流搜
神大全》一书，虽然刻于《封神演义》之后，但据叶德辉
重刊明刻本序引藏书家缪荃荪言，都是元版《画像搜神广
记》的异名。若这个说法属实，这个故事在元代已有了，
不是明朝的产物。[①]因此，这里所载掺杂道教传奇的神

---

　　①　叶德辉重刊序撰于宣统元年（1909），见台北联经影刊本卷首，
自称曾于书肆见一元刻《画像搜神广记》，但以议值未就失购，今刊系据
缪荃荪所藏明刻七卷本，云是元版的异名，但并未作细论。旅日学者李献
璋博士，曾就此本与在彼邦所见的明刻六卷本《搜神记》比较，撰成《以
〈三教流源搜神大全〉与〈天妃娘妈传〉为中心来考察妈祖传说》一文，
曾讨论二本书的同异与源流，但以未见元刊本《搜神广记》为憾。此文有
关版本部分见台北影刊本李氏序言，第4—5页，译自氏著：《妈祖信仰的
研究》（东京：泰山文物社，1979），第61—62页。最近，两位大陆学者对
此问题有论述。李伟国介绍所见的元刊《新编连相搜神广记》，言其书分
前后二集，编者为淮海秦子晋，刻于延祐之后，与《三教源流搜神大全》
比勘，则知前系从元刊全录重编并增添其他资料，不过并未说明叶刊明
刻本是否即此本的异名，抑或另一元刊本。见氏著：《元明异本〈搜神
记〉三种渊源异同论》，载于钱伯城主编：《中华文史论丛》第48辑（上
海：上海古籍出版社，1991），第243—257页。此外，贾二强考溯《三教源
流搜神大全》的史源，认为叶刊明刻本系万历间书贾凑集旧传小说而成。

迹，极在可能发轫于元代，成为唐宋释典、宋元平话，至明代演义小说所见哪吒故事发展的过渡桥梁。

三、哪吒传说对北京城的影响

依上稽考，元明之际流行的哪吒故事，与大都"那吒城"传说有直接而密切关系的，除密宗经传叙述者外，就是《三教源流搜神大全》所载，掺入道教志异的哪吒太子踏水晶殿，杀死龙王三太子，抽去其龙筋，又与老龙王大战的情节（这里说哪吒杀死龙王太子，抽去其龙筋，又与老龙王大战的故事，系本诸前揭《佛说最上秘密那拿天经》，言那拿以难陀、乌波难陀二龙而为络腋，得叉迦龙以为腰绦）。现代流行的北京城传说，皆以燕都时遭水患，因为其地是苦海幽州，水源被龙王垄断，因此要招请哪吒太子解难，而刘伯温和姚广孝画出"八臂哪吒城"图来建城，道理就在这里。

见氏著：《叶覆明刻〈三教源流搜神大全〉探源》，刊于黄永年主编：《古代文献研究集林·第二集》（西安：陕西师范大学出版社，1992），第223—239页。元刻《新编连相搜神广记》已由上海古籍出版社影印，附于新刊的《绘图三教源流搜神大全》（1990），但失载《那吒太子传》，因此未悉此传的资料出处，不过有可能来自另一失传之元刊《搜神广记》。已故卫聚贤氏首先指出《封神演义》中的那吒太子故事，系取材自《三教源流搜神大全》卷7的《那吒太子传》，唯未考究此故事的年代。见氏著：《〈封神榜〉故事探源》上册（香港：自印本，1960），第152—153页。

　　这样看来，元、明民间传言刘秉忠制定大都十一城门，去附会哪吒的身躯，就有了几个共通的来源。它不只是因为如密乘所宣称，那吒能护持佛法、禳除恶魔、随军护城、歼灭敌兵，具备"心明"降伏天龙、招唤甘霖的能力；或是，民间受到上都城建造而产生刘秉忠借地于龙的传说所感染。最可能的原因是，当时京都的民众不但深信龙王盘据幽燕，控制水源，而且随着道教的盛行，流传出哪吒因沐浴与龙王三太子争执，恼怒中把太子杀死，大闹水晶殿的故事。以上数因掇合，就更圆满地解释了为何元代建造大都城会产生这样的传说，和进一步了解现代流行明代北京城建造传说的起源和演变。由于元代的《搜神广记》被改编入《三教源流搜神大全》，哪吒太子的神异故事便流传到明代，继而透过《封神演义》和更加铺张的《西游记》散播转化，成为近世北京城传说的骨干。如果缺少这一环节，刘伯温纵使是个绝顶神格化的、家喻户晓的历史人物，民间也不至于附会他建造"八臂哪吒城"。

第三章　明代北京城建造的传说

一、"哪吒城"传说的源流

关于明代北京建城的传说——刘伯温和姚广孝按照哪吒太子的模样画图建造"八臂哪吒城",前节已作扼要叙述,这里再略补充一些。首先我们要注意,元朝覆亡以后,明朝以应天为京城(南京),改大都为北平府,燕都因此沉寂一时,但到明永乐帝篡位翌年即还都北平(1403),兴建新京城,这座城市又恢复了当年的盛况。所以,虽然政治形势转变,但因民俗传统深厚,大都"哪吒城"传说在明代依然继续流传,例如明弘治、正德年间,在杨子器(1458—1513)所撰《元宫词六首》,仍然提到这个故事。他的《世祖》一首说:"那吒城内起楼台,万朵宫花次第开。见说南朝好儿女,远随帝玺渡江来。"①这首诗不但反映明人对元朝掌故的熟悉，而且说明这一传闻在当时依然盛行。可是这个传说是元代的志异，并不涉及明代。清代的北京城基本上沿承前朝，所以这个脍炙人口的民间故事还是没有泯灭。作者曾翻阅大量清人载籍都未找到有关记载，但在晚清老太监信修明的遗著《老太监的回忆》中却有以下一条：②

> 出神武门西行，护城河北岸有井当路，上有石盖。据传此井如开，主太监有权。清初有人主张将井湮塞。风鉴家云："此井毁不得。北京为三头六臂哪吒城，此哪吒之肚脐也。人如无脐，生理失缺。"因用大石封之。

根据这里可以看出，清初京师一直流行这个荒诞的传说，还说明了神武门西边、护城河北岸的一口井就是哪吒的肚脐。信修明自清道光年间入宫，至宣统退位出宫，在内廷生活二十四年，耳闻目睹甚多珍贵资料，此为其一。书中

---

① 收入钱谦益：《列朝诗集》丙集［顺治九年（1652）刻本］，第7，12上页（11上—11下页有小传）。杨子器，今浙江慈溪人，明成化二十三年（1487）进士，官至河南布政使。

② 见《老太监的回忆》（北京：北京燕山出版社，1992），第97页。关于作者的生平，详见《太监生活二十四年（自述）》。

并未提及刘伯温，不过依照下面的推断，清末以来民间传说已将刘伯温与北京城的修建扯上关系，因此刘伯温制造"八臂哪吒城"的故事相信在此时已经以口述流传。至于故事的文字载录，却要到民国二三十年后，才陆续在有关北京的民俗书刊及大众读物登出。这个现象表示传说大概到了清朝，刘伯温成为尖端的神化历史人物以后，京师民众才开始附会他建造北京城，一传而再然后定形，作为一种民间口述文学，后来始有记录，再经过渲染藻饰，广泛散播。这些记录的繁简精粗，对研究它的起源和演变，有很大的帮助。

外国人所传刘伯温建城故事

最早关于刘伯温修建北京城的记载，是出自外国人的手笔。例如，清光绪庚子年（1900年）义和团运动时主持天主堂（北堂）的法籍主教樊国梁（Alphonse Favier）所著的《北京：历史和记述》（*Peking: histoire et description*）一书就有两处提到刘伯温。他说这位明太祖谋臣于1524—1564年仿照南京的城垣在北京建筑外城。此处纪年有误，因为外城是于明嘉靖三十二年（1553）兴工，但刘伯温卒于明洪武八年（1375），这些工程与他完全无关，樊国梁胡诌乱言令人失笑，不过，他很可能是道听途说，否则如何会将刘伯温与修建北京城联系在一起。因此，这条资料可以间接说明这一类传闻当时已在北京散播。①

　　至于刘伯温建造"哪吒城"故事的雏形，则始见于沃纳撰写的《中国神话与传说》（*Myths and Legends of China*）中的《北京城建造的传说》一节。这个故事说明朱元璋四子朱棣英姿俊伟，为皇后所嫉妒，因此谗说使他出管燕地，晋封燕王，开府古幽州（北平府），以便疏离皇室。以下断言燕王如何得刘伯温授予"锦囊"，预告密计建造"哪吒城"：②

　　　　不久，这位年轻的王子便恳辞皇帝，离开金陵（南京）前往任所（北平府）去。临行之际，有一名刘伯温的道士，对燕王素有好感，于是给了他一个密封的"小包"，嘱咐他遭遇危难时拆开，只需细读头段，便可得到解救任何邪恶的方案。但事

---

　　① 见Alphonse Favier, *Peking: histoire et description* （Lille: Société de SaintAugustin, 1900），p. 22。他把刘伯温姓名的拼音写作Lèoupèouen，嗣后，不懂汉文的外籍作家所著述有关北京的通俗性介绍，例如Juliet Bredon, *Peking*, 3rd ed.（Shanghai: Kelly and Walsh, 1931），p. 21，皆承袭其说，讹传刘伯温为北京外城的建筑师。

　　② 节译自Werner, *Myths and Legends of China*, pp. 227—230. 沃纳所述故事，系在民初从北京采访得来。类似的故事，又见Verne Dyson, *Forgotten Tales of Ancient China*（Shanghai: The Commercial Press, 1927），pp. 202—203。后者似另有出处，并非袭录前者。

后即须再密封，不得窥看下面的内容，直到再遇困境，需要援助时才能再打开参详。燕王启程，路上乏善可纪，不久安然抵达目的地。现在北京所处之地古名幽州，唐朝称为"北平府"（按应作"幽州府"），后来称顺天府——后者之名是在北京城建造后才采用。当时该地区名叫燕，其地一片旷野，居民稀疏，他们住在茅屋和散落的村舍，并没有城郭自卫和防止盗贼。燕王到了那里，看到土地如此荒芜，又想到要在其地羁旅多年，不禁怆然，左右也想不出如何安慰。就在这时，燕王忆起那老道士（刘伯温）给他的"小包"，随即拿了出来（因为在旅途困倦和兴奋中已忘怀此事），希望能获明灯指示。他拆开一看，只见首页书写着一行字："当抵达北平府后，你需要兴建一座城郭，称它为'哪吒城'。工程可能很费钱财，你应通传召令各处富户输捐筑造。页背后是城市的蓝图，你必须谨慎地依照图则行事……"

这个故事，大概是当日从北京闾里采访记录的，而根据下节所叙在蒙古民间流行，关于燕王得一位黑脸异人授意，着刘伯温在北平府建城的传说，显然是从这个民族传统发展出来。沃纳所记录有异于蒙古传说，是把刘伯温刻画成先知的老道士，指授燕王在封地建造一座"哪吒城"，将宾主的位置倒调。这里的情节很简略，没有道出刘伯温的城图如何象征哪吒的躯体；不过，它的精彩之处，就是刘伯温老早已绘好蓝图，藏在密封的"小包"（俗称"锦囊"）里授予燕王，让他有危难时打开依计行事，把二者的密切关系建立起来。但是，故事并未提到刘伯温和姚广孝两人竞赛，巧合地分别按照哪吒的模样画城图，结果绘出雷同的城图来。因此，故事内容便不够传神热闹，不久就被后起更复杂的故事取代。不过这个故事有特别的意义，因为它具体地描述蒙古民间所流行的刘伯温建城志异，为研究"哪吒城"传说的来龙去脉，提供了很重要的线索和资料。

金受申所传"哪吒城"故事

关于刘伯温、姚广孝两位军师的城图，如何配合哪吒的身躯，金受申在"八臂哪吒城"的故事，已经有扼要的叙述。刘伯温和姚广孝把图画好，发现彼此的都是一样，便分别去解释城图为何叫"哪吒城"。刘伯温首先指出，正南中间的一座门叫正阳门，是哪吒的"脑袋"；瓮城东西开门，是哪吒的"耳朵"；正阳门的两眼井，是哪吒的"眼睛"；正阳门东边的崇文门、东便门，东面城门的朝阳门、东直门，是哪吒这半边身子的"四臂"；正阳门西边的宣武门、西便门，西面城门的阜成门、西直门，是哪吒那半边身子的"四臂"；北面城内的安定门、德胜门，是哪吒的"两脚"；城里四方形的皇城，是哪吒的"五脏"。皇城的正门——天安门——是五脏口，从五脏口到正阳门是哪吒的脑袋，中间这条长长的平道，是哪吒的食管。接着，姚广孝又补充说，那五脏两边的两条南北的大道，是哪吒的大肋骨，大肋骨上长着的小肋骨，就是那些小胡同。这一来，北京城的城图，便具体地与哪吒躯体的主要部分相应了。

　　一般类似的故事，都说刘、姚二人所画的北京城图不谋而合，但是在金受申所搜集的资料另有他说——姚广孝所画的图有一角是斜了一块。当他们两人脊梁对坐构思绘图之时，眼前突然出现那个红孩儿哪吒的模样，于是立刻照着画，从头颅开始，顺笔画到双腿。但当姚广孝画到最后，霎时吹来一股风，把哪吒的衣襟吹起一块，他也就随手画了下来。于是，姚广孝的哪吒城图在西北角上便斜了一块。刘伯温指着说不对，说城是不能斜一块的。两人争持不下，只好持图去见燕王。皇帝一看是"八臂哪吒城"，高兴地说："你们不愧是我的军师。刘伯温画得很方正，应当大军师。姚广孝画得斜了一块，还是当二军师。"刘伯温接着问修城时以谁画的为准。皇帝说："东城照你画的修，西城照姚广孝画的修。"姚广孝画斜了的一笔，刚好是德胜门往西到西直门这一块，这就说明何以北京城西北面城墙还是斜的，缺了一个角。这个故事看来是后来传说的，旨在补充解释两者绘图的不同，为何姚广孝逊色于刘伯温，又为何本来应该是四方形的都城，西北隅的城墙竟然是斜向，因此缺去一个角。[①]

英国人所传"哪吒城"故事

金受申整理的"八臂哪吒"故事，虽然说明刘伯温和姚广孝的画图如何配合哪吒的身躯，但也稍嫌笼统，不够清晰。事实上，较金书更早，英国人刘易斯·查尔斯·阿灵顿和威廉·卢因森合著的《寻找老北京》（*In Search of Old Peking*），已说得很详尽。根据这本书的记载，北京城的形制是要象征哪吒的三头六臂双足（与之前说的"三头八臂"稍有不同），而城图则与哪吒躯体的各部分是这样相应的（以下所记载城门和街道采用民国改定的名称，括号内的是明清旧名）：

[①] 这一故事虽是金受申搜集，但未收入所著《北京的传说》；此见张紫晨、李岳南合编的《北京的传说》，第1—5页。明代北京外城西北面墙，从德胜门到西直门这段，之所以是斜形好像缺了一个角，是因为国初徐达在攻下元大都后，朝廷为了方便防守，放弃了旧城的北部城区，在城墙以南约五里处的积水潭（什刹海）沿边另筑新墙，由于积水潭的形势是向西北倾，所以城墙便看似缺了一个角。见《史话》，第97页；《通史》，第6卷，第16页。民间穿凿附会，便以姚广孝按照哪吒的身躯画图时，刚好起了一阵风，把哪吒的衣襟吹起一块，他随手画下，所以画的城图便在西北角斜了一块作为解释。

（1）前门（俗称正阳门）是哪吒的头颅。

（2）前门两旁的门是哪吒的耳朵。

（3）棋盘街是哪吒的鼻子。

（4）中华门（明称大明门，清改大清门）是哪吒的口。

（5）棋盘街南边的双井是哪吒的眼睛。

（6）哈德门（俗称崇文门）是哪吒的右肩。

（7）顺治门（俗称宣武门）是哪吒的左肩。

（8）朝阳门是哪吒的右手，东岳庙代表哪吒手腕上的"乾坤镯"。

（9）平则门（俗称阜成门）是哪吒的左手，"白塔"象征哪吒手持的"宝枪"（火尖枪？）。

（10）东华门和西华门是哪吒的双臀。

（11）东直门和西直门是哪吒的膝盖骨。

（12）安定门和德胜门是哪吒的双足，底下的"黄"庙和"黑"庙代表哪吒的"风火轮"。

（13）紫禁城的"红墙"象征围着哪吒肚腹上用来慑服龙王三太子的红绫。

（14）紫禁城的"皇道"［从中华门（大明门、大清门）直北］是哪吒的气管。

（15）皇道两旁的"前庑"代表哪吒的肩胛骨。

（16）东安门和西安门是哪吒的双乳。

（17）天安门（承天门）前的广场是哪吒的肺脏。

（18）天安门和端门是哪吒的心囊。

（19）午门是哪吒的心脏。

（20）太和门（奉天门、皇极门）是哪吒的腹膜。

（21）太和殿（奉天殿、皇极殿）象征连接哪吒的心和肝的管（根据中医的人体构造知识认为如此）。

（22）中和殿（华盖殿、中极殿）是哪吒的肝脏。

（23）保和殿（谨身殿、建极殿）的哪吒的胆囊。

（24）"三海"（北海、中海、南海）是哪吒的胃脏。

（25）社稷坛是哪吒的脾脏。

（26）西城露空的"水沟"（现已填盖）是哪吒的大肠。

（27）东城露空的"水沟"（现已填盖）是哪吒的小肠。

（28）乾清门象征哪吒双肾间的解剖穴，一般认为是人体的要害。

（29）乾清宫和养心殿是哪吒的双肾。

（30）紫禁城西边一口井的小洞是哪吒的肚脐。

（31）什刹海（积水潭、海子）是哪吒的膀胱。

（32）后门（地安门）的桥（按即西压桥）是哪吒的阴茎。

（33）后门是哪吒的脊骨尾端。

上述各处的配合，除却没有确实地指出哪几座城门代表哪吒的膀臂，都比金受申所传的故事明确细腻。这些联想虽然牵强附会，无中生有，但是想象丰富，绘声绘形，把传说渲染得更生动神奇，可惜近代出版的几本北京传说故事书都没有采录。

又一刘伯温建城故事

此外，现今流行的刘伯温建造北京城故事，另有两种不同的说法。其中一个的主旨仍是刘伯温奉燕王命修建新都城，因此触怒盘踞苦海幽州的龙王而惹起无数纠纷，但人物中并没有哪吒和姚广孝，却引进了明初名将徐达（永乐帝徐皇后之父）和助建应天南京城的富户沈万三。根据中国民间文艺研究会北京分会编写的《北京风物传说》所收录蟠桃宫庙会某老艺人在1961年的口述，建城经过是这样的：[①]

　　燕王朱棣远征蒙古归来，便想在北方重新建一座京城，于是把大臣刘伯温找来，问他应该在哪里

---

　　① 见中国民间文艺研究会北京分会编：《北京风物传说》（北京：中国民间文艺出版社，1983），第1—7页：《刘伯温建北京城》。蟠桃宫又名"太平宫"，全名为"护国太平蟠桃宫"，系道教庙宇，主祀西王母娘娘，坐落于北京东便门外桥之南，据说系建于明代，清康熙元年（1662）重修。由于民间相传三月三日是西王母寿诞，举行蟠桃圣会，所以每年的三月初一至初五举行庙市，非常热闹，至今维持不衰。见余棨昌：《故都变迁纪略》，卷8，3上页；又见常人春：《老北京的风俗》（北京：北京燕山出版社，1990），第73—74页。关于北京旧社会的庙会，最近研究专著有几种，除上述常人春所作，又见梁国健编：《故都北京社会相》（重庆：重庆出版社，1989），第130—138页；及郭子昇：《北京庙会旧俗》有关章节。

兴造。刘伯温存心推让，建议找大将军徐达去办。徐达来到朝堂上，刘伯温对他说："凭着你的神力往北射一箭，箭落在哪里，就在哪里修建京城。"

徐达走到殿外搭箭拉弓，朝北方射出一箭。刘伯温连忙带着随从上船，顺着大通河往北追去。这一箭射得很远，落在当今北京南边二十多里的南苑，那里住着八家小财主。他们看见箭落下来十分慌张，唯恐在该处建京城，房产和田亩便会被占用。就在他们议论间，其中一个财主说："咱们把箭再射走不就行了吗？"大家都说好主意，于是转手一箭又往北射去，结果就射到了如今北京城的后门桥那里。不久，刘伯温带人追到南苑，掐指一算，箭应落在这里，便找财主来询问，逼着要箭。财主们一看瞒不住了，只好招认，又请求只要不在当地建城，什么条件都答应。刘伯温思虑半晌，答应改在转手射箭落下的地方筑京城，但要财主们认捐款项。

八家财主只好答应，刘伯温找到落箭的地方，拿出已准备好的图样去找工匠动土。最先建的是西直门城墙，所需的费用全都由八家财主分担，但没承想一座城楼还没修成，这八家财主已经倾家荡产。伯温又掐指一算，让手下把一个叫沈万三的人找来。过了两天，随从果然把此人带来，原来是个讨饭的，浑身脏臭，腋下夹着个破瓦盘，用一根绳子系在脖子上。但刘伯温见到沈万三却说："建北京城没钱用，你可给我想办法？"

沈万三一听吓坏了，直说自己就是个穷汉，哪里有什么钱财。刘伯温见他不就范，便叫人用棍子给他一顿猛抽。沈万三被打得连连求饶，只好随口说了个地方，说地底有一口埋着银子的巨缸。刘伯温派人去挖，果然挖出一大缸银子，于是他就用来修城。没过多久，这些钱也用完了，刘伯温又把沈万三找来，还是一顿抽打逼他给钱。沈万三被打得急，只好又往一处地下指了指。就这样一而再，再而三，刘伯温便筹到了足够的钱建起了北京城。

花开两朵，各表一枝。话分两头，京城还未动工，苦海幽州的龙王已经知晓，当刘伯温坐船追箭快到北京时，他突然冒出水面，把前脚往船头一搭，将船踏歪了一半。刘伯温急忙走出舱来，见是龙王，便要问个究竟。龙王说北京是他的地盘，诘问刘伯温建京城能给他什么甜头。刘伯温沉思片刻，回答龙王说建好都城后燕王必有重谢。龙王摇头不信，说若要在这里建城，就得给他的九个儿孙安排职位。刘伯温只好佯作答应，于是龙王大乐，便放过了他，让他的船继续往北开去。等到了北京城修建完毕，燕王迁到那里，坐上龙廷当皇帝后的一天，皇宫门前突然来了一个老头儿，带着好几个孩子，吵着要见刘伯温。刘伯温走出皇宫，认出这几人是龙王和他的儿孙讨封来了。龙王见到刘伯温，开口就问起先前允诺给他儿孙职位的事。刘伯温呵呵一笑，说都已安排好了，原来他早已想好对策，把龙王的龙子龙孙分别派到华表、柱子、屋檐和影壁上去当镇殿神兽。安排完毕，只听他一声号令，九条小龙腾空而飞，飞到各自的地方，一个个贴了上去。结果，欢蹦乱跳的活龙都变成石头刻的、砖石烧的、油漆画的死板饰物。这一下真把龙王气坏了，施展法术就要跟刘伯温拼命，却被刘伯温镇压在了海眼里，还解除了北京缺水的威胁。

这个故事并没有提到刘伯温和姚广孝比赛画图建城，显然来源不同，时间也比较早，但因为缺少哪吒太子的情节，内容便没有那么生动和热闹，跟其他北京建城的传说也连接不上。事实上，这个故事也有来历，大概脱胎于蒙古族相传北京建城的始末而加以修饰。据说当时燕王朱棣受明太祖之命，领军到北平的南口关预备开府。一日，他被一个黑脸、穿黑衣、骑黑马的异人拦住，取去他手持的弓箭，向四方各发一矢，告知燕王在落箭的四隅埋有无数金银珠宝，应在该处建一座城市。随后，这人又将手中的红矛交给燕王，让他转授给刘伯温，说如需财物用度，以矛掘地即可得到珠宝，最后交给燕王一张图纸以供建造新都城。

前面的故事把射箭者改为大将军徐达，显然因为他是开国名将，率领大军攻破大都的统帅。徐达只放一箭，建城的地方依然是箭落的周围，不同的是增添了沈万三供出财宝资助建城的情节。沈万三又称沈秀，是明初传奇显名的江南富户，籍贯不详（一说是苏州吴县，又说是浙江吴兴），《明史》称他曾捐输明太祖兴建应天城。沈万三所以声名大噪，是因为民间传说他有神奇法术致富，拥有一个"聚宝盆"，"以物投之，随手辄满，用是致富敌国"。这些传说本来与北京建城无关，但因为刘伯温曾规划应天府京城，而北京的"紫禁城"形制建置系仿效南京，况且确实从地方征用了大量财物，所以沈万三的逸事便不期然地传播到北京，与建造京城的传说夹缠在一起。[1]但这个刘伯温建造北京城

---

　　① 沈万三原名沈富，以排行称万三，原籍一云浙江吴兴，一称苏州吴县，据说曾捐助明太祖筑南京城资用三分之一，后以请犒军见罪出戍云南，为明代最富传奇事迹的人物。传记略见《明史》，卷113，第3506页；及陈开虞等纂：《江宁府志》［康熙七年（1668）］，卷1，23下、24下页。有关他的传说故事，详见黄芝岗：《沈万山传说考》，《东方杂志》，第32卷第1期（1935年1月），第91—97页，铃木正：《沈万三说话の分析》，《史观》，第72号（1965年7月），第2—36页。关于沈氏家族的详细研究，见沈德辅：《从沈万三的传记资料论修谱与寻根》，《第四届亚洲族谱学术研讨会会议记录》，联合报文化基金会、国学文献馆编（台北：国学文献，1989），第403—536页。

的故事，缺了构绘"哪吒城"图的情节，与传说的主流脱节，所以虽然充满神奇色彩，仍为后起的"八臂哪吒城"故事所取代。

刘伯温、姚广孝建城故事

另一个刘伯温建造北京城的故事，情节与前面几个又有差异。燕王在北征蒙古之前，问刘伯温打到哪里就该罢兵。刘伯温回道粮尽兵蹶便须停止，随后交给燕王一张图和一封信，说一休战即可取出来细看。

到了幽州边塞，士卒缺粮罹疾，于是燕王罢兵，打开刘伯温给的图一看，原来是修建北京城的图样。燕王又将信拆开读完，却是刘伯温推荐他的徒弟，一位名为姚广孝的军师主持修建北京城的事务，还交代燕王去找富户沈万三筹钱。燕王花了好几个月，才在京西的古佛寺找到已经当了和尚的姚广孝，起初他不肯出山相助，直到燕王向他展示刘伯温的地图才明白这是师父的主意，便不敢再推辞。随后，燕王又命部将去找沈万三要钱建都城，结果这些部将费了三个月的时间，才在皇城碰到一个皮肤黑黝黝、上身光着的"下肩儿"（挑夫）自称是沈万三。于是，部将们把他抓到燕王府。燕王一看到大汉的模样，十分惊讶，压根儿不相信这个穷光蛋会是财神，但还是亲自为其解锁，向他要钱建造北京城。沈万三说自己一介挑夫，穷得连衣衫也没得穿，哪里藏有钱。

燕王大怒，下令对沈万三严加审讯。沈万三被打得半死，只好供出藏钱的地方。这一次，燕王一共掘得四十八万两金子，但犹未满足，再次把沈万三抓起来虐待，又多得了九缸金条。

有了钱财，燕王招募工匠，教姚广孝照刘伯温的图样建造起了北京城。

这个故事虽然以刘伯温的画图为背景，但主角却是姚广孝和沈万三，而两者比较，后者的分量更重要，因为他的遭遇反映了燕王如何用高压手段敛财建城，与传说的哪吒和龙王斗法控制水源的故事毫不相干。也许正因如此，这个故事不能算是北京城建造传说的主流，传播范围不太广。[①]

最后，我们还需注意一点——从刘伯温建造"八臂哪吒城"的故事引申，又产生许多同样神奇热闹的传说。例如《北京的传说》所搜集的《三青走到卢沟桥》《高亮赶水》《北新桥》和《蜈蚣井》，《北京风物传说》收录的《"九门八铔一口钟"》和《三青落在卢沟桥》，等等。这些都是关于刘伯温与龙王斗法，争夺北京城水源的传说，其中最脍炙人口的是《高亮赶水》。故事大意是说刘伯温在北京建造

---

① 见王文宝：《北京城是怎样修起来的》，《北京风物传说故事选》，第1—6页。

"哪吒城"，镇压了龙王一家，龙王大怒要报复，于是把全城的井水汲去，放在两只水篓中偷运而走，使京城的水源断绝。刘伯温及时发觉，又得到神勇的工匠高亮（名字是高梁河的谐音）的帮助，才把部分的水（苦水）夺回。可惜高亮送命，余下的水（甜水）都被龙王的儿子带到了玉泉山下。

这些离奇的情节，显然脱胎于刘伯温与龙王斗法的传说，用来解释为何北京在未有自来水时大部分的水都是苦水，而甜水都汇集在了玉泉山下的昆明湖。由此可见，民间传说一传再传，便家喻户晓，很容易与当地的人和事结合，产生更多神怪荒诞的传奇。①

二、刘伯温的勋业与传说

刘伯温的生平与勋业

上面已指出，这些刘伯温建造"八臂哪吒城"的故事不是史实，而是民间虚构编造的传说，其中另一角色姚广孝也没有参与建城。根据以下考察，故事一再提及姚广孝是由于历史的因缘，需要一个恰当的人物烘托刘伯温，不是因为他本

①　见中国民间文艺研究会北京分会编；《北京风物传说》，第11—13、87—91页。

身也产生类似的传说，到后来便与前者混淆一起。因此，在分析这些传说之前，需要把刘伯温的勋业和神化过程作一交代，他是近代人皆知晓，原名刘基的明代传奇人物，在历史上有两个"脸谱"。在正史上，刘基被册封诚意伯，是明太祖的辅弼功臣、帷幄军师，以奇谋神算翊助君主取得天下。在民间传说里，他却以"刘伯温"之名著称，是一位精通天文术数、地理堪舆、占卜休咎、预知未来的活神仙。[①]

刘基，字伯温，浙江青田人，元武宗至大四年（1311）生。他自幼聪颖，博通经史、诸子百家，尤精于天文地理、兵法历算，生性刚毅嫉恶，慷慨有大节。元至顺四年（1333），刘伯温登进士，历任江西高安县丞，行省掾史，以廉洁谠直见称，后因与上司幕僚议事不和，辞官

_____

① 关于刘伯温的传记资料，详见《前言》注6.所揭。本文论述刘伯温相关传说的来源与演变，系据笔者历年的研究成果，已发表者有：Liu Chi（1311-1375）and His Models: The Imagebuilding of a Chinese Imperial Adviser," *Oriens Extremus*, 15. 1（June 1968），pp. 34—35; "Liu Chi in the *Yinglieh chuan*: The Fictionalization of a Scholarhero," *Journal of the Oriental Society of Australia*, 5. 1—2（December 1967），pp. 26—42，并注30.引有关刘伯温与《烧饼歌》的关系等论文。此外，大陆作者蒋星煜也曾发表《朱明王朝神化刘伯温的历史过程》，刊于《杭州大学学报》，第14卷第1期（1984年3月），98—104、119页，虽然见解偏颇，资料贫乏，但也可作参考。关于近代学者所辑录的刘伯温传说，详见吴孟前、杨秉正选编：《刘伯温的传说》（杭州：浙江文艺出版社，1984）。传奇小说则见萧玉寒：《天机大侠刘伯温传奇》（台北：耀文图书公司，1992）。

而去。不久，他起任江浙儒学副提举，又因为进言御史失职，被御史台官员所阻止，由此隐居力学，到了至正三年（1343），年三十三岁，从此桴游江左，以文会友，声名大噪。元至正十二年（1352），他奉省檄任元帅府都事，佐戎浙东，又因建议招捕方国珍为上官所劾，羁管绍兴，于是放浪山水，以诗文自娱。元至正十七年（1357），官府起为江浙行台经历，应命与行院判石抹宜孙征讨处州山寇。平乱后，他以执政者皆右方氏，事无可为，于是弃官回到家里，一意著书，成《郁离子》二卷，对元廷窳政有激烈批评。时朱元璋已据集庆（旋改名应天，继称南京），克婺州，闻伯温名，即遣使招致，未应，再邀始允。元至正二十年（1360）春，刘伯温赴阙觐见，陈述当时政务的十八策略，时年四十八岁。从此，他随侍朱元璋左右，运筹帷幄，以机谋策略见称，例如劝元璋脱离韩林儿自立，先伐陈友谅后取张士诚，皆为他的献计。此外，他观天象以定征伐，预言必中，如破友谅于鄱阳湖，屡败张士诚于苏州，都立奇功，为朱元璋器重。

　　元至正二十四年（1364），朱元璋即吴王位，伯温仍参与机谋密议。后二年，受命拓展应天城垣，卜地筑宫殿于钟山之阳，以为新都之计。吴元年（1367），拜太史令，上《戊申大统历》，又与勋旧李善长等定律令。第二年朱元璋称帝，开国大明，建元洪武，大封群臣，以伯温为太子赞善大夫。皇帝问生息之道，刘伯温以宽仁应对，继又奉旨立军卫法。随后拜御史中丞，然不久因纠绳不法事与李善长有忤，借妻丧告归。这一年冬起复应召赴京，时帝问丞相人选，有意胡惟庸，伯温力言不可，说："譬之驾，惧其偾辕也。"其后皇帝示意聘之为相，又以"臣疾恶太甚，又不耐繁剧，为之且孤上恩"作罢。其实是刘伯温害怕勋臣猜忌，不易制驭，又患人主多疑，祸福难测，于是托词求罢。明洪武三年（1370）获授昭文馆大学士，封诚意伯，以老病退隐家里，不预外事。及闻胡惟庸担任宰相，大蹙增疾，洪武八年（1375）卒，寿终六十五岁。传闻说刘伯温为惟庸乘视病时以药毒害，然而并无确凿的证据，似死于老病宿疾。传世有《诚意伯文集》二十卷，杂著若干卷，及嫁名的各类天文、阴阳、术数秘书数十种。明武宗正德九年（1514）加赠刘伯温太师，追谥文成，故后世又称刘文成公。①

刘伯温的传说溯源

刘伯温命运多舛，在元廷做官，有志难伸，到辅佐明太祖，功成身退，仍不能安享晚年，诚属憾事。像他这样才学渊博而宦途坎坷，在明朝开国的那一段不寻常岁月里，最

---

① 详见《前言》注6.所揭刘基的传记资料。《诚意伯刘文成公文集》有《四部丛刊》本流通。关于刘基为胡惟庸毒死的辩诬，见王之屏：《刘基之死考异》，《经世季刊》，第2卷第3期（1942年4月），第59—60页。

易滋生谣言。刘伯温之所以获得朱元璋青睐，是因为他擅长机谋策略，又精通天文历法。这些学问，在元末群雄争霸之际最为重要。此外，大概由于他常以理智的决策，托诸星宿象纬的启示，显得玄秘高超，更增进了皇帝的宠信。因此，刘伯温的许多政治和军事上的谋略决策，凡运用得当而与事后形势契合的，浅识之士都归于他的神机妙算，每测必中，能人之所不能。因此，在他身后不久，坊间出现了许多附会和神化他的传说故事。

这些传说闲谈，始于街头巷尾的渲染撰造，折射出民间对刘伯温勋业的景仰和学艺的尊崇。随后好事者载于文字，以讹传讹，又或辗转被史官采入官书，拟作信史，更加流传。此类记载，最早见于同郡黄伯生所撰的《诚意伯刘公行状》［成于洪武十六年（1383）］，其后屡见于嘉靖至万历年间的稗史杂著，又见于演开国事迹的《英烈传》（一名《云合奇踪》），成为讲史、戏剧、说书、唱曲的重要资料。同时，许多穷陋之士杜撰各类阴阳术数、堪舆占卜的驳杂猥书，假借他的大名传播。因此，从明末清初开始，刘伯温已成为传奇的历史人物。到了清末民初，由于反清组织宣扬反清复明，尊他为翊助革命之护国军师，于是刘伯温的传说，也就越来越荒诞，本人更成了民间信仰中的民族英雄。

简而言之，刘伯温的神化经过以下几个阶段，每一阶段都有特殊的意义。

1.《行状》与稗史的传闻

首先，刘伯温传说的始作俑者是黄伯生的《行状》。这里撰写者除详述谱主生平勋业，也记载了许多他的奇迹异行，风格则荒诞夸张。举例来说，刘伯温于朱元璋龙兴十年前，游西湖见异云起西北，便知道天子气应在金陵，预言他日将有王者起于其下。到了他辅佐朱元璋后，对自己的亲友言道："此天命也，岂人力能之耶？"后来，他力战群雄，策划征伐陈友谅，以观察云气星象指授攻守方略，结果大胜。此外，还有他见太阳中有黑子，预言东南方当失一大将，他还曾为皇帝占梦，预言战事。诸如此类的传说，都是附会当日时事以神化刘伯温的才学技艺、奇谋诡策，和夸张其沟通天人的智能以反映民间膜拜英雄的意识。自此而后，好事之徒、浅识之士再加各种幻想，便产生了更多离奇怪诞的传说。①

明代中叶以后，野史稗乘，弇陋杂著，始于弘治而大盛于嘉靖，许多神化明初史、事、人物以推广流传，刘伯温自然不能免俗。因此从明中世一直到清朝，有关他的神奇怪异故事层出不穷。有些说刘伯温得神人传授，因而通晓天文术数。例如陆粲所著的《庚巳编》、杨仪所著的《高坡异纂》中，记载了他少年时在青田山中，破石壁得天书，后获异人指授，通占卜之术。王文禄所著的《龙兴慈记》说他年

---

① 见黄伯生：《诚意伯刘公行状》，载《诚意伯刘文成公文集》卷首。

轻时得异神附其身躯，自此聪明过人。宋雷所著的《西吴里语》又说他在元末时邂逅妖人，乘隙吸食其精气，因而化为帝王之师，更加荒诞离奇。[①]还有些传说把刘伯温的聪明才智加以神化，说他有未卜先知的异能，还关联了明代的几场政治剧变，如"靖难"之变和流寇亡国。何乔远所著的《名山藏·臣林记》记载刘伯温营建金陵宫城时，言殿基不稳，将来难免要迁都，隐喻有人篡夺皇位；及都城落成，刘伯温随太祖巡视，又谓城墙虽高，但恐燕子飞入，意指他日燕王起事。梁亿所著的《传信录》说刘伯温预知建文帝罹难，便留下"锦囊"叮嘱他剃度为僧，以逃巨劫。诸如此类的故事，都是把靖难之变妄附于刘伯温来加深他的神秘形象。[②]除此之外，有些故事把刘伯温夸张得更神奇，例如陆粲所著的《庚巳编》记载刘伯温曾闻有人上梁，测其时日，预卜家主大发后衰落。郎瑛所著的《续巳编》说刘伯温勘察某君祖

---

① 这些故事出自陆粲：《庚巳编》（《丛书集成》本），卷10，第210—211页；杨仪：《高坡异纂》，载王文濡辑：《说库》（台北：新兴书局，1964），卷中，1上页；王文禄：《龙兴慈记》（《丛书集成》本），第6—7页；宋雷：《西吴里语》［嘉靖三十九年（1560）］，卷3，65下页。

② 这些故事出自何乔远：《名山藏·臣林记·刘基传》，8下页；梁亿：《传信录》，载姚之骃纂：《元明事类抄》（《四库全书珍本》初集，1934），第3册，卷5，4上页；王泌：《东朝纪》，收入孙幼安纂：《稗乘》（《百部丛书》本），第3册，台北：艺文印书馆，1967），5下页。关于刘伯温遗下"锦囊"与建文帝着其逃生的故事源流，详见铃木正：《续建文帝出亡说考证》，《史观》，第68号（1963），第50—52、66页。

坟，扬言此君不日居高官。王同轨的《耳谈》则记载他曾卜算某君卒年，果然应验。赵吉士的《寄园寄所寄》记载他曾遗下碑文，以谶语寓意，预言当世将有大劫。更有淮阴百一居士的《壶天录》说刘伯温死后化为神灵，时降扶鸾之坛，指示吉凶，更是玄秘莫测。透过这些野史稗乘的渲染揄扬，刘伯温的传说越传越广，使他成为民间信仰中一位最知名的神秘人物。[①]

2.托名的阴阳术数著作

在同一时期，坊间出现许多署名刘伯温著述的天文术数、阴阳卜筮、星相堪舆各类驳杂猥书。这些书籍有刻本和传钞，年代从明朝初期至清朝末期，多出于江南及京畿书贾，样本繁复，不易考勘，但是不少风行一时，到近世依然流通。从簿录所见，属于天文历法的有《清类天文分野（直省）之书》二十四卷、《天元玉历》十二卷、《白猿经风雨占候图》若干卷；属于阴阳卜筮的有《玉洞金书》一卷、《注灵棋经》二卷、《解皇极经世稽览图》十八卷、《奇门

---

① 这些故事见于陆粲：《庚巳编》，卷10，第213—214页；郎瑛：《续巳编》，载陶挺辑：《说郭续》（台北：新兴书局，1964），第14，4下页；王同轨：《耳谈类增》卷19［万历三十一年（1603）］，2上页；赵吉士：《寄园寄所寄》卷5［康熙三十四年（1695）］，37下页；淮阴百一居士：《壶天录》，收入《笔记小说大观》第4册，卷8（台北：新兴书局，1962），9下页。

遁甲》不分卷；属于星相类的有《三命奇谈滴天髓》二卷、《演禽图诀》不分卷；属于堪舆类的有《金弹子》三卷、《一粒粟》一卷、《地理（堪舆）漫兴》三卷、《灵城精义》二卷、《佐元直指图解》十卷、《披肝露胆经》一卷、《注玉尺经》四卷；属于兵家的有《百战奇略》十卷；属于农家类的有《多能鄙事》十二卷；等等。上列各类杂书，极少出于刘伯温之手，大都是夐陋之徒杜撰，依托他的大名以讹传。根据资料，刘伯温虽然通晓阴阳术数，但因为统治者严格管制这种学问，以防佞奸肆玩、妖言惑众，所以不但没有传述此类著作，临终时并将所藏的天文书，交代其子转呈明太祖，嘱咐"慎勿泄密"。由于刘伯温对此种学问传授的谨慎，这些猥书嫁名于他来流传，显然违背了他的初衷，但无疑因为此类杂著的畅行，深入民间，读者眩于其说，更易深信刘伯温为非凡人物。①

　3.《英烈传》的小说化

　　以上的野史稗乘和拟作杂著，固然增饰夸大了刘伯温

---

① 关于此类托名刘基（伯温）的著作，《明史·艺文志》《四库提要》，及《光绪青田县志》都有著录。详见《明史》，卷98，2431、2438、2441、2443、2444页；永瑢等纂：《四库全书总目提要》卷109（台北：商务印书馆，1965），第22页；卷110，第60页；卷111，67、68、69页；卷130，第52页；《县志》，卷12，27上—30下、33下页。又见王馨一：《刘伯温年谱》，第106—109页；郝兆矩：《增订刘伯温年谱》，第204—207页；与注30.揭拙著：《读刘伯温〈烧饼歌〉》，第184—186页。

的传奇性，但是他在民间活现为道士般的神算军师，却是由于明末《英烈传》的盛传。《英烈传》是一部演绎明初开国功臣事迹的通俗小说，原名《皇明开运英武传》，始刊于明万历十九年（1591），据说是明初武臣郭英后人郭勋所作，以表扬先祖的功绩。此书随后有更删，变为较通俗化，改用今名，又称《云合奇踪》，假托徐渭（文长）所作，有明万历四十四年（1616）序刊本。今本《英烈传》演明初史事、人、物，除刺取官书正史，还旁及稗史杂著，以作者的巧思加以裁剪，编造及神奇化。书中叙述的刘伯温故事，大抵取材于现有的传说异闻，如讹言刘伯温为刘秉忠之孙，说其于青田山洞得黄石公传授天文书；鄱阳湖大战陈友谅，借风用火破强敌舟师；姑苏围困张士诚，以法术助阵夺取敌城；红罗山劝谕李文忠听神兽"甪端"说话，莫追蒙古穷寇；又如说其后来效汉张良故事，辞朝归山以度余年，都有来历本源。①

---

① 《英烈传》之祖本有三种，最早为《皇明开运英武传》，其次为《新刻皇明开运辑略武功名世英烈传》，以上都存于日本东京内阁文库；再次为《皇明英烈传》六卷，有明崇祯元年（1628）序。今传《英烈传》别名《云合奇踪》，一题徐渭所编，系据旧本剪裁，有甲、乙二本刊行于世，其一有明万历四十四年（1616）序。通行本《英烈传》系赵景深、杜浩铭据以上之校订本，1955年由上海四联书店出版，其后有多种重印本。有关《英烈传》的版本源流及史源，详见孙楷第：《中国通俗小说书目》（上海：商务印书馆，1967年修订本），第67—68页；赵注《英烈传》序言；柳存仁：《英伦两大图书馆所见中国小说书目提要》（香港：龙门书店，1967），第281—282页；赵景深：《中国小说丛考》（济南：齐鲁书社，1983），第176—209页。关于刘基（伯温）在《英烈传》中的演化，详见注12.揭拙著："Liu Chi in the *Yinglieh chuan*"一文。

　　《英烈传》演绎刘伯温事迹最突出的，莫如套取《三国演义》中诸葛亮的塑形，把刘伯温从家传所见的"虬髯电目"的正派肖像，改造成一位能呼风唤雨，逆知未来，像道士般的神机军师。传说中描述朱元璋大战陈友谅于鄱阳湖时，刘伯温观察天象，预测友谅阵亡，及至双方对垒，又献策火攻敌方舟师。当时风势不利，刘伯温建坛制仪，择时登台，身穿八卦袍，披发持剑，祭法借风以助阵。顷刻风雷大作，朱元璋乘势挥军火攻，因获全胜。这里所见的刘伯温授计击破陈友谅，无论布局及人物塑形，都取材于《三国演义》中诸葛亮祭风火焚周瑜舟师于赤壁的一幕。由于《英烈传》的流传，刘伯温在民间心目中，便变成诸葛亮般有奇谋的神秘道士，成为戏剧、说书和唱曲的重要题材。京剧中的《战土台》（一名《挡谅》）和《游武庙》（一名《刘基辞朝》）两部脍炙人口的剧本，就是从《英烈传》改编而来的。由于演剧的艺术化，加深了人物的刻画，再加上说书卖艺者的绘声绘形，刘伯温的神算军师脸谱，便在普罗大众心中留下了牢固的印象。①

---

　　①　详见拙著："Yinglieh chuan"。关于诸葛亮在《三国演义》的塑形及其演变，详见陈翔华：《诸葛亮形象史研究》（杭州：浙江古籍出版社，1990）。京剧中之《挡谅》（《战土台》）剧见王大错编：《戏考》第14册（上海：大东书局，1934）；陶君起：《京剧剧目初探》（北京：中华书局，1962），第231页，及龚德柏：《戏剧与历史》（台北：三民书局，1967），第552—561页。《游武庙》（《刘基辞朝》）剧见《戏考》，第24册，较原来故事有增删。关于这些京剧取材于《英烈传》及其演变，略见赵著：《中国小说丛考》，第169—175页。

4.蒙古民间传说的神化

在这样的神化过程中，刘伯温的传说不但演变得多姿多彩，而且流传到塞外，成为蒙古民间燕谈附会的对象。这一发展有着特殊意义，因为它既扩展了刘伯温传说的范围，又为北京建造"哪吒城"故事的起源提供了宝贵的线索。根据明末清初编撰的蒙古史籍如蒙文的《黄金史》和汉译的《蒙古源流》记载，元朝灭亡后蒙古人中流行一个颇为骇俗的传说——永乐帝朱棣并不是明太祖的骨肉，而是元顺帝妥懽帖睦尔的遗子。据说朱元璋领军攻陷大都，俘获顺帝的宠妃弘吉剌哈屯，见其姿色出众，深为钟爱，便纳入后宫。此时弘妃已孕数月，却不肯告白，惧怕受害，唯默祝延迟产期以免朱元璋怀疑，后来果然怀孕十三月诞下一男孩，取名朱棣。后来，就有言明太祖虽疑朱棣并非自己骨肉，仍十分钟爱，又有谓其鉴于大臣蜚语，恐防太子受害，于是遣之开府北平，镇守边疆以防蒙古入侵。这个故事的可信程度自然是不高的，朱棣是否为元顺帝遗子，20世纪30年代，我国学者傅斯年、李晋华、吴晗、邵循正等已有定论，一般认为永乐帝生母为太祖之碩妃，系出蒙古汪古部，但不是妥懽帖睦尔的宠妃。然而，此流言虽是子虚乌有，对元亡后的蒙古族却有着特殊意义，意即元廷虽亡，但当今明朝皇帝实系蒙古王子，故未绝统，也许为心理补偿的表现，所以流传不衰。无论如何，这一传闻始初与刘伯温并无关联，但是一传再传，便与他的传说混合，形成了刘伯温辅佐燕王监修北京城的故事。①

　　有两件于1907年抄录的蒙古手稿，其中一件名为《大明永乐皇帝如何建造北京城：元王子与真王子》（前者指永乐，后者指建文）也谈到了明永乐帝为元顺帝遗子的事，不过主题是叙述他在北京建城的经过。这个故事大体如此："元王子"朱棣接到父皇的圣旨，着他领军到南口关（今北京城北）驻防。他心中十分忧患，想起先前母后曾给他一个密封的函件（按："锦囊"之类），嘱他有危难时打开，于是立刻照办。密函拆开，他看见上面写着："当汝被谪戍至南口岔，应任命刘伯温为丞相，使之随行，并听其指示行事。"朱棣立即恳求父皇派遣刘伯温前来侍从，果然得准。接下来，故事叙述了朱棣率领一队老弱残兵偕刘伯温启程，中途饱经风霜，屡遇险阻，七天之后抵达南口，随即驻扎以

---

　　① 关于明永乐帝生母的问题，数十年来论者甚众，不过其生母碩妃之为系出蒙古汪古部已成定论，详见李晋华：《明成祖生母问题汇证》，《中央研究院历史语言研究所集刊》，第6本第1分（1936），第55—77页；吴晗：《明成祖生母考》，《清华学报》，第3期（1935），第631—646页；J. S. Shaw（邵循正），"Historical Significance of the Curious Theory of the Mongol Blood in the Veins of the Ming Emperors," *Chinese Social and Political Science Review*, 20. 4（1937）：492—498；周清澍：《明成祖生母弘吉剌氏说所反映的天命观》，《内蒙古大学学报》（哲学社会科学版），1987年第3期，第1—18页。又见注22.揭Henry Serruys论文，及注23.揭英文拙著pp. 71—72, nn. 17, 18。

图后计。翌日，朱棣单骑外出，奇事由此而生。当他在荒野奔驰之际，突遇一黑脸、穿黑衣、骑黑马的蒙面人迎面而来，以命令的口吻说道："孩儿，将汝之弓与箭给我。"

朱棣只好遵从，来人接过弓箭后跟着向四方各射一矢，随即说："箭落地的四周地下，藏有无数金银珍珠，将我给你的红矛交给刘伯温，若缺银子，着他以矛掘地，珠宝即随土而出。"然后他又对朱棣道，"你应任刘伯温为丞相，在此地建一四隅之城市以配四时，外城建九门以合行星之数，内城建八门以配'八卦'，建十二大街以合月数，建三百六十条'胡同'（小巷）以配日数，又建二十八座衙门以配星宿之数……"异人言讫，将手中的红矛授予王子，随即一闪就消失了。

朱棣大喜，回营后立刻将武器交给刘伯温，令他发掘出地下所藏金银珍珠，又依计督工造城。不久，一座如黑骑异人所预言的宏伟都市便在北京近郊诞生了。刘伯温随即立王子为"小皇帝"，并将新城命名为"北京"。此后故事又讲述了明太祖驾崩南京，朱棣南返，与新君（称"真王子"）争位，引起内战（影射"靖难"之变），最后朱棣夺位成功，登基为大明皇帝。[1]

---

① 关于蒙文抄本燕王建造北京城故事的研究，详见Henry Serruys, "A Manuscript Version of the Legend of the Mongol Ancestry of the Yung-lo Emperor," in John G. Hangin and U. Onons, eds., *Analecta Mongolica*,

　　这里所叙述北京城兴建的过程，固然是荒诞无稽，主要是敷衍明永乐帝为元顺帝遗子的流言，融合了蒙古相传的关于都城的始源，并套取流传中土的刘伯温传说，把明代京都的建造归功于黑脸异人的指示。故事最神奇的一节，莫如这个穿黑衣、骑黑马的异人取去燕王的弓箭，向四方各射一矢，宣称箭落地的四周地下埋藏无数金银珍珠，可以作为建城的资用等。这段情节里，究竟何处蕴藏着蒙古相传的故事，何处采撷汉人流行的传说，何处刻意增饰改造，这些必须细加分析，才能得见其演变的轨迹。①

　　从现存文献资料，我们找不到任何有关黑脸异人的踪迹，不过，在北京流行的关于燕王"靖难"起事的传说中有近似的记载。据传朱元璋和朱棣龙兴之时，都获得过玄武神的翊助，因而大小战役无往不利。这位神将原是上古北方七宿之一，到汉唐年间由于道教方士的附会，与北方水神黑

Dedicated to the Seventieth Birthday of Professor Owen Lattimore, Publications of the Mongolian Society Occasional Papers 8 （Bloomington: Mongol Society, 1972）, pp. 19—61。这个故事的另一则口述，内容与抄本略有出入。见 Antoine Mostaert, *Textes oraux ordos, Monumenta Serica* Monograph Series 1 （Peiping: Catholic University, 1937）, pp. 133—136。

　　① 笔者对此问题已有专论，见 "A Mongolian Legend of the Building of Peking," *Asia Major*, Third Ser. 3. 2 （1990）: 63—93；又见《明北京城建造传说故事索隐》，刊于《庆祝王锺翰先生八十寿辰学术论文集》（沈阳：辽宁大学出版社，1993），第463—473页。

帝颛顼混合，变为黑脸天神，成为百姓祭祀的对象。到了宋代，为了要避帝室始祖赵玄朗之讳（赵匡胤化名？），易名真武，而所供奉的庙宇都称为真武庙。元朝建立后，元朝诸帝也一直祭祀。[①]明朝永乐帝登极后，为酬谢神恩，便广建真武庙，四处御书题碑隆重其事。例如明永乐十一年（1413），在湖北武当山立的《大岳太和山道宫碑》就表露靖难起兵时倚仗玄武神的阴助取胜："……肆朕起义兵靖内难，神辅相左右，风行霆击，其迹甚著。暨即位之初，茂锡景贶，益加炫耀……"后二年（永乐十三年，1415），北京建成真武庙，所立碑文又复述此前的赞词："肆朕肃靖内难，虽亦文武不二心之臣疏附先后，奔走御侮，而神之阴翊默赞，掌握枢机，斡运洪化，击电鞭霆，风驱云驶，陟降左右，流动挥霍，濯濯洋洋，缤缤纷纷，歘歘恍惚，迹尤显著……"这些都可以说明，明永乐帝对

---

①　关于真武神庇佑扶助燕王"靖难"起事的传说，略见许道龄：《玄武之起源及其蜕变考》，《史学集刊》，第5期（1947年12月），第233—235页；黄兆汉：《玄帝考》，收入氏著：《道教研究论文集》（香港：香港中文大学出版社，1988），第139—144页。详见拙著：《"真武神、永乐像"传说溯源》，《故宫季刊》，第12卷第3期（1995年4月），第1—32页。关于崇祀真武神之研究，又见Willem A. Grotaers, "The Hagiography of the Chinese God Chenwu," *Folklore Studies*, 11. 2（1952）: 139—181。

玄武神的尊敬。[①]

　　当然，上述碑志透露的玄武神迹，也有可能不是永乐帝自造，而是出于他的翊运谋臣、释道相兼的姚广孝（道衍）。明万历年间，李贽《续藏书》卷九的《姚恭靖公传》，有一段这样的话：

　　　　时责燕益急，成祖召公（姚广孝）入便殿密议。……因问公师期。曰："未也，俟吾助者至。"曰："助者何人？"曰："吾师。"又数日，公曰："可矣。"遂……出祭纛。见被发而旌旗者蔽天，成祖顾公曰："何神？"曰："向固言之，吾师，北方之将玄武也。"于是成祖即被发仗剑相应。

　　这个故事自明嘉靖年间面世，讲的自然是永乐一朝之

---

　　① 永乐帝所撰《大岳太和山道宫碑》，收录于任自垣纂：《大岳太和山志》卷2（宣德年间刊刻），13上—14上页（此书有国立北平图书馆显微胶片流通，编号为404）。《真武庙碑文》则收录于《大明玄天上帝瑞应图录》[《正统道藏》（上海涵芬楼影印明刊本，1924—1926），册608]，1上—3下页。二碑文又见陈垣等编纂：《道家金石略》（北京：文物出版社，1988），第1250—1251页。

事，关于姚广孝以神谋诡术翊助燕王"靖难"的传说。[①]故事中指出玄武神为姚广孝之师，显然夸大了他的道术，要通过他的荐引，这位天神方下凡翊助，可见前后传说有尊卑之别。然而无论如何，这个故事的出现，旨在以神道设教，夸大了永乐帝的天姿威勇，获得神祇的扶持，借此诱导臣民对主上的崇信慑服。自此以后，真武庙遍建北京，其他道观也无不供奉玄武神，所立碑志更是大肆宣扬其翊助永乐龙兴之事，因此这些神迹闻名遐迩，人皆知晓，产生了脍炙人口的传说。[②]

----

① 见李贽：《续藏书》（北京：中华书局，1959），卷9，第148—149页。此传说取材自较早出的稗史杂著所记之姚广孝异闻，如黄溥：《闲中今古录》，收入沈节甫编辑：《纪录汇编》卷129《摘钞》（台北：民智出版社影万历刻本，1965），15上—15下页；祝允明：《野记》，收入李栻编辑：《历代小史》卷79（上海：商务印书馆，影万历刻本，1940），23下页。又见高岱：《鸿猷录》（《丛书集成》本），卷7，第84页；傅维麟：《明书》（《丛书集成》本），卷160，第3156—3157页。关于姚广孝的行事与传说，参见《前言》7.所揭资料。

② 关于明代真武庙的建置及地望，略见沈榜：《宛署杂记》（北京：北京出版社，1961），第204、205页；吴长元：《宸垣识略》，51、57、75、176、210、243页。详见《光绪顺天府志》，卷23（《地理志》5："祠祀上"），2下、14下、17上、26下、29下、38下页；卷24（《地理志》6："祠祀下"），第4页上、7下、13上、19下、24下、31上、34下、35上、39上页。又见许道龄编：《北平庙宇通检》上册（北平：国立北平研究院，1936），9、23、88、89、90、134、173页；下册，第59、60页；张江裁（次溪）编：《北平庙宇碑刻目录》（同前出版社，1936），第81—82页。北京东岳庙内即置有玄武神像，见Anne S. Goodrich, *The Peking Temple of the Eastern Park: The Tungyüeh miao in Peking* （Nagoya: Monumenta serica, 1964），p. 221, 261。有关真武神的传说故事，见湖北省群众艺术馆编：《武当山的传说》（北京：中国民间文艺出版社，1986）。详细研究，见拙著：《"真武神、永乐像"传说溯源》。

在这样的情况下，聚居北京的蒙古族人，势必熟悉这个故事，把它作为谣言附会的对象，因此他们编造的黑脸异人，不难看出就是在影射真武神。由于元朝诸帝也崇尚真武，所以此举很自然，不过这里并没有把黑脸异人描绘成道教之神，大概是元亡后蒙古本土意识复苏，淡化汉族宗教信仰之故。同时，为了强化蒙古色彩，作者又撷取了一个关于成吉思汗分封土地与勋臣的史事来充实内容。这见于传说就是那位黑脸异人取去燕王的弓箭，向四方各射一矢，说出箭落的四周地下埋有宝藏的情节。这个故事，显然是脱胎于蒙古流行的"箭程画地界"的习俗。按《元史·札八儿火者传》记成吉思汗在攻破金中都后［事在金宣宗贞祐三年（1215）］，要把城内之地赏赐札八儿，便对他说："汝引弓射之，随箭所落，悉畀汝为己地。"同时，这一方法也用于镇海。《镇海传》记："既破燕，太祖命于城中环射四箭，凡箭所至园池邸舍之处，悉以赐之。"①由于作者的想象力，这一蒙古传统封地之法，就在传说中保留下来，与在北京流行的真武神翊助永乐帝的

① 见《元史》，卷120，第2961、2964页。关于蒙古"箭程画地界"习俗的源流，详见拙著："Siting by Bowshot: A Mongolian Custom and its Sociopolitical and Cultural Traditions," *Asia Major*, Third Ser. 4. 2（1991）：53—78；《蒙古"箭程划地界"习俗考察》，《汉学研究》第12卷第2期（1994年12月），第173—194页。

故事混合，不但使其内容丰富，而且增加了它的神秘性。

至于故事为何要扯上刘伯温，显然是因为刘伯温是明太祖的辅弼，享有盛名，附会他襄助燕王建城可以推广声势，何况他在民间传说中又是大名鼎鼎、建造元大都城的刘秉忠之孙。不过，这桩故事是从蒙古本位出发，刘伯温只是照着黑脸异人的指授行事，自己并无主张，可见主旨仍是强调蒙古对明朝的贡献。但无论如何，传说把刘伯温与燕王和修建北京城联系在一起，对留居京师、深信明永乐帝是元顺帝后裔的众多蒙古族人，肯定很有振奋的作用。进一步来说，也很可能由于此种关系，这个流言便与元大都"哪吒城"融合，成为刘伯温建造"哪吒城"传说的骨干。

5.《烧饼歌》预言的影响

刘伯温这许多方面的传说，显然愈变愈离奇怪诞，到了清朝中叶，又被反对满族的秘密会社假托附会，变得更加神奇。这一发展的源泉，主要来自康熙初年在福建南部崛起，以"反清复明"为宗旨的天地会。据考证，此类反清的会党组织，系由漳州"以万为姓"的集团成员所建立，随后蔓延到两广、江西、湖南、贵州各省，成为清末革命的一股主要力量。由于刘伯温为明朝开国功臣，富于奇谋妙策，民间传说纷纭，渐为秘密党社利用。例如在清咸丰、同治年间所传抄的天地会文献里，刘伯温便被尊为襄助排满的民族英雄。在天地会的神坛"木杨城"，刘伯温与诸葛亮并列一席，其上有"伯温塔"。相传他遗下锦囊妙策，翊助志士把清朝蠲除。现存文献所载录的几首托名刘伯温和歌颂他的诗篇，如《伯温塔诗》《刘伯温锦囊诗》《刘伯温木立斗世诗》《锦囊诗》《洪花亭诗》《伯温塔对》等，都是以谶语寓意，借此鼓吹反清复明的大业。这一来，刘伯温便跃升为先知先觉、预言推翻清朝的神秘民族革命英雄，使他在近代革命占有一席神格化的不朽地位，对他的传说之发展有极大的影响。①

最后，刘伯温在近代享有盛名，除了因为民间谣传他建造北京城外，主要是由于秘密党社宣传的影响，闾里委巷不少人深信他是大预言家，留下了脍炙人口的《烧饼歌》，预卜未来的天下大事。据说刘伯温在此书中以隐语寓意，指出国家将来的命运，自明初以至民国近六百年间所发生的重要事情，都被他一一测中。笔者对《烧饼歌》曾作探究，考证出此书旧名《蒸饼歌》，大概出于清咸丰、同治以后，与

---

① 详见萧一山：《近代秘密社会史料》（北平：国立北平研究院，1935），卷4，11下页；卷5，3下—4上页；卷6，16下页。近代学者对天地会历史的研究甚多，主要专书为施格特（Gustav Schlegel）著、薛澄清译：《天地会研究》（上海：商务印书馆，1940）；庄吉发：《清代天地会源流考》（台北：故宫博物院，1981）；秦宝琦：《清前期天地会研究》（北京：中国人民大学出版社，1988）。其他著述又见蔡少卿：《中国近代会党史研究》（北京：中华书局，1987），第2章；中国会党史研究会编：《会党史研究》（上海：学林出版社，1987），第3章等。

秘密会党宣传反清复明的革命运动有密切关系。[①]

　　根据清光绪末年金陵文人王柳门的笔记《剑青室随笔》，里面有讲述他曾寓目过的这一类预言书，有称《蒸饼歌》，署名明初铁冠道人张中所作，也有称《烧饼歌》，谓出自刘伯温手笔。张中也是个传奇人物，善风水、占卜、阴阳术数，曾追随明太祖征讨陈友谅，以洞玄法祭风助阵取胜。如果我们把现传《烧饼歌》的内容和明代稗乘所载张铁冠之预言勘对，刘伯温的预言显然脱胎于前者的《蒸饼歌》。例如《烧饼歌》开头一段，说明太祖一日身居内殿，食烧饼，方啖一口，忽报刘伯温军师入见。明太祖以碗覆之，然后召刘伯温进来，问他碗中有何物，刘伯温随即掐指轮算，称是食物。明太祖于是问以天下后事，刘伯温一一作答，后世俱都应验。这里便窃取了嘉靖、万历间所传托名张中的预言。例如，郑晓《今言》和顾起元《客座赘语》都载称铁冠道人善占卜，如某中秋日言于太祖谓太子将进饼，果然预中，太祖想犒赏他，但

　　① 详见拙著：《读刘伯温〈烧饼歌〉》，收入《寿罗香林教授论文集》（香港，1970），第163—190页；《刘伯温〈烧饼歌〉新考》，刊于《罗香林教授纪念论文集》（台北：新文丰出版公司，1992），第1363—1403页。又见拙作 "Die Prophzeiung des Liu Chi（1311—1375）: Ihre Entstehung and Ihre Umwandlung in heutigen China," *Saeculum*, 25. 4（1974）: 338—366；《东瀛刊行的中国预言书述评》，刊于《史薮》（香港：香港中文大学历史系，1993），第169—201页。

他已失去踪迹，唯见遗下《蒸饼歌》呈献，据说歌词于
"靖难""土木"之事——明验［后者指明正统十四年
（1449）八月，英宗御驾亲征，迎击蒙古瓦剌族入侵，
在土木堡遇伏，丧师蒙尘一役］。①今本《烧饼歌》所载
刘伯温预测身后数百年的天下大事，姑且无论何者渊源于
《蒸饼歌》，显然是取材自明清稗乘所传录刘伯温的预言
故事，如"靖难"之变、建文逊国、万历子孙继立、李自
成亡明等。因此，所谓"应验"实在不过是"事后孔明"
的调侃之辞。至于刘伯温推断清代以后的事，大概因为缺
乏实在的史事案件，所以隐晦恍惚，似出杜撰者私臆，以
"拆字"方式掇成诗句出之，而后来的注家，即依当世时
事牵强附会，说明预言的灵验。这一类夹注，时代越早的
刊本越简略，越后出的越详细，由此可见这本预言书出现

---

①　此处所采用之《烧饼歌》版本系坊间最通行之《中国二千年之预
言》（上海：华夏哲理阐微社，1937），第89—95页所收本。铁冠道人张
中，《明史》，卷299，第7640页有传，系取材自宋濂所撰《张中传》，载
《宋学士文集》（《四部丛刊》本），卷9，4上—5上页。详细研究，见
拙著："The Prophecy of Chang Chung: The Transmission of the Legend of an
Early Ming Taoist," *Oriens Extremus*, 20. 1 （June 1973）：65—102。有关张
中撰作《蒸饼歌》与《烧饼歌》的关系，见王柳门：《剑青室随笔》，收
入《南京文献》第2辑（南京：南京市文献委员会，1947），有金嗣芬甲子
年（1924）序，此条见14页。又见郑晓：《今言》卷6（北京：中华书局，
1984），第179—180页；顾起元：《客座赘语》［傅春官辑：《金陵丛刊》
本；清光绪三十年（1904）］，卷2，3上—3下页。

之晚。

　　今本《烧饼歌》作者究竟为谁，撰于何时，因为资料贫乏，我们不轻易下定论。这本书的制作可能经过几个阶段，并非出自一人之手，但是从卷末的预言来看，殿笔者显然是响应革命的分子。原因是书里嫁名刘伯温的谶语，都是预测清朝覆亡和国运更新，其中最显著的几句说"手执钢刀九十九，杀尽胡人方肯休"，无疑隐喻革命军。这两句出现于清光绪二十九年（1903）刊行的邹容名著《革命军》终卷，借刘伯温的谶语肯定革命成功。由此观之，刘伯温《烧饼歌》与革命党的关系便昭然若揭，难怪民初掌故家柴萼在他的《梵天庐丛录》中说："辛亥秋，革命军起，沪滨有印诸葛亮碑文及《烧饼歌》等同出售者。"[①]至于杜撰者何以要依附刘伯温的大名广而宣传，这显然是历史的特殊因素在起作用，到清朝中叶以后，刘伯温已被反清的组织奉为"反清复明"的神灵，因此革命分子也自然地把他高举为汉人英雄，去鼓动推翻清朝肇创民国的大业。

　　依照以上分析，刘伯温由于博学多才、足智深谋和历

---

　　①　邹容：《革命军》所引《烧饼歌》见原刊本［光绪二十九年（1903）］，第46页。此书有英译：John Lust, *The Revolutionary Army. A Chinese Nationalist Tract of 1930*（Paris: Mouton & Co., 1968），《烧饼歌》引文翻译见p. 127。柴萼评语见《梵天庐丛录》卷20（上海：中华书局，1925序刊），3下页。

史地位特殊，在身后数百年间，逐渐被民众的膜拜英雄神化，变成跨地域、超时代、逾界限、感通天人的神秘人物。在这漫长的时期，民间编造刘伯温的传说驳杂纷纭，无奇不有，到现代依然流传不衰。历史上的刘伯温由此变成传说的箭垛，既是神算军师，能呼风唤雨，奇谋迭出，又是无所不能的活神仙，预测将来，更又是神格化的民族英雄，翊助朱元璋抗元，护佑反清复明，完成革命大业。这些传说的媒介也是多姿多彩，有些出自委巷琐谈，经过口传及笔录而传诵四方，有的源于俗学杜撰的阴阳杂书，嫁名刘伯温以广流通，有的是民间卖艺者的渲染编造，经过讲史、演剧、说书、唱曲，甚至神祀的揄扬，越传越离奇，越播越广远。因此，刘伯温建造北京城故事的形成和传布，与他的神格化传说的发展有着不可分割的关系；但另一方面，也可以说这个造城传奇的盛传，是构成他的传说在现代畅行不衰的重要因素。

二、"哪吒城"传说的剖析

传说产生的历史基础

统观刘伯温的神化过程，我们可见到由于各种不同因素的配合，历史上的刘基变成了民间传说的箭垛，许多离奇怪诞、超越常理的事情都附会到他身上，使他变成一位通晓古今，无所不周，像活神仙一般的神秘人物。这一方面表现在前代知识未拓之时，一般民众对英雄的幻想膜拜，把难以解释的事情，托诸超凡的智能来作解答，祷求神灵的庇护扶持以禳除灾难。另一方面，我们也可看到，历史人物如何被时代利用，不但生时侍奉帝王任由驱使，身后也为反抗当世政权的激烈分子当作宣传工具。在这样的情形下，刘伯温建造"哪吒城"的传说，便是他从历史人物演变为传奇人物的重要产物，与他在民间被视为大预言家同为他的神格化发展的最高峰。此刻我们要探讨的是，北京何以产生刘伯温建造"哪吒城"的传说，刘伯温究竟如何跟北京扯上关系，为什么故事又把姚广孝、沈万三等同样神化了的历史人物卷入？还有，这个传说何时开始流行，为何到现在仍然盛传不衰？

关于首要的问题，北京为何产生刘伯温建造哪吒城的传说，一部分答案，已见上节谈及元大都建城传说的起源和发展。依照分析，传闻刘秉忠开辟大都十一城门，去象征哪吒的三头六臂两足，主因在释教密乘传统，哪吒神曾随军援城殄灭外敌，而且有法力降伏天龙招致甘霖，还有民间传说他与龙王三太子争执，剧战杀死太子，大闹水晶殿使龙王退避三舍。由于大都是元代的国都，亟须神灵的庇护，而且其地历来缺乏水源，因此哪吒所具备降龙治水的法力，正迎合了大都的需要，这就是这个独特的传说之起源最合理的解释。①元朝覆亡以后，"哪吒城"传说在明代依然流行，根据前述，在明弘治、正德年间，当时人所撰的《元宫词》，还提到这一神异骇俗的故事。这因为除了政治和民俗传统的深厚，明清两代仍以北京为首都，同样需要神灵护佑，而且京师闹水患的情况并没有改善，哪吒的重要性，因此不应以朝代更迭而被忽视。

事实上，哪吒神在近数百年来北京的民间信仰中占有重要位置，与他们相信龙王盘踞苦海幽州，因而遭受缺水之苦的传说息息相关。由于这个关系，他们对龙王极端恭奉，在天旱不雨之时，便举行特别祭仪。明末刘侗、于奕正所撰的《帝京景物略》便有以下的记载："凡岁时不雨，家贴龙王神马于门，瓷瓶插柳枝，挂门之傍，小儿塑泥龙，张纸旗，击鼓金，焚香各龙王庙。群歌曰：'青龙头，白龙尾，小孩求雨天欢喜。麦子麦子焦黄，起动起动龙王，大下小下，初一下到十八，摩诃萨。'"②因此，北京和近郊的龙王庙星罗棋布，最著名的莫如位于玉泉山下的一座，其余散布城里城外，香火旺盛，天旱之时信徒特多，目的是祷求水源不匮。此外，明清两代的京师，每逢干旱，郊区皆有抬着龙王塑像的祈雨仪式，这种通常在阴历五月下旬进行的民俗

---

① 见《北京建置的沿革》注23.拙著：《元大都城》，第116—120页。
② 《帝京景物略》卷2（北京：北京古籍出版社，1980），第71页。

活动，一直维持到民国时代。①同样，北京民间也虔诚祭祀
哪吒，冀望神灵镇压龙王不使作孽。根据前揭《心史》记
载，早在元朝，大都已经举行庆祝哪吒诞日，后代的北京城
不但建有哪吒庙（位于外西区之黑龙潭），而且重要的庙宇
如在东便门外的东岳庙，也设有托塔天王父子的神位。这种
民间对哪吒神的供奉，除却出于宗教信仰，必然又因明末以
来演义小说的流行所影响愈趋隆盛。②上文《元代大都城建
造的传说》中"那吒故事在民间的展开"，已提到他的神异

---

①　明清两代时期，北京建立了不少龙王庙，多在近郊水源之处，参
见《宛署杂记》，第204—205页；《宸垣识略》，第161、163、187、208、
238、256、295、296页；详见《顺天府志》，卷23，2下、7下、20下、28
下、30下、31下、39上页。又见许编：《北平庙宇通检》上册，第15、54、
124、164页；下册，第98、99、100页。明代北京的气候状况略见邱仲麟：
《明北京的地理势、气候与都市环境管理》，《史原》，第16期（1991年6
月），第61—65页，及89页："明代北京水旱表"。关于明清以来京师郊区
农民抬着龙王塑像巡游的祈雨仪式，略见常人春：《老北京风情记趣》（北
京：北京出版社，1993），第83—84页。

②　北京哪吒庙位于右安门内先农坛西之黑龙潭（按黑龙潭有二，此
为其一，为祈祷雨泽之处）。此庙系由北平带行会于乾隆三年（1738）置地
创建以祀哪吒祖师，因而有此名。略见陈宗藩：《燕都丛考》，第661、670
页；痴呆（笔名）：《哪吒庙》，载《一四七画报》，第3卷第8期（1946年4
月24日）。参见许道龄：《北平庙宇通检》上册，第174页，及其与张江载：
《北平庙宇碑刻目录》，第81—83页。又见多田贞一：《北京地名志》，第
90页。关于东岳庙所立之托塔天王神位，略见Anne S. Goodrich, *Peking Temple
of the Eastern Park*, pp. 221, 261。

故事经过《封神演义》作者剪裁增饰，变得多姿多彩，引人入胜，而其中讲述哪吒与龙王三太子大战、杀死太子、大闹水晶殿的情节最是脍炙人口。随后《西游记》缕述唐三藏往天竺取经故事，又加入许多关于哪吒天神的神魔事迹，这些使坊间附会为红孩儿的传奇，成为民间文学和凡俗信仰的一个重要源泉。由于演义小说渲染夸张哪吒的传说，而其间情节不少与北京居民实际愿望吻合，再加上坊间的演剧、说书、唱曲，甚至神祇等媒介的宣扬，"哪吒城"故事便很容易地渗入大众阶层，流传广远。

传说何故嫁名于刘伯温？

　　这个流行于元末的传说，何以在流传过程中，特别是在明代奠都北京，拓展都城的几百年后，忽然转移附会到刘伯温的身上？其实，我们能想象到元朝倾覆以后，由于时移世易，刘秉忠的历史地位大大下降，所以虽然大都传说发生的基本因素如哪吒神和伏龙治水到明代依然存在，但这一脍炙人口的传说，已因为其中的历史人物与时代需要脱节，光芒顿减。况且，在明永乐帝奠基北京，拓展京城以后，大都已以新面目出现，因此刘秉忠制定"哪吒城"传说，便很难再有从前的吸引力。因此，虽然"哪吒城"的传说仍有一定的号召（因为京师需要神祇守护和降龙治水），但显然有必要增添与时代吻合的新因子，才能维持和争取民众的崇拜。

既然这个传说一开始就以这一神化的历史人物刘秉忠为先导，说他有本事征召哪吒为护城天神，那么如果要强化发扬这一旧说，从更换历史人物着手便是很自然的事。从这里推论开去，我们就不难了解民间附会刘伯温为建造北京城的英雄，把大都哪吒城的传说移到他身上的，以他取代刘秉忠，而且还插入姚广孝的情节的原因。我们固然可以解释，由于刘伯温在清朝中叶后已成为民间信仰中最神秘的历史人物，所以很容易变成箭垛的对象，但是编造故事者如何把各方面的情节安排得妥当，深深吸引老百姓，使他们乐于接受却是个难题。

在探讨这些问题之前，我们需要考察一下刘伯温的生平，从史实来说，他与明永乐帝建造北京城实在丝毫不相干，因为他在明洪武八年（1375）已经去世。刘伯温平生唯一与北京有交集的经历，就是在元朝时因为要考进士，曾到过当时称大都的京师，留下几首诗。他的这件往事倒是又引申出另外一段故事。

据说刘伯温在京师时偶访书肆，见天文书一帙，便取来阅读，翌日即能背诵如流，书贾大惊，想把书赠送于他。刘伯温说书已在其胸中，无事于书矣。①这故事虽不平凡，

---

① 此故事出自黄伯生：《诚意伯刘公行状》，见《诚意伯刘文成公文集》，卷首，1上页。参见王馨一：《刘伯温年谱》，第17页；郝兆矩：《增订刘伯温年谱》，第25页；与刘德隅：《明刘伯温公生平事迹拾遗》，第6页。

但也并不惊天动地，不足发展成传说。因此，这些刘伯温建造北京城的故事，基本的元素都是从外边传入，后来才与北京的逸闻夹缠一起，辗转移植到他身上，形成轰动的效应。我们如果考察前述刘伯温神化的经过，很容易发现有三方面与造城有关：一是刘伯温设计应天南京城而产生的谣传；二是蒙古流传刘伯温监造北京城的故事；三是刘伯温在神化过程中被民众与刘秉忠联想在一起而产生的异闻。三者混合，刘伯温便被塑造成了建造北京"哪吒城"传说的主人公。

1.建造南京城的传说

首先，前面已提到，明洪武建元前两年（1366），朱元璋诏令扩建应天旧城以为新都（南京），主持其事者便是刘伯温。史称刘伯温卜地，定新宫于钟山之阳，在白下门外一公里增筑新城，东北尽钟山之趾，延亘周围凡五十余里。这时建造于宫城、又称"紫禁城"之内的，主要是前朝三殿（奉天殿、华盖殿、谨身殿）和后廷二宫（乾清宫、坤宁宫）。到建文元年（1399），惠帝谕令在乾清、坤宁二宫之间建省躬殿，然后完成六座大殿。至永乐营造北京城时，"紫禁城"的宫殿门阙，如前所述根本是中都和南京形制的翻版。宫城内所建的头三座宫殿（永乐十八年，1420年建成）也命名奉天殿、华盖殿、谨身殿。这三座殿后来毁于失火，至英宗正统五年（1440）始重建，一仍旧称，同时又在两宫中间增建了一座交泰殿。至此，在南北两京的"紫禁城"中，所有主要宫殿的建筑和布局便完全相同。[①]

由于两京的关系密切，刘伯温设计南京都城的史实，便很容易令人把他联想到北京城的建造，而同时使他本身的传说，特别是与造城有关的，迁移到北京与当地历来流传的混杂在一起。例如在明朝末年的稗史里，有说刘伯温在应天京城落成后，随明太祖巡视，曾说城墙虽高，但恐燕子飞入，喻指他日燕王靖难夺位。另外又有刘伯温预知建文帝罹难，留下密封的小箧，让他有危难时开启，随后发现是授意他剃度为僧以逃大劫。这个故事，后来也在建造北京城的传说中出现，说的是刘伯温把城图藏在密封的"小包"里交给燕王，叫他紧急时拆开。燕王果然遵照计划，于是建起"哪吒城"来。此外，应天营建京城的另一传说，说富户沈万三捐输建城资财三分之一的故事，也因为南北两京关系的密切，辗转传入北京，和刘伯温的异闻融合在一起，使建造北京城的传说变得更加生动神奇。例如，前节引述刘伯温在决定造城的地点后，需要钱财资助工程，便托人四处去找沈万三，找到他后向他要钱。沈万三不肯，熬不住几次拷打，才陆续供出地下埋藏的银缸。这便明显证明了应天建都传说对北京筑城传说的渗透影响。

---

① 见《北京城建置的沿革》注33.、39.所揭资料。

2.蒙古建城传说的影响

以上所提出南京和北京的紫禁城的相互关系，虽然可以间接地把刘伯温与北京城建造的传说联想起来，但因为刘伯温终究不是明永乐一朝人，把他与京都的营建拴在一起到底有些牵强。事实上，在这个传说的结构里，刘伯温之所以与北京城扯上关系，其中一个主要原因是蒙古相传关于京城起源的异闻。前面提到在明末清初流行的蒙古传说里，朱棣是元顺帝宠妃的遗子，朱元璋为避免宫闱纠纷，让这个四太子出戍北平府，派他在"南口岔"建造一座城市去防范蒙古寇边。燕王接到圣旨后，不知所措，想起先前母后曾给他一个密封的函件，叮咛他有危难时拆视。他打开一看，原来是要他请求父王差遣刘伯温随行，任他为丞相并听从他的指示。到达南口关以后，燕王翌日外出，被一黑脸、黑衣、黑骑的异人拦住，取去他的弓和箭，向四方各射一箭，宣称在箭落的四个角埋有无数金银珍珠，应该在其地建一座城。同时，他把手中的红矛交给燕王，央他授予刘伯温，告知如果缺乏银子，则命伯温以矛掘地，珠宝即随土而出。异人跟着劝谕燕王任刘伯温为丞相，在该处监督建城，并且说出一个配合日月星辰时序的城图作为蓝本，随即逝去无踪。燕王果然遵照所指，把红矛交给刘伯温，吩咐他挖掘地下的宝藏，又令他依照蓝图督工筑城，于是一座如黑骑异人所预期的伟大城市便在北京近郊矗立起来。

这个故事显然是混杂了几种传闻，例如说燕王获得一个密策的封函，指示请刘伯温为辅佐，便是脱胎于前述刘伯温传授锦囊的故事，只不过更换了主角人物而已。又如谓燕王遇黑脸黑骑异人授意建造城市，如何掘取地下藏镪，和所言的城图如何配合日月星辰时序，也是起源于蒙古传说，只不过未曾在中原流行。无论如何，这个蒙古志异，对刘伯温建造"哪吒城"故事的形成有直接关系，因为它首次具体地把刘伯温、燕王和北京城的营建连贯在一起，作为日后此类传说的基础。很明显，这个故事无论直接或间接，都受到上述蒙古传说的影响，不难看出是从这里引申演绎。

3.与刘秉忠混淆的传闻

最后，有一问题需要解决，这些传闻虽轻易地把刘伯温和建造北京城联结，但是如何把他与"哪吒城"的故事扯上关系，是了解此传说发展最重要的关键。我们固然会想到由于刘伯温传说丰富，编造者可以把任何情节依附于他，但在这一方面，是受到历史的因素支配，不是无端生事。上文已说过，北京"哪吒城"传说滥觞于元代大都"哪吒城"，主持建造大都城的刘秉忠也是传说丰富的神秘人物。刘伯温不仅与他同姓，且也是翊运功臣，也擅长天文历算、阴阳风角之术，因此很容易被联想在一起。这一想象最具体表现于前文所述的《英烈传》，该作者在介绍刘伯温时便虚称他是刘秉忠之孙。根据《英烈传》的祖本《皇明开运英武传》，这个臆想始自高鸣凤的《今献汇言》[①]，大抵采自委巷谈荟，借此提高刘伯温的地位，但是现行的《汇言》刊本并无此条。不过无论如何，经过《英烈传》的宣扬，刘伯温便与刘秉忠建立"血缘"关系，于是刘秉忠制定大都"哪吒城"的传说便自然地转移到刘伯温身上，真是鬼斧神工，天衣无缝。《英烈传》而后，清初戏曲演绎刘伯温故事者，如朱佐朝的《建皇图》，和后来有关刘伯温的俚俗小说、唱曲，都说刘伯温是刘秉忠的孙子。由于《英烈传》的畅行民间和京师市肆，通过演剧、说书、唱曲和卖艺者的藻饰夸张，刘伯温与刘秉忠的关系便深入民间，不但加强彼此的历史地位，而且使刘秉忠制定大都"哪吒城"的故事透过刘伯温口传，延续生命并且发扬光大。[②]

---

①　《皇明开运英武传》，卷1，17上页引《今献汇言》谓刘伯温为刘秉忠之孙，但今本高鸣凤编撰的《今献汇言》系一类书，刻于明万历年间（1573—1620），所收诸书未见此条记载。参见赵、杜校注《英烈传》，第89页。实则，刘秉忠为河北邢台人，刘伯温为浙江青田人，彼此毫无关联，然而此一附会对刘伯温传说的发展有极其重要的影响。参见注12.揭拙作"Liu Chi in the *Yinglieh chuan*," p. 35, n. 20。

②　清初朱佐朝撰《建皇图》，见黄文旸编，董康校、洪再豪重订：《曲海总目提要》（九龙：汉学图书供应社，1967），第1305页。《英烈传》为清代说书所称评话之一，入"大书类"，与《三国演义》《水浒传》同列，见陈汝衡：《说书史话》（上海：作家出版社，1958），第132页。清末民初流行唱曲中演绎刘伯温故事者颇众，如《千家驹》《游武庙》《绣花灯》《十三月古人名》《崇祯观画铁冠图》《刘伯温》《十二月大将名》

从上述的考察，我们见到历史因素是构成这个传说的主要内容，但在发展过程中，无论编织故事者为谁，他们显然不但技巧性地融合了刘伯温和流行的北京城建造传说，而且还别具匠心地加以渲染铺张，使之变得更加生动神奇。例如，在元末肇兴的刘秉忠制定大都"哪吒城"的传说，只说大都之所以有十一座门，是因为要象征哪吒的三头六臂两足，但在现今流行的刘伯温制造"哪吒城"故事里，北京城的形制除了配合哪吒的头颅五官和四肢，还将皇城比成他的五脏和肋骨，使北京城看来像一个躺下的活哪吒，好使他能发挥法力，这比大都城传说更进一步。此外，刘伯温建造"哪吒城"的传说还有新颖的一面，就是在传播之间，不知是谁加插了姚广孝的情节，说刘伯温与姚广孝两位军师一起奉命画城图，二人不约而同地都分别遇到哪吒，因此彼此绘的城图雷同，只不过姚广孝绘的城图少了一个角，所以屈当二军师，头功还是被刘伯温夺去。这个节外生枝的故事究竟何来，是凭空撰造，抑或另有掌故，就不得而知了。

《刘伯温金柜锦囊》等，分别敷衍伯温神机妙算，建造北京城，遗锦囊预言国祚事，对刘基传说在民间的推广有极大的影响。以上诸调略见刘复、李家瑞编：《中国俗曲总目稿》上册（北京：国立北平研究院，1932），第86、277页；下册，第837、838、939、1092、1260页；又见朱介凡、娄子匡等编：《五十年来的中国俗文学》（台北：正中书局，1963），第223页。

4.与姚广孝竞赛的传闻

一般来说，传说或小说中的英雄人物，都有两人一对的模式，以便比较衬托，例如《三国演义》中的诸葛孔明与庞统、《水浒传》中的吴用与公孙胜，使能凸显优劣，增加情节的戏剧热闹性。哪吒城故事出现了刘伯温与姚广孝竞赛，其道理也在于此。不过，为何要选用姚广孝作为搭配，这就要从历史背景找答案。

首先，我们要注意，虽然民间称刘伯温为刘秉忠的孙子，因而把大都"哪吒城"的故事移植到他那里，但实际上北京城的建造是在时永乐时期，距离刘伯温卒年已三十载。在这个情形下，要找陪衬人物，最适宜从永乐时期入手。姚广孝是永乐帝的帷幄辅佐，出身释门，颇有谋略，地位也与刘伯温不相伯仲。他虽然没有参与规划建城的事，但长居北平，以高僧侍从燕王藩府，参赞"靖难"，功勋显著，史家论明初人物，大多把他与刘伯温相提并论。因此，民间谈论建造北京城，如要添增热闹，找一个人来烘托刘伯温，便自然会想到姚广孝。然而，这一结合也有历史先例的，很可能是从刘伯温设计南京宫城的故事，如陆粲所著《庚巳编》与杨仪所著《高坡异纂》中载录而来。据说，刘伯温年轻时在青田山中读书，一日偶破石壁，获得一本天书，不能读通，于是遍游深山古刹访求异人。久之，他遇到一位老道士，老者稍试他所学，惊为天才，遂为其讲解天书。经过七个昼夜，刘伯温将天书完全悟通。后来，刘伯温辅佐明太祖平定天下，寻访到当年的老道士时，他年已八十有余。当时恰逢朱元璋要在金陵建宫阙，便命刘伯温、张铁冠和这个老道士择地建宫。三人各自作图，起初各不相闻，及到三张图展示之时，三人的图尺寸皆合，引得举座皆惊。①故事的后一段最惹人注目，张铁冠即"铁冠道人"张中，是明初一位著名人物，通晓阴阳术数，曾撰有预言书《蒸饼歌》以传世。前节已解释他的传说如何与刘伯温混杂。也许正因为传闻中进呈金陵城图的，除刘伯温外还有他人，因此当南京紫禁城的传说移植到北京之后，姚广孝便自然地被填上张铁冠的位置，既与时代背景协调，又吻合民间传说。至于何以撤去张铁冠，除了因为姚广孝有更具体的历史地位外，还因为张中是明太祖时期人，而且他的逸事与北京毫无关联。从这些事例看来，在这个传说的发展过程中，其间人物与史实的组合，虽然不免穿凿附会，但实际上是有根据的，并不完全出于空想。

---

① 关于明太祖尝召刘伯温与铁冠道人张中议择建宫阙之地，初始各不相闻，后来画图上献而尺寸若一的故事，见陆粲：《庚巳编》，卷10，第211—212页；杨仪：《高坡异纂》，卷中，1下页；又见王圻辑：《稗史汇编》卷52（台北：新兴书局，1969），15下—16下页。以上诸条皆言当时召进图建宫阙者仍有一位老道士，姓黄名楚望，其图也与刘、张二人吻合，都是出于当时的传闻。

当然，在这些传说故事中出现的姚广孝，其能力与地位，都是逊于刘伯温的。在第一个"八臂哪吒城"故事里，永乐帝问他的军师谁能去担任修建北京城时，已把刘伯温当作大军师、姚广孝为二军师。这里说两人画城图，功劳不分伯仲，都是照着哪吒的模样画出雷同的图样，似乎要提高姚广孝的地位，但其后又说姚广孝败给刘伯温，一气之下出家当了和尚，把他说成是一个为人狭隘之徒。而在另外一个故事中，虽然讲同样的竞赛，就把姚广孝贬降很多。这里说两人都是照着哪吒的模样绘城图，可是姚广孝倒霉，当画到最后，一股风把哪吒的衣襟吹起一块，所以他的图便在西北角斜了一块，因此到了皇帝跟前评定高下，燕王就说刘伯温画得方方正正，还是当大军师，姚广孝画得斜了一块，只得当二军师。（这里故事尝试去解释北京城的西北隅，从德胜门到正直门一段，为何会斜了一角。事实上，如前所述，北京城有此不规则的形状，主因是明朝成立以后，太祖为要防范蒙古卷土重来，放弃都城北面的城墙，改在其南两公里沿积水潭另筑新墙，由于积水潭占据了西北角，而新墙系以海子为界，所以这一段便变成斜状。故事作此怪诞的解释，显然意图说明为何姚广孝的图样输逊于刘伯温的，但是为了照顾事实，所以最后讲燕王裁断，还是把东城照刘伯温的图建造，西城照姚广孝画的建造。）此外，前揭另一个关于北京建城，但没有提到哪吒的故事，说刘伯温交给永乐帝一张建造都城的图，和一封推荐姚广孝去当修建军师的信。燕王依计行事，便去找姚广孝，很久才在一处叫潭州寺的佛院找到，原来他已经出了家。燕王立即请他下山去修建北京城，姚广孝不肯，但当皇帝把刘伯温的图画掷给他看，广孝便吓得浑身直冒冷汗，不敢不服从师父，于是乖乖答应。①这几个例子说明每逢跟刘伯温比较，姚广孝都是短了一截，但是故事如此贬低他，是否刻意抬高伯温的地位，或是有其他因素？在民间传说里，凡是把姚广孝与刘伯温谈在一起，姚广孝总是以二流角色出现，这固然因为要维持刘伯温的超越地位，但这也有历史的渊源。在明代民众心里，姚广孝不仅在才能功业上逊色于刘伯温，而且受到鄙视丑诋，主因是他参赞翊助燕王"靖难"，篡夺建文帝位。在官修的历史里，"成者为王，败者为寇"，永乐帝和姚广孝都得到"正统"地位。但是在多数士庶眼中，他们是僭位者和帮凶，因此野史稗乘所见的姚广孝多是歹角，遭到谩骂唾弃。②由于这个缘故，在这些北京城建造的传说故事

---

① 见王文宝：《北京风物传说故事选》，第1—11页。

② 有关明人丑诋姚广孝的传闻故事，见都穆：《都公谭纂》（《丛书集成》本），卷上，第15页；董谷：《碧里杂存》（《丛书集成》本），卷上，第21—23页；梅村野史：《鹿樵纪闻》（《台湾文献丛刊》第127种，台北：台湾银行经济研究室，1961），第54页等。详细分析，见王著：《明靖难史事考证稿》，第39—41页。

里，刘伯温是个大军师，不但道艺比姚广孝高超（因此前述的一个故事说姚广孝是伯温的徒弟，因此只能当二军师），而且是个堂正的君子；反之，姚广孝不仅造诣输逊，还是个心胸浅狭的小人。这般厚此薄彼，并不单纯出于一己的好恶曲说臆造，实则反映明代以来，民众对这两位历史人物的评价。

5.传说的形成与传播

此刻我们遇到的最棘手的问题，就是这个传说从酝酿到完成，经过哪些阶段，故事何时才定型，创造者和宣扬者是谁，传播的媒介又有哪些？这许多的问题，由于文献匮乏，只能作有限度的猜测。简而言之，这些刘伯温建造"哪吒城"的故事，基本上是元大都"哪吒城"传说的延续，因此胚胎已在元末明初形成，以后依附哪吒本身故事的演变而衍化，到后来与传入北京的刘伯温传说混杂，再加以裁剪藻饰而定型。如前所述，后者的发展跨越明清两代，因此，要推测北京建造"哪吒城"故事的形成，就需要了解刘伯温传说的传播大概。根据上节分析，这些传说基本上出于委巷琐谈，渲染虚构，由口传而至笔录夸饰，从江南地区辗转流传到京师和其他城市。在这个过程中，刘伯温的逸事野闻，轻易地于某时某地与新的因子融合，如拿陋之徒杜撰天文、阴阳猥书借其名以传，说书、唱曲者夸大敷衍其才智勋业，又如反清复明的秘密会党将其视为精神偶像，陆续产生许多离奇怪诞的传说故事。同时，在某时某地，由于各种因素，这些传说如滚雪球般地又与地方性的传闻，或与其他历史人物的志异混淆在一起，形成更复杂离奇、脍炙人口的传说。然而这些纷杂的刘伯温传说，又是如何流传到北京，与当地的传闻融会而产生独特的"哪吒城"故事的呢？依上文推测，大概有几个途径。首先，这些传说在当地形成后，流传众口，便通过迁徙和行旅至北京的江浙民众、奉调的卫军和军户家庭、到京师供职出差的官宦，或是上京考试的生员、北上贩卖的商贾，渐次在京都散播。其次，当刘伯温的传说掺入修建北京城后，逐渐与当地的传说（如蒙古相传关于都城的起源），或与其他历史人物（如姚广孝与沈万三）的逸闻混合，因而产生新颖的传说。总而言之，刘伯温既然成为一国膜拜的历史英雄，而北京自明清以来一直是首都，为帝王所居，官宦屯聚、商贾麇杂、人文荟萃、四通八达的都会，因此刘伯温的传说与北京城的传说融会一起，系历史环境使然，并不是偶然的结合。

在这个大前提下，我们可以推断刘伯温建造北京城传说形成的时期，揣测谁是故事的创造者和宣扬者，和利用哪些媒介来传播。关于这个传说的模型，依据上面考察，应该肇始于清末民初之际，不可能太早完成。这不仅是因为此前的文献并未载录此一类故事，到民初始见，而且因为这个传说，是刘伯温神格化最高峰的呈现——这一发展，按照前述，乃是清朝中叶后至民国初年的事情。

以上揣测，虽然资料不足证，但以刘伯温传说发展的阶段，作为推断建造北京城故事出现的时间，相信不致谬之千里。至于谁人编织，按照上面分析刘伯温传说的形成和传播，这些作者显然是长居北京，深通掌故，有相当的文化修养和擅于创作的无名平民文艺家——比如说故事的、演剧者，或是歌唱的卖艺者，熔铸现成的材料而加以剪裁藻饰，以口述方式传布于市肆、庙会等公众活动场所，娱乐普罗大众。

这一推论，是基于以下的考察：其一，清末民初北京市肆（如天桥），庙会场所说书卖艺者林立，各皆以独特的才艺技巧谈天说地，而所传诵的讲史小说，除《三国演义》《水浒传》而外，还有《封神演义》《西游记》和《英烈传》等，因此哪吒与军师刘伯温的故事无疑甚为流行。其二，民国初年流行北京的民间说唱俗曲，数量形式繁多，不少词调来自他省，据刘复与李家瑞所搜录的，有十余阕演的都是刘伯温逸事，其中有提到刘伯温建造北京城，可见这一类故事也为歌谣习用的资料。[①]其三，现今流传的刘伯温建

---

① 见刘复、李家瑞：《中国俗曲总目稿》，上册，第277页（《绣花灯》）；下册，第837、838页（《十二月古人名》）；第1060页（《十二月大将名》）。关于近百年来北京说书流行的情况，略见张次溪：《人民首都的天桥》，第152—157页；又见陈汝衡：《说书史话》，第153—155页。

造"哪吒城"故事，多系根据卖艺者口述笔录，如前文所述的《北京风物传说》所采一则，即来自蟠桃宫庙会某老艺人的忆述。由此可见这些北京城传说的出现和散播，与迎合大众的娱乐要求，因而虚构编造故事的密切关系。不过，尤要注意，北京城居民从历史时代开始已遭受水患的困扰——天旱缺雨，泉水供应不足，河道淤塞，影响漕粮运输，直至近数十年来政府大力发展人工水库才能解决问题。这些直接影响民生的客观环境的长期存在，对哪吒城传说的滋生和流传无疑起着很大的作用。①

综上所述，这些脍炙人口的刘伯温建造北京城故事，显然是出于民间无名文艺家的创造，通过说书、评话、演剧、歌谣，或是市肆庙会卖艺等各种娱乐方式传播出来。然后一传而再，不胫而走，使上至有道之士、文人墨客，下至贩夫走卒、老妪孺子，皆耳濡目染，无不知晓。更有甚者，其间酷爱掌故之士、贩文为业之徒，相继笔录于报章通俗刊物，再加以推广作为茶余饭后、酒酣耳热之谈助。因此，自民国以来，这类故事谅必多见于北京报章副刊与民间文学读物。到了中华人民共和国成立，从20世纪50年代开始，北

---

① 关于历代北京城的水源及供水问题，详见《北京建置的沿革》注6.揭侯仁之著收入《历史地理学》论文；蔡蕃：《北京古运河》；段天顺：《燕水古今谈》有关章节，及王伟杰、任家生等著：《北京环境史话》，第2、3章等。

京市文艺工作者，热烈响应社会主义民俗研究的号召，以无
产阶级的观点为领导，多方采录宣扬口述之民间传说，于是
出现许多经过加工的刘伯温建造"哪吒城"故事。在这样的
情况下，此一骇俗神奇、脍炙人口的传说故事，不但增添了
大量研究资料，而且通过文字的记录、文艺工作者的藻饰，
进一步推广流行，为新时代、新社会的文化活动服务，岂是
那些始作俑者之谈天说地、道听途说之流所能料及！

第四章 余 论

传说诠释的理论架构

从各方面探讨，我们虽不能把刘伯温建造北京"哪吒城"传说故事演变的每一环节、每一阶段加以辨认和解释，但总可以对它的发展过程及来龙去脉，有一个较为科学性的叙述和分析。这里包罗的史实和人物，其中故事组合的精密、戏剧性的丰富和所包括的时间和空间的广阔，稳稳地占据北京城七百年历史（从元大都算起），震荡万千首都居民的心弦，是都城发展史上一个神奇的传说。孔子有言："文献不足故也，足则吾能征又矣。"我们研究传说，通常囿于资料，很难作定论，只能编排载籍，有一分资料说一分话而已。然而，这一类半历史、半文学的研究，对认识中国文化传统、民俗信仰，有何特殊意义？这个刘伯温建造北京城的故事，反映出中国历史文化哪些特征和层面，对研究和了解民间信仰与民俗传统的发展又有何帮助？

　　这些刘伯温建造北京"哪吒城"的传说故事，如果套用前面介绍的人类学家雷德菲尔德的理论，它实际上是活现了中国文化领域中的"大传统"和"小传统"多元的融会交流。那么这个理论，如何帮助了解这一类传说的发生与演变，我们应先探讨它的架构和含义。雷氏理论的特点主要认为，大传统是由少数有思考能力的上层人士所创造的，如中国的儒家或道家，小传统则由大多数知识肤浅，或不识字的农民在乡村生活逐渐发展而成。这个理论极大地强调了大小传统彼此依存、互相交流的关系，与西方学者一向推想上层与下层的文化或思想，由于社会和经济结构有异，往往产生对立与冲突显然不同。西方学者之所以特别注意到大小传统之别，是因为他们在研究地方性的民间文化之时，发现它本身很少有独立的创造性，需要从上层文化（如神学、哲学、科学、艺术）汲取，经过一番通俗化然后定型。同时，他们也发现大传统中有不少伟大的思想、重要的观念，也往往起源于民间，慢慢经过选择提炼而成为上层文化的一部分。雷德菲尔德大小传统的概念，基本上很受福斯特（George F. Foster）一篇讨论这两个阶层文化之间共生关系的经典论文《何谓民俗文化？》的启迪。不过，他在发展自己的理论时已吸收中国的经验，所以立论不但较为完整，而且很适合东方国情，对西方研究中国文化有相当的影响。[①]

　　事实上，这些外国人类民俗学所重视的"新经验"，在中国是很古老的文化现象，我们先民不但早已自觉到大传统与小传统密切关系，而且从始至终致力加强彼此的联系。中国古代的大传统以礼乐为主，而礼乐很多便来自民间。孔子曾说："先进于礼乐，野人也；后进于礼乐，君子也。""野人"可解作乡下的农民，"君子"自然指城里的士人。古代又有"礼失求诸野"的谚语，就是指上层的大传统渗透到民间的小传统，在那里得到保存发扬。大传统必须从小传统汲取经验，中国古代不乏例证。例如《诗》《书》所载，三代已有"采诗于民间"，而《左传》襄公十四年下又说："史为书，瞽为诗，工诵箴谏，大小规诲，士传言，庶人谤"。两汉乐府也采诸闾里，因此《汉书·艺文志》尝言："故古有采诗之官，王者所以观风俗，知得失，自考正也。"这种大小传统连贯性关系的观念，到明清之际仍然活

---

　　① 本节所论多采用余英时教授之意，见《前言》注4.所揭论著。福斯特的论文刊于 *American Anthropologist*, 55. 21（1953）：159—173。关于近年中国研究学者对雷德菲尔德氏学说之批评与运用，可见 *Popular Culture in Late Imperial China*, eds., Evelyn S. Rawski, David Johnson and Andrew Nathan（Berkeley. University of California Press, 1985），Part 3，与 Shelley Hsüchlun Chang, *History and Legends: Ideas and Images in the Ming Historical Novels*（Ann Arbor: University of Michigan Press, 1990），Introduction，及这本书所揭示有关此题旨的论著。

跃。例如刘献廷曾说："余观世之小人，未有不好唱歌看戏者，此性天中之《诗》与《乐也》；未有不看小说听说书者，此性天中之《书》与《春秋》也；未有不信占卜祀鬼神者，此性中之《易》与《礼》也……"①在另一方面，古人又关切如何将大传统贯注、散播到闾里去改造小传统，这就是孔子所谓"道之以德、齐之以礼"，历代统治者所注意的教化和移风易俗。中国大传统的扶持和发扬，除师儒外，多得力于地方循吏的辛勤教化，因此能散播遐迩，垂诸永久。从中国历史来看，大传统包含极广，儒家而外，道释二教也是其中的成员，而民间多元的小传统往往也是糅杂二者而成的。由于大传统经常受到小传统的感染，而小传统也不断被大传统浸润，二者有时很难辨认，如《道藏》的《太平经》，敦煌出土的《老子想尔注》，便是彼此长期交融汇合的产物。同样，民间小传统的许多作品，如小说、戏曲、变文、宝卷、善书等所谓"俗文学"，以思想内容而论，仍然脱不了大传统的忠孝信义、善恶报应等观念的范畴。因此，大传统源源不断地渗透于民间，而小传统基本上是大传统在

---

① 以上引文出自《论语》，卷6《先进第十一》，见朱熹：《四书集注》（《四部备要》本），1上页；杜预注、孔颖达疏：《春秋左传注疏》（《四部备要》本），卷32，10上页；班固：《汉书》卷30《艺文志》（台北：中华书局，1962），第1708页；刘献廷：《广阳杂记》（《丛书集成》本），卷2，第98页。参见《前言》注所揭余英时论著，第13—14页。

民间的变相，二者关系密切，交融频仍，成为中国传统文化活动的重要创造力。①

传说所见大小传统的交融

这些神奇骇然、戏剧性浓厚的刘伯建造北京城传说故事，一方面显示中国大传统中的若干典故、价值观念，陆续渗透到民间的小传统；另一方面，又表现小传统如何汲取大传统，透露闾里对上阶层政治和文化的态度，和对固有价值的观感。在这个传说里，大传统所贯注到民间，在小传统变相呈现的，是经过长时间和逐步的抉择，尽量与下阶层社会的心意和愿望协调。因此，在民间盛行关于北京城建造的谈荟，并不是《周礼》所涉及的象法天地、经纬阴阳，体现儒家与阴阳家融合的天极至尊、皇权神授的政治理论。反之，流传不衰的是一些神化的历史人物显露超凡才智的故事，和已经通俗化的释教天神展现魔力奇能的事迹，借此抒发庶民对艰巨建城的感受，和托诸神秘力量去解释难以思量的工程之倾向。在这个传说的发展过程中，小传统汲取了大传统的若干资料和价值观，但同时在下阶层的半知识界，也不断地技巧地融会创造，编织成空前脍炙人口的故事。不过我们必

① 《太平经》有王明校本，题名《太平经合校》：（北京：中华书局，1960）。《老子想尔注》的敦煌写本早有专著，见饶宗颐师：《老子想尔注校证》（上海：上海古籍出版社，1991）。

须注意，这个故事最后的产品，虽然具备小传统的特殊色彩，仍然被大传统的基本形态与价值观所影响，明显地表现彼此的共生关系，和源源不断互相交流的情况。

综合来看，这个传说故事的根源是北京地区，从古代的蓟城开始，已闹着水患，不是天旱缺雨、河道浅窄不足供水，就是洪流泛滥成灾。到了金元两代扩建都城为京师，人口暴增，河水灌注入城不足供应居民需求，情况更加严重。在这种环境下，智识未拓的民众，很容易接受自古流行祀龙祈雨的传说，相信北京水患之苦，是由于孽龙盘踞都城的湖泊，控制水源，因此龙王的传说便在燕都滋生。自从传说展开，龙王的故事有不少变化，这是由于人们为了解除水患，一方面祷求龙王施恩，但另一方面，又冀望有超然的神祇下凡，去降伏龙王，于是想象愈来愈丰富。在这当口，释教密宗的经典故事在中土盛行，其中最脍炙人口的，是一位已经通俗神化的托塔天王李靖第三子哪吒的事迹。他不但拥有超凡魔力，曾经率领天兵防援唐朝河西边城，而且具备心明咒语降伏天龙使降甘霖，消除天旱灾害。北京自金朝以来已成为京师，亟须天神护佑，而且由于屡遭水患，更要神祇扶持。积此二端，民众就很容易倾向膜拜哪吒神，冀望解决倒悬之困，这些意念就在元大都城建造的传说中表露出来。

然而，这个在元末结胎的传说，并没有向哪吒神挺身而出镇服龙王的一面直接发展，而是把民间心目中的建城英雄——忽必烈的辅佐谋臣刘秉忠加以神化，想象他有超凡的才智技能，由此差使哪吒去除难消灾。因此，故事叙述了刘秉忠开辟大都城十一座门，以象征哪吒神的身躯，俾使龙王畏惧不敢肆虐。这样的发展便将传说进一步神化，显现民众祈求神力护佑去禳除灾难的心愿，但实际上，故事也反映中国大传统中的崇拜英雄意识，认为任何艰难事情，只要有超越的智慧、特殊的才能与毅力，就可至成功。这类绝代英才的能力，甚至超逾天命所钟的皇权，所以从元代至明朝的皇帝，都要依靠这些英雄去建造都城。我们不可忽视这以人为本位的中国文化特征的意义——因此传说中差遣哪吒效劳的是超群的英才，不是法力更高的天神，若不如此，古代许多传说便会以鬼力神怪为中心，与古希腊和印度的传统没有大的殊异。元大都居民把刘秉忠神化，作为膜拜对象，正象征民间对历史英雄的崇敬，和冀望有领导才干的贤能去解除苦难。这一来，大传统和小传统的价值观便不谋而合，彼此交融，相得益彰。

这个神奇的大都建城传说，经过五百多年的沉寂，到20世纪初突然以新面貌出现，生出脍炙人口的刘伯温建造北京"哪吒城"故事。其中的原因和过程，前面已经详细交代。此刻要申述的，就是虽然传说的基本事实，如北京城频遭水源匮乏之患，民间谣传龙王作孽，需要哪吒神来镇压等说法仍然存在，但是故事之所以能继续流传和发扬光大，主要是因为它渗进了强而有力的刘伯温传说。自从蒙古统治为明朝朱元璋取代，由于政治和人事的改变，刘秉忠作为传说的主角已渐渐失去号召力，哪吒城逸闻也可能慢慢地被遗忘，但是经过民间文艺家技巧性地将叱咤一时的明初大英雄刘伯温的传说与之配合，整个故事由此大大生色，广泛吸引民众的注目，变成家喻户晓的谈荟。因此，从这一转变来看，北京城传说的中心，依然环绕着民间对英雄的膜拜，冀求超凡的才智神力降世去消弭灾难。刘伯温之所以从明太祖的辅佐功臣，摇身一变为近代著名的神秘传奇英雄、大众膜拜的活神仙和无所不能的预言家，上面已有详细考证。他规划应天南京城和其他行事所产生的异闻，如何北传成为北京城传说的一部分，反映出中国民间信仰，特别是北京城民俗的发展，也已有扼要阐述。此刻要考究的，就是这一传说故事，有什么特殊意义，对研究大小传统的交流融会关系有何启示？

　　首先，从传说的整体发展来看，刘秉忠规划大都城的故事，能够摇身一变为刘伯温建造北京城，继续发扬光大，震荡京都居民心弦，诚然与后者本身的传说之发展，有着不可分割的关系。我们可以说因为刘伯温演变成民间的神奇人物，大大凌驾于刘秉忠，引起好事者虚构他设计北京城的故事。但是，反过来说，也正因为有了这个故事，刘伯温的传说就变得愈离奇玄怪，流播遐迩。这些传说，无论事实为何，依然流露着民间对英雄膜拜的意识，认为唯有超凡出众、奇才异能的绝代人物，始能解除他们的苦难灾祸。刘伯温因为博学奇才、足智多谋，所以被民间神化，被反清的革命分子渲染塑造，变成盖世神算军师，预知未来的大预言家。民间编织他建造北京城的故事，固然受了大都城传说的影响，但如果刘伯温不是如此神通广大，故事便不会畅行当世。由于刘伯温的传说流传日益广泛，附会他在北京城做种种活动的故事也愈来愈多，增添了不少人物和情节，不但包括辅佐明永乐帝的姚广孝、传奇人物沈万三，而且还增加了虚构的高亮赶水，和更多丰富热闹的刘伯温与龙王斗争，阻止它垄断水源的故事。

其次，这个传说之所以有如此悠长的历史，内容积蓄如此丰富，流传如此广远不衰，与北京贵为几代王朝、四方辐辏、人文荟萃的都城，有深厚文化传统，和不断受到外来媒介的冲击浸淫有绝大关系。上面已经提及京师民众崇信哪吒神的法力，相信他能守护国王百僚，防援都城、殄灭外敌和降龙祈雨，解决水源匮乏，是孕育传说的基本因素。然而传说之所以能扩大发展，主要是因为北京数百年来都是王朝的京师。例如，刘伯温能够取代刘秉忠为"哪吒城"传说的主角，是因为他规划南京新都所产生的谈荟流传到北京，变成北京城传说的一部分。其中最主要的因素，是北京的紫禁城系根据南京的形制仿造，由此许多有关后者建城的故事和人物（如沈万三的传说），都被闾里委巷渲染敷衍，作为充实北京传说的资料。况且，北京城的历史背景，特别是前身为元帝国的都城，而元亡后仍有大量蒙古军兵眷属留驻京师，对这个传说的发展也有很大的影响。这些故事显然麇居京畿的蒙古人很熟习，与汉人的故事混合，使传说日趋成熟和扩大流传。此外，这个传说从雏形发展成为完整的故事，前面已提过是得力于民间文艺家的创造，而这样的故事之所以产生，又与京师的庶民生活形式趋向娱乐趣味的渴求有关。在这个发展过程里，北京作为全国的首都，人文荟萃，商贾行旅云集，是川流不息的中枢，无疑为传说故事的形成和流传，提供极重要的有利条件。由于种种关系，南京建城的传说、刘伯温在江浙的逸闻，可以源源不断地传到京师，与当地原有的传闻融会在一起。这些多元混合的传说，为创造故事者提供资料，而到故事成形后，又通过往来京师的四方官宦、文士、商贾、庶民，辗转辐射到各个地区，发展成全国性的传说故事。

传说研究的现代意义

最后，我们可以略谈这些"哪吒城"传说故事在中国文化中大传统和小传统交流融会的表现，与对这种理论的启示和阐发，以便进一步了解民俗传统在现代的发展。上面已经详述北京的民间文艺家如何技巧性地利用永乐帝诏建新都城的事实，以流行不衰的大都"哪吒城"志异为骨干，融合脍炙人口的刘伯温传说，编织成家喻户晓、传播遐迩的刘伯温建造北京城的故事。这些传说故事的价值观，虽然每一个时代有异，但大致来说，都是反映民众对王朝统治者之迎拒态度，对英雄人物的歌颂崇拜，作为表露他们心声的途径，以及闾里茶余饭后之谈助。从雷德菲尔德的大小传统互相交流的理论来看，这些刘伯温传说故事，足以表现大传统和小传统对帝王辅佐、军师这一类型人物作英雄式的崇拜歌颂，把他们看作既是左右君权的宰执，又是能感通天地、禳除万难的异才。在大传统里，这些人物以道德学艺、才能谋略著称，但是小传统不仅吸收上层的价值观，而且将之渲染夸饰，同样的人物因此活现得更神化奇异，而各种不同的传说故事，经过选择提炼，就慢慢成为大传统人物塑型的重要资源。

此刻我们需要补充阐述的，就是在以儒家为基础的固有中国文化里，由于大传统植根深厚，上层因子渗透于民间成为小传统，远较小传统（尤其与大传统隔阂的）升华到高层为容易。一般来说，这些文化因子从下至上的发展，很需要迎合当世统治者的意识形态与价值观，或甚至依傍统治阶级的力量与影响，才能够蔓延和发扬。在古代帝王主宰时代，这类例子屡见不鲜，而在现代中国也显而易见。在当今中国，这些脍炙人口的刘伯温建造北京城故事，由于历史悠久，深入广大民间，不但没有受到排斥，而且更为文艺工作者采用无产阶级的文艺理论加以评价改造。他们将北京城的各类传说称之为"劳动人民"创造的口头文学，展现出首都世代劳动人民的生活样貌。因此，编写刘伯温建造北京城故事的人，都把都城的建造归功于广大群众的血汗劳动，而将刘伯温看作设计建筑北京城的许多无名英雄的总代表。刘伯温建造北京城的一类传说故事，由此通过两股力量，获得广大宣传，这是意想不到，并是雷德菲尔德等西方人类民俗学家所始料未及的。

总之，通过缜密的历史钻研和文献钩稽，我们可以看到这个畅行当代、家喻户晓、老幼咸知的刘伯温建造北京城传说故事的形成和传播的错综复杂、多姿多彩的过程。不但如此，也足以窥见这个传说所蕴藏着代表以儒家为基础、天人合一的人伦社会价值观念。由此可见，如果我们从这方面深入研究，大可以发现不少正统文献记录所未涉及的前人活动、社会各阶层多元化的意识形态和价值观，为研究历史和社会民俗学扩大范围层面，增加认识了解的深度。中国旧籍保存极丰富的民俗资料，环绕着神化的历史英雄相关传说故事可以作为深具意义研究的题材，此书对刘伯温与北京城传说的索隐，不过是对这些资料探究的一得而已。

第五章　资　料

　　按：本篇所收资料分为两部分：甲篇（一至四）是关
于刘伯温建造北京城的故事；乙篇（五至二二）是刘伯温在
北京城的其他故事。各篇皆照下列原书迻录，并无任何更
改。所附注释，也系出自原书。所有资料皆已取得诸编者或
作者同意转载，谨此申谢。

甲　篇

一、八臂哪吒城①（一）

人人都说北京城是个"八臂哪吒城"。人人都说只有八臂勇哪吒才能镇服得了"苦海幽州"的孽龙。北京城究竟怎么样修造的这一座"八臂哪吒城"呢？这在北京就传说下来一个民间故事。

皇帝要修一座首都北京城啦，就派了工部大官去修建。工部大官慌啦，赶忙奏明了皇帝，说："北京这块地方，原来是个苦海幽州，那里的孽龙，十分厉害，臣子是降服不了的，请皇上另派军师们去吧！"皇帝一想，这话也有道理，没有上知天文，下知地理，上能知神，下能知鬼的

---

① 北京内城是元至元四年（1267）修建的。明洪武元年（1368）把北面城墙拆掉，缩进五里，重建了北面城墙。明永乐十七年（1419）把原来的南面城墙拆掉，往南推展了一里多，重建了南面城墙，就成了现在北京内城的样子。北京外城是明嘉靖三十二年（1553）修建的。

"能人"，是不能修建北京城的。当时，皇帝就问这些军师们："你们谁能去给我修建北京城呢？"好多军师们，都是你看着我、我看着你的不敢答话，时间长了，实在不好不答话啦，大军师刘伯温说："我，我去吧！"二军师姚广孝紧接着也说："我也去！"皇帝老儿高兴啦，准知道这两位军师是能"降龙伏虎"了不起的人，就派了他们去修建北京城。

　　刘伯温、姚广孝领了"圣旨"，就到了现在北京城这块地方来啦。刘伯温、姚广孝到了北京这块地方，打下了公馆以后，就天天出去踩看地形，琢磨怎么修建让孽龙捣不了乱的北京城。大军师刘伯温是看不起姚广孝的，二军师姚广孝是也看不起刘伯温的，刘伯温说："姚二军师，咱们分开了住吧，你住西城，我住东城，各自想各自的主意，十天以后见面，然后坐在一起，脊背对脊背坐着，各人画各人的城图①，画好了再对照一下，看看两个人的心思对不对头。"姚广孝明知道刘伯温是要大显才能，独夺大功的，就冷笑了一声说："好吧，大军师说得有理，就这么办！"当下，两个军师就分开住啦。起初两天，两个人虽然没住在一起，也没出去采看地形，可是两个人的耳朵里，都听见一句话："照着我画，不就成了吗！"听这句话，像个孩子的声音，

————————

　　①　北京人都传说："刘伯温、姚广孝脊梁对脊梁画了北京城。"

清清楚楚地说个没完，这是谁说话呢？怎么看不见人呢？照着你的"话"，你的"话"是什么"话"呢？刘大军师琢磨不透，姚二军师也琢磨不透。到了第三天上，两个军师都各自出去踩看地形去啦，刘大军师走到哪里，他总看见有一个穿红袄短裤子的小孩子，在他前面走，刘伯温走得快，那小孩子也走得快，刘伯温走得慢，那小孩子也走得慢，刘伯温起初也没觉出特别来，后来他也有些疑心啦，就故意停住脚步，咦！真奇怪！那小孩子也站住啦，刘伯温琢磨不透这个小孩子是干什么的。另外，那姚二军师呢？也是碰见了这么样的一个小孩子，姚广孝也琢磨不透这个小孩子是干什么的。刘伯温、姚广孝各自回到各人公馆以后，耳朵里就又听见了那句话："照着我画，不就成了吗！"刘伯温在东城想，姚广孝在西城也这么想：难道这个红袄短裤子的小孩，就是哪吒不成？不像啊，哪吒是八条膀臂呀！刘伯温在东城想：明天再碰见这个小孩子，我要细细瞧瞧他。姚广孝在西城也想：明天再碰见这个小孩子，我要细细瞧瞧他。

　　一夜过去了，是两个人约会的第四天啦，刘伯温吃完了早饭，带了一个随从出去溜达去了，他为什么今天要带随从呢？为的是：叫随从也帮助他看看是不是哪吒。在西城住的姚广孝，也是这个心思，也带了一个随从出去找哪吒。两个军师，虽然一个住在东城，一个住在西城，可是心思都是一样，听见的话都是一样，碰见的孩子都是一样，今天他们又都碰见那红袄短裤子的小孩子啦。刘伯温、姚广孝今天碰见的小孩子，还穿的是红袄，还穿的是短裤子，只是红袄不是昨天那件红袄了，这件红袄很像一件荷叶边的披肩，肩膀两边有浮镶着的软绸子边，风一吹真像是有几条膀臂似的。刘伯温看了，心里一动：这不是八臂哪吒吗？赶紧往前就追，他想揪住这个小孩子，细细瞧瞧，没想到刘伯温追得快，那小孩子跑得更快，只听见一句："照着我画，不就成了吗！"那小孩子就跑得没影没踪啦，再也瞧不见啦。刘伯温的随从，看见军师爷在大道上飞快地跑起来，他不知道是怎么回事，他在后面直喊："军师爷！军师爷！您跑什么呀？"刘伯温听见了喊声，就停住了脚步，问他的随从："你看见一个穿红袄短裤子的小孩了吗？""没有啊！咱们走了这么半天，不就是我跟军师爷吗！一个人也没瞧见呀！"刘伯温心里明白：这一定是八臂哪吒啦。那姚广孝呢？姚广孝也碰见了这么一个小孩子，也追那个小孩子来着，也听见了那么句话，他的随从也没看见有什么人，他也明白了这一定是八臂哪吒啦。

　　刘伯温回了他的东城公馆，姚广孝也回了他的西城公馆。刘伯温想：照着我画，"画"一定是"画图"的"画"字，不是"说话"的"话"字，八臂哪吒要我照他的样子画城图，那一定是能降服得住苦海幽州的孽龙啦，好！我看你姚广孝怎么办？我看你姚广孝画不出城图来，怎么配当军师爷！那在西城住的姚广孝，也是这么想来着：看你这个大军师，"大"字得搬搬家！在第九天上，刘伯温就通知了姚广孝：明天正午，在两城的中间，脊背对脊背画城图，请姚二军师准时到场。姚广孝答应啦。

　　第十天正午啦，在城中一个大空场上，摆下两张桌子，两把椅子，椅子背对椅子背。刘伯温来啦，姚广孝也来啦，刘伯温说："二军师朝哪面坐呢？"姚广孝说："大军师住在东城，就朝东坐，小弟朝西坐。"两个人落了座，有随从给摆好了纸、笔、墨、砚，两位军师拿起笔来，唰、唰、唰地一画，太阳刚往西转，两个人的城图就都画完啦。姚广孝拿起大军师画的城图来看，刘伯温拿起二军师画的城图来看，两个人都哈哈大笑起来，原来两张城图都是一样，都是"八臂哪吒城"。姚广孝请大军师给讲讲怎么叫八臂哪吒城？刘伯温说："这正南中间的一座门，叫正阳门，是哪吒的脑袋；有脑袋嘛，就应该有耳朵，他的瓮城东西开门，就是哪吒的耳朵；正阳门里的两眼井，就是哪吒的眼睛；正阳门东边的崇文门、东便门，东面城门的朝阳门、东直门，是哪吒这半边身子的四臂；正阳门西边的宣武门、西便门，西面城门的阜成门、西直门，是哪吒那半边身子的四臂：北面城门的安定门、德胜门，是哪吒的两只脚。"姚广孝点了点头说："噢，是了。这个哪吒没有五脏，空有八臂行吗？"刘伯温红了脸，说："哪里有没五脏的哪吒呀？死哪吒镇服得了孽龙吗？"说着，急急地一指城图，"老弟你看，那城里四方形儿的是'皇城'，皇城是哪吒的五脏，皇城的正门——天安门是五脏口，从五脏口到正阳门哪吒脑袋，中间这条长长的平道，是哪吒的食管。"姚广孝笑啦，慢条斯理地说："大军师别着急呀，我知道您画得挺细致，那五脏两边的两条南北的大道，是哪吒的大肋骨，大肋骨上长着的小肋骨，就是那些小胡同啦，是不是？大军师画得挺细致！"刘伯温叫姚广孝逗得急不得、恼不得的，反正"八臂哪吒城"的"北京城图"，是画出来啦，大军师刘伯温没夺了头功，二军师姚广孝也没夺了头功，刘伯温还不怎么在意，姚广孝是越想越难过，就出家当了和尚，专等看刘伯温怎么修造北京啦。

刘伯温这么一修造北京城不要紧，没想到惹得孽龙烦恼起来，这才又引出"高亮赶水"等一大串故事来。

（出自金受申：《北京的传说》，北京：通俗文艺出版社，1957，第3—8页）

二、八臂哪吒城（二）

北京人说，北京是一座八臂哪吒城。

北京城的修建，是明朝初年的事。那时的皇帝叫燕王，他在永乐四年，下令开始修皇城和宫殿，分遣了大臣到四川、湖广、江西、浙江、山西等地去采木料。到永乐十四年，又集议营建北京全城。传说当时，燕王手下有两个军师：大军师叫刘伯温，二军师叫姚广孝。燕王命令他两个人设计北京城的图样。他俩领了旨，就出去察看地形。

他俩来到城中心，从南到北画了一条线。然后两人背对背站在这条线上，一个往东走，一个往西走，各走五里地，就算城边。走完以后，按照他们走过的地方又画一条线，和南北那条线相交，形成了一个"十"字。然后他们两个人又背对背地站在"十"字上，一个往南走，一个往北走，各走七里地，就算南北的城边。他们就按这个里数画出一个框子，然后各自回去了。

第二天，两个人又出来了。大军师刘伯温心想：城地已经步量好了，该画图了。这图要是画出来，可是立了一份头功。凭我大军师的本事，怎么也得比你这二军师强得多。因此画图这事，不能一块儿做，还是各画各的。二军师姚广孝也想：我和你刘伯温在一起，我画出来了，人家也说是大军师的本事。我不能和你在一块儿画。

两个人走到一起，刘伯温就对姚广孝说："姚二军师，咱们地方也步量好了，该画图了。我看，咱们分开，各想各的主意，七天以后，在这儿见面。到那时，咱俩脊背对脊背，当场画，各画各的，你看怎样？"

姚广孝一听，正合他的心意，就说："行啊。大军师说得有理，就这么办吧。"两个军师就分开了。

刘伯温住在东边。他回去以后，吃也吃不下，睡也睡不好，脑子里老想着这画图的事。可是想了三天，也没想出个道道来。姚广孝住在西边。他回去以后，也是吃不下，睡不好，老琢磨这北京城该画成个什么样子。他们两个人，各想了三天，谁也没有数。

后来，两个人都熬得不行了，就都迷迷糊糊地睡了起来。刘伯温睡着睡着，好像听见有人说话。他仔细一听，这话音好像是"照着我画，照着我画"。醒来一看，什么也没有。姚广孝呢？睡着睡着，也听见有人说话。仔细一听，话音也是说"照着我画，照着我画"。可是醒来一看，什么也没有。

一晃又是三天过去了，剩下最后一天，得到现场画图了。大军师刘伯温走出来，脑袋沉沉的，一路走，一路心里还在琢磨。忽然，看见有一个红孩子在他前面走着。他走得快，这孩子也走得快；他走得慢，这孩子也走得慢。他想，这红孩子到底是谁？就紧追了上去。二军师姚广孝往前走，也看见一个红孩子。这红孩子也在他的前面走。他走得快，这孩子也走得快；他走得慢，这孩子也走得慢。于是，他就紧紧追着这个红孩子。两个军师追着追着，碰到一块，一看，正是原来约定的地点。刘伯温说："现在咱俩可以分头画了。"姚广孝顺口答应一声，两个人就背对背地坐在一起。刘伯温面向东坐着，姚广孝面向西坐着。两个人拿出纸来，铺在面前，就开始画。他们凝神静思，看着画纸。忽然两个人的眼前，同时出现了那个红孩子的模样：头上梳着小抓髻，半截腿露着，光着脚丫，穿的还是红袄、红裤子。这件红袄很像一件荷叶边的披肩，肩膀两边有浮镶着的软绸子边，风一吹真像是几条臂膀似的。两人一想，这不就是八臂哪吒吗？两个人同时一阵高兴，可是谁也不言语，都各自照着画了。

刘伯温这边，先照着从头上画起，然后画胳膊，画腿。一笔一笔全画下来了。姚广孝呢？也从头照着一笔一笔画了起来。可是画到最后，来了一股风，把哪吒的衣襟吹起了一块，他也就随手一笔画了下来。

画完了，两个人手递手交换了图样。姚广孝拿起大军师画的城图，刘伯温拿起二军师画的城图。两个人一看，同时笑了起来。原来，两张图全一样，都是八臂哪吒城，只是姚广孝这边，在西北角上往里斜了一块。

姚广孝要刘伯温给讲讲怎么叫八臂哪吒城？刘伯温说："这正南中间的一座门，叫正阳门，是哪吒的脑袋；瓮城东西开门，就是哪吒的耳朵；正阳门里的两眼井，那就是哪吒的眼睛；正阳门东边的崇文门、东便门，东面城的朝阳门、东直门，是哪吒这半边身子的四臂；正阳门边的宣武门、西便门，西面城的阜成门、西直门，是哪吒半边身子的四臂；北面城的安定门、德胜门，是哪吒的两只脚。"

姚广孝又问："那么，哪吒的五脏呢？"

刘伯温忙说："那皇城就是五脏。"

姚广孝还想问些什么。刘伯温一看这架势，知道他想找碴儿，忙拿起图，指着姚广孝画斜的地方，说："这就是你的不对了。城哪能斜一块呢？"姚广孝说："大军师有所不知，哪吒的图形就是斜的。"两个人争来争去，只好拿了图样去见燕王。燕王一看，正是八臂哪吒城，说："好，你们不愧是我的军师。刘伯温画得方方正正，还是当大军师。姚广孝画得斜了一块，还是当二军师。"

刘伯温说："那修城时，以哪个为准呢？"

燕王指指图说："东城照你画的修，西城照姚广孝画的修。"

就这样，就动工修起城来。修成以后，一看，姚广孝画斜了的那一笔，正好是德胜门往西到西直门这一块。直到今天，北京城西北面城墙还是斜的，缺着一个角呢！

（金受申搜集）

（出自张紫晨、李岳南编：《北京的传说》，上海：上海文艺出版社，1982，第1—5页）

三、刘伯温建北京城

说起来这还是燕王扫北时候的故事哩。燕王原在南京城里住，他打算在北方重新建一座京城，就找来大臣刘伯温，问他把京城建在哪里好。刘伯温说："请让大将军徐达办这件事吧。"燕王命人叫来了徐达。刘伯温对徐达说："凭着你的神力往北射上一箭，箭落在哪儿，就在哪儿修建京城。"徐达答应着来到殿外，搭上箭拉开弓，朝着北方把箭射了出去。刘伯温赶紧带着人坐上船，顺着大运河往北追来。

这一箭射得可真不近，一直飞到了如今北京南边二十多里远的南苑。当时那里住着八家小财主。他们看见箭落下来都慌了神，唯恐在这儿一建京城，他们的房产、地亩全被占用了。其中有个财主出主意说："咱们把它再射走不就得了吗？"大家都认为这个主意很好，就转手一箭往北射去。这支箭又被射到了如今的后门桥这个地方。听人们讲后门桥下有块石碑，上面刻着"北京城"三个字，石碑下面就是当初落箭的地方。

刘伯温带人追到南苑，掐指一算，箭应当落在这儿。他派人找来八家财主，逼着要箭。财主们一看瞒不住了，只好认账。他们不住地向刘伯温求告说："只要不在这里建京城，您要什么条件都行。"刘伯温想了想说："好吧，我可以不在这里建京城，你们射出的箭落在哪儿，我就改在哪儿修建。但是修建京城用的钱由你们出。"财主们一合计，我们有的是钱，建个京城也不算什么，就答应了。

　　刘伯温找到落箭的地方，就拿出早准备好的图纸，找来工匠开工了。最先建的是西直门城楼，所用的费用全都找南苑的财主们要，没想到一座城楼还没修完，八家财主已经倾家荡产，穷得吃不上饭了。怎么办呢？刘伯温又掐指算了算，然后叫来手下人说："你们出去给我找一个叫沈万三的人。"手下人转了两天果然把沈万三找来了。沈万三被带到什刹海来见刘伯温。那时候什刹海、北海、中南海这些地方都是平地，根本没有水。这个沈万三是干什么的呢？原来是个要饭的。只见他浑身又脏又破，胳肢窝底下夹着个破瓦盆，又用一根绳子系在了脖子上。刘伯温见到沈万三就说："我建北京城没有钱用了，你给想想办法吧。"沈万三一听就吓坏了，哆哆嗦嗦地说："我是个穷要饭的，哪儿有钱啊！"刘伯温把眼一瞪："没钱不行！来人哪，给我打！"手下人拿着棍子朝着沈万三身上劈里啪啦地打起来。开始沈万三还连声哀求，后来实在被打急了，就把脚一跺，指着地说："这地底下就有银子，你们挖吧。"刘伯温派人一挖，发现下面埋着一口口大缸，打开盖子一看，里面全是白花花的银子。刘伯温就叫人拿这些银子接着修城。没过多久这些银子也用完了，刘伯温就又把沈万三找来，接茬儿打他。沈万三被打急了，又往地下一指说："这里有银子，你们挖吧。"大家一挖，果然又有银子。就这样一而再，再而三，北京城建了起来。可是，城里被挖出许多大坑。后来刘伯温派人把水引进坑里，就成了今天的什刹海、北海、中南海。

当初刘伯温坐船往北追箭，快到北京的时候，水面突然起了波浪，从水下钻出来一只大王八。只见它把两只前脚往船帮上一搭，船就歪了一半。刘伯温急忙走出舱来，看见王八，一眼认出它是龙王变的，就问："你找我有事吗？"龙王说："你是要在这儿建京城吗？这儿是我的地盘儿，你占了它，给我什么好处？"刘伯温说："等燕王在这儿定了都，一定好好谢你。"龙王摇摇头说："不行，你得讲真格的。你们要想在这儿建京城，必须把我的九个儿子、孙子在京城安排个职位。"刘伯温心想，让你的龙崽子占了京城，那把要当真龙天子的燕王往哪儿放啊？又一琢磨：不如先应下，到时候再说，就答应说："好吧，到时候我一定安排。"龙王听了很高兴，就说："那我等修建完了城再找你。"然后一翻身钻进了河里，波浪也就平息了。刘伯温的船这才往北开来。

北京城修完了，刘伯温把燕王迎到了这里。燕王坐了龙廷，当了万岁皇帝。这一天有人来报，说有个老头带着几个孩子来到皇宫门口，吵着要见刘伯温。刘伯温抬脚走出皇宫，一看是龙王带着九个儿孙在那里站着呢。一见刘伯温，龙王就问："刘伯温，你答应过给我的儿孙安排职位，我现在带他们找你来了。"刘伯温呵呵笑着说："我早就给你安排好了。"这刘伯温真厉害呀，他把龙子龙孙有的分派到华表上，有的分派到柱子上，有的分派到房檐上，有的分派到影壁上。安排完了，他一喝令："你们都归位去罢。"九条小龙腾空而起，飞到被分派的地方，一个个都贴了上去。这一下，欢蹦乱跳的活龙都变成了石头刻的、砖瓦烧的、油漆画的死物件了。这可把龙王气坏了，就要跟刘伯温拼命。刘伯温把眼一瞪说："我南征北战，打了多少仗，凭我能掐会算、呼风唤雨的本事还能怕你吗？"龙王心里盘算，要论打架还真不见得是他的对手，就气狠狠地说："刘伯温，你等着！我不让全城人都死光了，决不罢休。"说完他转身走了。

第二天早上，刘伯温刚刚起来，报事的差役就跑进来说："禀报大人，今天大清早全城井里、河里的水都干了，老百姓没水喝都乱营了。"刘伯温立刻掐指一算，知道这是龙王搞的鬼。他把军士们召集来，问："谁敢去追龙王，把水夺回来？"队伍里站出一个大汉，两手一抱拳说："我愿意去。"刘伯温吩咐他："你出西直门一直往西追，追上那个推小推车的，就用枪把左边的水包扎破，然后转身往回跑。我在西直门城楼上等着给你开城门。记住往回跑的时候千万不要回头看。"大汉答应着转身走了。

这大汉是谁呀？他的名字叫高亮。高亮拿着长枪出了西直门，甩开大步往西追去。一口气跑出二十多里地，远远地看见大道边上停着辆小推车，离小推车不远的树下坐着一个老头和一个老太婆在歇凉，这两个人正是龙王和龙婆变的。自打刘伯温把龙子龙孙都给弄死以后，龙王怒气冲冲地回到龙宫，见到龙婆，把事情说了一遍。龙婆心疼儿孙号啕大哭，催龙王快想办法报仇。龙王说："咱们从这里把家搬走，把水也带走，让北京城没有一滴水，用不了几天全城的人就都得渴死，咱们的仇不就报了吗？"龙婆听了，觉得这个主意真不错，也就不哭了。第二天大清早，龙王和龙婆就忙活开了，他们把全城的水分装在两个水包里，又把水包捆在车上，推着水出了北京城。他们俩不停地走了两个时辰，感到有些累也有些热了，龙婆说："歇息一下，落落汗再走吧。"于是，龙王和龙婆就来到大树底下坐下。没多久，高亮也赶到了。高亮悄悄地向水车跑去，他怕龙王发现，不由得有些心慌。到了水车旁不问青红皂白，用枪使劲地朝一个水包扎去，拔出枪后他转身就跑。这下可坏事了，他扎破的是右边的水包。车上有两个水包，左边装的是甜水，右边装的是苦水。后来北京城里苦水井多，据说就是因为高亮扎错了水包的缘故。那么左边的那个水包呢，后来变成了玉泉山，打那里流出的水甜丝丝的，可好喝呢！

再说龙王正在树下歇息，猛听得水响，抬头看见高亮扎破了水包撒腿往回跑，气得破口大骂道："好小子，看我不淹死你！"龙王把手一挥，就见从水包里涌出翻滚的大浪，朝着高亮冲去。高亮听到身后隆隆的响声像打雷似的，可吓坏了，他头也不敢回，拼命地奔跑。

跑着跑着，远远地可以看见西直门了，这时高亮的心才踏实下来。他想：我后面到底是怎么回事，回头看一眼大概不会出什么事吧。于是，他转过头去。这么一来，他的脚步不由得变慢了。就见身后三丈高的水浪铺天盖地冲来，一下把他淹没了。

高亮没有听刘伯温的话，葬身在大水之中。后来人们为了纪念他，就在他被淹死的地方修了座桥，起名叫高亮桥。

刘伯温在城楼上看到大水淹没了高亮又翻滚着向城门涌来，担心它会淹了北京城，当即命人把城门紧紧关闭。大水进不了城，有一部分就顺着河道往南流走了，还有一部分从地底下流进了北京城。城中的井里、河里又都满了水。全城人非常高兴，这下再也渴不死人了。

龙王的计策被刘伯温破了，他怎么会善罢甘休？他从城外顺着地下水道进了城。当时北京有不少海眼，但大都让刘伯温用东西给镇住了，像北海琼华岛上的白塔、白塔寺的白塔等，都是镇海眼的。龙王在北新桥一带找到一个海眼，这海眼是一口井。他带着水往上涌，非要用水淹城不可。人们听到井里的水哗哗作响，飞跑着去报告刘伯温。刘伯温掐指一算，又明白了，就派人找来沈万三，一起到了井边上。刘伯温对沈万三说："你想办法把龙王给我治服了，把水给我压下去。"这回沈万三可真急哭了："我是个要饭的，怎么治得了龙王爷啊？这不是要我的好看吗？"刘伯温又瞪起眼睛说："治不了龙王，还得打你。"沈万三连声说："别打别打呀，让我想想辙。"他低着头在地上转起磨磨来。这时井里的水响声越来越大，眼看水就快到井沿了。刘伯温在旁边一个劲地催命。突然沈万三嘴角一咧，说道："有主意了。我有个要饭的破瓦盆，用它试试行不行。"说着话，他从脖子上把系着瓦盆的绳子解下来，攥着绳子头，把瓦盆口朝下往井里扣去。谁知这一扣，就见井里的水慢慢地退下去了，哗哗的响声也越来越小了。被压在瓦盆底下的龙王使劲地嚷着："刘伯温，你把事都做绝了。你把我压在下面，总得让我有个出头之日呀！"刘伯温回答说："可以让你出头。这井不远有一座桥，什么时候桥旧了，你就可以出头了。"龙王想：这座桥就是新建的也得有旧的时候，看来我还有出头的日子，到时候再淹北京城吧。于是就不再言语，在海眼里等着去了。沈万三的瓦盆也跟着深深地扣在了井里，系瓦盆的绳子变成了又粗又长的铁链。沈万三把手里的铁链头捆在了井台上，这条铁链子多少年来一直在这儿捆着。也曾经有几个好奇心盛的人试着往出拉过，但是没拉几下井里的水就哗哗响起来了，这几个人吓得赶快把铁链放了回去，水声才停止住。从此再没人敢动它，谁不怕龙王再跑出来呀！

那刘伯温给井旁的桥起了个名字叫"北新桥"，意思是这座桥永远也旧不了，你龙王永远也甭想再出来了。

那个沈万三呢？此后再也没人见过他。

（蟠桃宫庙会老艺人讲述，张伯利整理）

（出自中国民间文艺研究会北京分会编：《北京风物传说》，北京：中国民间文艺出版社，1983，第1—7页）

四、北京城是怎样修起来的？

传说燕王最妒忌刘伯温，总想找个差儿杀了他。一天，燕王问刘伯温："我这次要去北征，你说打到哪儿停下来最合适呢？"刘伯温说："到了人吃血米、泥锅造饭、草做锅盖，你就该罢兵了。现在，我这儿给你一张图、一封信，等到一休战，就可以取出来看看。"

古时候北京叫作幽州。燕王打到幽州边塞以后，士兵都受不住了。他们吃了红高粱米做的饭，屙不出来，许多人生病死了。燕王没办法，只好罢兵。原来所说"血米"就是红高粱米。这儿没有铁锅造饭，都是用沙锅煮饭；没有锅盖，只用槁秆当盖。刘伯温说的话全应了，燕王找不到理由杀他，也就无可奈何了。

这时，燕王打开刘伯温的图一看，原来是一张修建北京城的图，那会儿北京叫"北平"，刘伯温劝燕王改建为都城，把城名叫作北京。燕王看完图，又拆开信一看，刘伯温还推荐一位修建北京城的军师呢！这位军师名叫姚广孝。信中告诉燕王说：他很有办法；没有钱，你甭操心，找沈万三吧。

到哪儿去找姚广孝、沈万三呢？

燕王是个烈性子的人，动不动就打人、杀人。许多被派去找寻姚广孝的臣子，找不着时就都给杀了。这样找了有几个月，也没个着落，燕王只好暂时把这事搁在一边了。

燕王很喜欢打猎，他每天出去打猎。有一天，燕王来到京西，走到一处地方，见山上古木顶住天，云雾在树上打转，流水咕噜咕噜响着，就想在这个山谷中歇一会儿。原来这里不是别处，正是潭柘寺。寺里老老少少的和尚，听说燕王来到，赶忙披好袈裟，到山门外拜迎燕王。这时钟鼓齐鸣，连百草也都变成神仙，在欢迎千岁爷哩！在人群当中，有个老和尚，穿戴得最整齐，手里擎着九连环，跪在地上，口称"臣僧姚广孝拜见千岁爷"。这位僧人原本叫姚广慧，是太祖时的中大夫，因与同僚不和，退隐归山了。这会儿，他怕说出真名来又惹祸生非，就改称姚广孝啦！燕王一听"姚广孝"三个字，一骨碌跳下马来，左手把姚广孝一箍，两人就往寺里走去。

姚广孝本来为燕王准备了宝座，可这会儿燕王不坐，却让给他自己坐了。燕王转身就拜姚广孝，并说："现在，您就是我的军师了，我要请您出山去修建北京城啦！"姚广孝一听，连忙跪下磕头，执意不肯出山。这时，燕王就把刘伯温的那张图往地上一扔，说："你瞅瞅！"姚广孝给吓得浑身直冒冷汗，没法儿推辞，只得答应出山了——原来刘伯温就是他的师父，怎敢不服从呢！

有了姚广孝，可是没有钱还是造不了北京城呀。这会儿就得去找沈万三了。燕王便派了两位小官，专门管找沈万三的事。限定三个月，如果交不出人来，就得杀头。日子一天天过去了，不觉三个月快到期了，这小官骂兵士不卖力，用鞭子打他们，还杀了好几个，可就是找不着沈万三。剩下最后三天了，小官心里搅得像"十五个吊桶打水——七上八下"的，怕砍脑袋；还是没有着落。一天，这小官想出外去解解闷儿，就信步来到东华门。这里是皇城，一般是不准做买卖儿的，可这东华门除外。这儿"下肩儿的"挺多，他们都是给皇家搬运粮食、珍宝或出差的。皇上又不给他们饭吃，便准许一些小商小贩在这儿做点儿买卖，有打豆腐的，做油条、烧饼生意的，人倒不少。那些"下肩儿的"只要付上几个铜子，就可以吃上几根油条或几个烧饼。

这天，在这皇城里，有一个上身光着脊背的"下肩儿的"大汉吃了烧饼，把嘴巴一抹就要走了。小贩便大嚷起来："喂！那'下肩儿的'，你吃烧饼不给钱就溜了！你吃哪一个的？"这大汉掉转脸来，眼一瞪，说道："你瞎眼了，我沈万三还白吃人家的？我向来吃东西就是先给钱的。"小官听说是"沈万三"，不觉喜从天降，暗喜道："原来在这儿，找得我好苦啊！"连忙从兜里掏出一把铜钱代他交了账，一边对他说，"你就是沈万三吗？差一点儿要了我的命！我找了你三个月，也没找到。快跟我走，王爷要你进宫去。"沈万三一愣，说："我是个'下肩儿的'，王爷找我有什么用？我不去！"小官怎么劝他，他也不去，最后叫兵士给带上锁，送进宫去了。

燕王听说这个光着上身的黑大汉是沈万三，感到很惊奇："这穷光蛋哪一点像个财神呢？"但他还是亲自给沈万三解下锁，接着就向沈万三要钱修北京城。沈万三说："王爷，您这不是拿我开心吗？我一个'下肩儿的'，手里得的就是口里吃的，连衣衫都没得穿，哪会有钱藏在家里呢？"燕王眉毛一翘，大声说道："不把你的金银交出来，就别想活命！"沈万三还是回答说"没有"。

"没有，怎么办呢？"燕王望了望姚广孝，下令拷打沈万三，打得沈万三皮开肉绽，还是说"没有"。燕王急了，恨不得一刀杀了他，又怕杀了更没了指望。他就叫人给沈万三戴上大枷，让他手里提一面锣，由兵士押着游街示众。他们每到一处，便要他高声喊道："别学我沈万三一样，不拿钱出来修建北京城啦！"接着"喤、喤、喤"打了三下锣。这样，游了三天街，也没结果。

　　这天，兵士又押着沈万三游街，从北面出了地安门以后，沈万三被折磨得半死不活的，有气没力地走着，不一会儿便昏倒在地上了，兵士还要拿鞭子抽他。他头枕东北方向，脚踏西南，怎么着也起不来。一位白发的老头走来了，吆喝了一声，说："这个人只能来软的，你们尽来硬的，怎么行？"说罢掏出自己的烟袋，让沈万三抽烟。可是，沈万三哪里还有气力抽烟呢？他不抽烟，把烟袋搁在地上，对那位老头说："我就在这儿了吧！"——他的意思是说："反正就死在这里吧！"可是那些兵士一听说"这儿"两个字，赶忙报告给大官说："沈万三有口供了，他说'在这儿'，想必沈万三的金银就在这儿。"一会儿，兵士们都忙起来了，拿起锄头，直往地里挖，挖出了四十八万两银子来。

　　这下子可把燕王乐坏了。他说："原来一打就有！"又命令兵士，"快跟我押着他走。"走不了几步，沈万三又昏倒了。兵士们拿起锄头又挖，又挖出了十窖银子，总计得四百八十万两。从此，地上就留下了十个坑，这十个坑积满水以后，就成了"十窖海"。又不知从多咱又叫成"什刹海"了。

　　燕王得了这些个钱，还嫌不够。他们又押着沈万三从南面出天安门游街，走到虹桥西边儿金鱼池那地方，沈万三又昏倒在地。大伙儿又挖，挖出了一个金缸，里面全是金条，不多不少合银四十八万两。等到沈万三醒来，又用鞭子抽他；再等他昏过去时又挖，总共挖出了九缸金条。打这儿以后，就有了"九缸十八窖"的传说（早些年还可以看这九个坑呢）。因为这地方出金银，就叫"金银池"，以后时间长了，池里有了金鱼，就传成"金鱼池"了。

燕王得了金银，打算造城墙，造城的老百姓都招来了，就是找不见"筑城泥"。军师姚广孝说："山西才有筑城泥。"

山西离北京有多远！八百头大马骡去驮筑城泥也不够用，怎么办呢？燕王命令老百姓一个挨一个，相隔三五步，从北京一直排到山西，一筐接一筐，将筑城泥从山西递到北京。据说山西有三百三十三个山头，都挖平了，城墙上还差三尺泥土。姚广孝铺开刘伯温画的北京图，城墙四周围有一道线，他就告诉燕王，把城墙四周围的土挖起来，往城上堆。就这样，城墙筑成啦，城四围就有了一道护城河。

（路工、李孟回、周贻谋整理）

（出自王文宝编：《北京风物传说故事选》，福州：福建人民出版社，1983，第1—6页）

乙　篇

五、高亮赶水（一）

不知道几百年、几千年啦，北京的老爷爷、老奶奶们都这么说：当初北京可苦啦，那时候，北京是一片苦海，谁都管它叫"苦海幽州"。苦海幽州的人，都躲在西面、北面的山上去住，把这片苦海让给了龙王。龙王和他的老婆龙母，带着儿子、儿媳、孙子、孙女，就占据了苦海，在苦海里自己称了王爷，闹得那时候的人，躲到山上去过苦日子，苦到什么份儿上呢？苦到用泥做锅，做斗量柴。①

人们的日子过得苦极啦。也不知道又过了多少年，出来这么一个穿着红袄短裤，名字叫哪吒的小孩子，真有本事，来到苦海幽州，就跟龙王、龙子打起来啦。整整打了九

---

① "泥锅造饭斗量柴"，是北京流传很久的口语，泥锅指的是砂锅，斗量的柴指的是煤。

九八十一天，哪吒拿住了龙王、龙母，逃跑了龙王的儿子、儿媳、孙子、孙女。龙王、龙母被拿住了以后，水就平下去啦，慢慢地露出陆地来，哪吒封闭了各处的海眼，把龙王、龙母封闭在一处顶大的海眼里，上面砌了一座大的白塔，叫龙王、龙母永久地看守白塔。苦海幽州的水平下去了，就不再叫苦海啦，光叫幽州啦。叫了幽州，就慢慢地有人在这里盖房子，在这里住起来。有了人家，就有村子，有了村子，就有集镇。逃跑了的龙子，这时也称龙公啦，他的老婆也称龙婆啦，他们带着儿子、女儿躲在西山脚下的一个海眼里，一声不响地过日子。他们越看苦海幽州的人家，一天比一天多，就一天比一天气闷，总想出来捣捣乱，总想出来发发水淹没那这时已然不叫"苦海"的幽州。

　　这一天，龙公听来了一个信息：幽州要盖北京城。他更气恼啦，他想：我们的龙宫，你们人给平啦，你们还在这里盖城，真叫我好恼！后来，跟着又传来一个信息：刘伯温跟姚广孝，脊梁对脊梁画了北京八臂哪吒城图，并且北京正修八臂哪吒城哩！他跟龙婆说："这可糟心啦，这可恨透了人啦！幽州这地方，要修起来八臂哪吒北京城，咱们就甭想再翻身啦！"龙婆说："算了吧，他盖他的城，咱们住咱们的海眼龙宫，别找麻烦吧。"龙公一跺脚，说："这叫什么话？我不能瞧着他们过好日子！我得趁着八臂哪吒城没盖起来的时候，把城里头的水收回来，叫他们盖不了城，叫他们活活地渴死！"龙婆情知拦是拦不住啦，只好听她丈夫的话吧。

　　龙公、龙婆算计好了主意，第二天一清早，龙公、龙婆带着龙子、龙女，推着一辆独轮小车，小车上装满了青菜，扮作乡下进城卖菜的模样。龙公推着小车，龙婆拉着小绊儿，龙子、龙女在后面远远地跟着，就这样混进了北京城。龙公推着车子进了北京城，他哪有心情卖青菜呢？他找了个僻静地方，就把青菜全倒在地上啦。龙公、龙婆带着龙子、龙女，在城里转了一个圈儿，按着算计好了的法子：龙子把城里所有的甜水，都给喝净啦；龙女把城里所有的苦水，都给喝净啦。然后，龙子、龙女变成了两只鱼鳞水篓，一边一个，躺在车子上，龙公推着车子，龙婆拉着小绊儿，扬长地出西直门去啦。

　　这时候，刘伯温呢？他修造的八臂哪吒城，城是盖齐啦，他正带着监工官、管工官修皇宫呢，忽然有人满头大汗地跑来回报他："回禀大军师，大事不好！现在北京城里的大大小小的水井，一齐都干啦，请大军师赶紧想主意！"刘伯温一听，也着了慌啦，他心里一琢磨：准知道这座八臂哪吒城招了龙王、龙母的儿子龙公的嫉恨，本来嘛，八臂哪吒城修好了以后，一窝子大龙、小龙，就不能翻身了吗！刘伯温当下赶紧派人，分头到各城门查问，问问管门的门领官，今天有什么特别样子的人出门没有。许多人奉了大军师分派，都骑着快马，飞也似的到各城门查问去啦。不大工夫，全回来了，各门都没有差样的人出城，只有到西直门查问的人回来说："在西直门看见一个罗锅儿身子的老头儿，推着一辆独轮车，前边还有一个老婆婆拉小绊儿，车上放着水淋淋的两只鱼鳞水篓，前一个时辰出西直门去啦。"门领官还说，"因为这鱼鳞水篓很特别，所以多看了几眼，看着分量不大，可是那老汉推着车子还像很费劲呢！"刘伯温听了，点了点头，说："好一个狠毒的孽龙！现在的办法，就只有派人去把水追回来。"监工官说："怎么个追法呢？"刘伯温说："追回水来，也难也容易：难呢？是追的人如果被孽龙看出来，性命就保不住啦，就会叫他放出来的水给淹死！说容易呢，只要一枪两枪扎破鱼鳞水篓，不管后面有什么响动，千万不要回头，急忙跑回来，到了西直门就平安没事啦。"大伙儿都摇头说："好玄！真不容易！"刘伯温急得直跺脚，说："事情可紧急啊！等到孽龙把水送进海眼里，就追不回来啦！哪位去追呀？"大官小官你瞧着我，我瞧着你，谁也不搭腔，可把大军师急坏啦！这时候，只听一声清脆响亮的答话声："大军师，我愿意追孽龙去，一定能赶上孽龙，一定能扎破他的鱼鳞水篓，一定能把水追回来！"刘伯温一瞧是一个二十多岁的年轻工匠，大眼珠子，脸上透着精神。刘伯温高兴啦，就问："你叫什么名字？"这人说："我叫高亮，是修皇宫的瓦匠。"刘伯温点了点头，马上打兵丁的兵器架子上，拿起一条红缨枪来，递给了高亮，说："你一切要小心，我带着人在西直门城上给你助威。"高亮接过来红缨枪，答应了一声："大军师放心吧！"头也不回，飞也似的追孽龙赶水去啦。

高亮跑出了西直门，可为难啦，往北是北关，通西北的大道，可以到玉泉山；往西是西关，通西南的大道，可以到西山的"八大处"；往南是南关，通正南的大道，可以到西直门南边的那座阜成门，往哪里追呢？高亮想了想，这可是打闪认针的时间啊，高亮就想出主意来啦。他想：刘大军师不是说了吗？孽龙不是打算把水送进海眼里去吗？海眼，只有玉泉山有海眼，往西北追！高亮拔起脚来，往西北就追下去啦。高亮托着红缨枪，眼睛里冒出火似的光亮，往西北急急地追了下去。追了没有多大工夫，眼前出现了一道夹沟子，两旁高高的土坡，中间一道窄窄的夹沟，只能对对付付地通过一辆小车去，马拉大车都走不过去，两旁可是也有两条路，孽龙走哪一条路呢？这时候，土坡子上有几个种地的农民正说话呢，一个人说："这两只水篓子很特别，怎么一闪一闪的像龙鳞哪！"一个人说："我真纳闷，玉泉山那边有多少甜水啊，为什么老天拔地地推着两篓子水往西北跑？"又一个人说："真难为这老汉、老婆，推着这么两篓子水，这么快就过了咱们这个'车道沟'，那么大年纪，真有把子力气！"高亮听了这个话，情知孽龙是过了夹沟子往西北去啦，他一声没响，托着红缨枪就穿过夹沟子，往西北一直追了下去。又追了不多远，眼前又出现了一片大柳树林子，树林子把路给岔成了两股小道，高亮不知道孽龙往哪条道儿去啦。他正在发愣的时候，柳树林子里有小孩子说了话："咿！拿大扎枪的哥哥，你给我们练一趟呀！"高亮一瞧，大树底下有几个小孩子，拍着手朝他乐，高亮心里一动，马上高了兴，说："小兄弟们，我回头给你们练枪。请你们先告诉我，有一个老大爷，一个老大娘，推着水车子，打这儿往哪条道儿去啦？"几个小孩子抢着说："往西边那条道儿去啦！"高亮说了一声"劳驾！"就往这条道儿赶下去啦。后来，这个地方就叫了"大柳树"。高亮往前追着追着，发现了一片没有水的泥塘，四外水痕还显着湿漉漉的，泥塘中间有水车子印儿。高亮端详了一下，心里明白啦：这一定是池塘，孽龙车子误在这儿啦，真歹毒，他把这点水都不留，也给取了走啦，好可恨的孽龙！——这个地方，后来叫南坞。高亮扎枪点地，腾身越过了池塘，为了追回城里的水源，血奔心地直追了下去，不大工夫，又碰见了这么一处泥塘——这个地方，后来叫中坞——车子印儿也深了，脚印儿也多啦。高亮知道：孽龙一定是劳乏啦，不然哪会踩这么多、这么深的脚印儿，趁这时候快追，一定能追得上。高亮腿上使足了劲，往前直追，追了没有多远，玉泉山就在眼前啦。高亮仔细一瞧，远远果然有一个装着两个鱼鳞水篓子的小车子，一个罗锅儿身子的老头儿、一个老婆婆，正坐在地上擦头上的汗呢。这一定是龙公、龙婆了，这龙公、龙婆显然是劳乏啦。高亮这时候心里又高兴，又怦怦乱跳，他矮着身子，钻进了高粱地，绕到龙公、龙婆的后面，猛然一长身子，递枪就扎，一枪就扎破了一只鱼鳞水篓子，水哗地一下就流下来啦。高亮还要扎那一只水篓，哪里还有水篓，只见一个凸着肚子的小伙子，滋溜一下就钻进玉泉山海眼去啦。又瞧龙婆抱起来叫高亮扎破了的水篓，往北就飞过了北面的山头，投奔黑龙潭去啦。这都是同时的事，都是急如闪电的事，还没等高亮想"扎破一个水篓子，怎么交差"，就听龙公大喝一声："破坏我大事的小伙子，你还想走吗？"高亮打了一个机灵，转身提枪就跑，后面像涨潮一样的水声，就追下来啦。高亮紧跑水紧追，慢跑水慢追，眼看到西直门了，也能清清楚楚地看见西直门城墙上的刘伯温啦。他心里一高兴，没留神回头一看，水就把高亮卷走啦。打这儿，北京城里的井，又有了水，可大部分是苦水①。甜水呢？甜水叫龙子给带到玉泉山海眼里去啦。龙公呢？"北新桥"故事里再讲。后来，人们在高亮死的地方，修了一座桥，就叫高

_____

① 北京没有洋井、自来水以前，甜水井很少，大部分是苦水井，也有半甜半苦的二性子水井。那时候，一般人家都预备三种水：苦水洗衣服，二性子水做饭，喝茶才用甜水。由于那时候北京苦水多，所以"高亮赶水"的故事，说得也就比较普遍起来。

亮桥。①有人瞧见这座石头桥，就也会传说下这个故事来。

（出自金受申：《北京的传说》，北京：通俗文艺出版社，1957，第14—21页）

六、高亮赶水（二）

北京西直门外，靠近火车道有一条河，叫高亮河。河上有一座桥，叫高亮桥。这河和桥都是为了纪念赶水英雄高亮留下来的。可是天长日久，人们把这条河叫成了高粱河，把这座桥叫成了高粱桥，已经忘记了这个赶水英雄了。

传说，这是明朝修北京城时候的事。

北京当初是一片苦海。明朝以前是元朝。元朝的皇帝，住在苦海幽州府。幽州府修了大都，有天桥有太庙，原指望能一代一代传下去。没想到燕王发兵扫北，把他扫跑了，留下苦海幽州。燕王到了这个地方也要修个都城，造一个金銮殿。可是他没有看中大都，他选了北边的沙河，修了九门九关，哪知不合刘伯温的心意，刘伯温指着一片坟地

---

① 高亮桥在西直门外北关，水从玉泉山流出来，过了昆明湖，就到了长河。长河往东南流，经过动物园、北京展览馆的后面，往东就是高亮桥。水过了高亮桥，分别流入护城河，流入北京城里，在永定河引水工程没完成以前，几千年来就是北京地区的主要水源。长河古代叫"高粱水"，桥也叫"高粱桥"。从有了"高亮赶水"的民间传说，才有人叫它高亮桥。

说："这十坟有九坟是有钱的。有钱的人多，谁抬轿子呀。没有抬轿子的，谁来侍候您呢？"就这样，把沙河抛开了。

刘伯温带着燕王往南走，找了现在北京城这块地方。他俩站在高坡往南一瞧，果然不错，明灯亮烛，一片金光。燕王说："这放光之处是什么地方？"刘伯温说："这是圣上安邦立业的地方。"燕王看着这片金光，越看越高兴，说："走，到近处看看！"他们俩就奔着这片金光来了。可是走了一段，金光还是那么远；再走一段，金光也还是那么远。一直追到快天亮了，才追到这片金光，仔细一瞧，原来就是那片苦海。燕王凉了半截，和刘伯温说："这是一片苦海，怎么能修都城呢？"刘伯温笑了笑，说："请燕王放心，我自有办法。"于是就在这里动工修城了。

要修城，就得先治水。要治水就得和龙王打交道，刘伯温就把龙王请来了，命令龙王让出这块宝地，把水搬到别处去。龙王一听，知道这是燕王要占地盘啊，就满心地不痛快。可燕王是一朝之君，不愿意也不行啊，就搬到了外城。这样，北京城就修起来了。接着修外城，外城还是一片苦海，刘伯温又把龙王找来了。他对龙王说："北京城不能光有内城，没有外城。你这外城的水也得给我弄走！"老龙王一听就火了，心想：我让一让二，不能让三让四，就说："要我搬走龙窝办不到！"刘伯温一看，这老龙王还挺硬，就说："你搬不搬，你不搬我们也得修。限你三天，如果不搬，那可就怪不得我们了！"

老龙王回到了龙窝，和老龙母一说，老龙母也气炸了，说："就是不搬，看这牛鼻子老道能怎么着。"

刘伯温等了三天，不见动静，就下令修城，把老龙王和老龙母居住的二龙窝给压在了哈德门底下。这下，老龙王可吓坏了，就和老龙母商量对策。老龙母说："北京没有咱们站脚之地了，赶紧走吧。"老龙王说："没有那么容易，要走，也得把水全带走，给他来个滴水不留。"于是弄一辆小车子，一边挂上一个鱼鳞水篓，把水装上。老龙王变成个白胡子老头，推着车子。老龙母变成个贫婆，在车上拴条绳子，在前边拉着，吱吜，吱吜，往西上了大路就走了。

这时候，刘伯温正带着人在修城。忽然有人跑来禀报，说："大军师，不好了！现在北京城里的大大小小的水井一齐都干了。"刘伯温一算计，心想：这准是老龙王搞的鬼。当下，他赶紧派人，分头到各城门去查问，今天有没有什么特别样子的人出城。不大一会儿，查问的人都回来了。到其他几个城门去查问的人，都说没有，只有到西直门去查问的人说："西直门看见一个白胡子老头，费力地推着一辆小车。一个穿得破破烂烂的老婆婆在前面拉着。车上有两只水淋淋的水篓，刚出城门不久。"刘伯温没听完，就说："城里的水就是这老龙王搬走的。现在要赶快派人去把水追回来。"可是派谁去追呢？刘伯温选来选去，最后就选到了山东大汉高亮的头上。

　　高亮原是一名左偏将，大个儿，身材魁梧，勇敢善战，一身好武艺。刘伯温说："高亮听令，我命你去追龙赶水！"高亮心里一怔，心想：在战场上我追赶过千军万马，可我没追过龙赶过水呀！刘伯温说："可恶的孽龙，把北京城的水全搬走了，你赶紧跨马提枪把水追了回来。"高亮说："遵命！"刘伯温下令，给他挑了一匹千里马，备上雕花金鞍。大汉高亮手提一支滚龙花枪，翻身上马，说："军师还有什么吩咐？"刘伯温说："老龙王和老龙母是推着小车子往西去了，车上有两个水篓，你追上它，把枪刺它右边的水篓，因为这是甜水，左边的水篓是苦水。你刺完以后，就往回跑，百步之内，不要回头。我带人马到西直门城楼接应你。"高亮答应一声，跃马提枪，一溜烟地追了上去。

　　高亮出了西直门，一看是个三岔路口，往北是北关，往南是南关，往西是西关，往哪里追呢？他想起军师说往西追的话，就奔了西关大道。追了一会儿，来到一棵大柳树下。这棵柳树长得真是出奇，树叶参天，有好几搂粗。高亮笼马，绕树一周，看见地上好像有人坐过。心想：这老龙王没有走远。高亮追着追着，一道追到南坞，发现了一片没有水的泥塘，泥塘中间还有车子印。他知道，是老龙王的车子推过这里，把这里的水都取走了。高亮气坏了，立刻跨马越过泥塘，发誓要追回城里的水。高亮又追了一段，追到中坞，看到了老龙王的背影。

再说这老龙王，开始走起路来还真快，它双手驾着车把，吱咽吱咽地朝前走，就像一阵风。慢慢地，就走得不那么快了，到大柳树下，还歇了一会呢。这时，刚到中坞，老龙王早累得直喘着大气，老龙母也不停地擦头上的汗。高亮见了，大喊一声："站住！"老龙王理也没理，还是拼命地推。高亮急了，把马一纵，来到老龙王跟前，拦住了车子。老龙王抬头一看，就知道是刘伯温派来的。他想转车逃跑，可是已经来不及了，只好先探探来意，就说："将军，有何贵干？"高亮说："大胆龙王，你竟敢把北京的水搬走！"说着，就举枪要刺。这时老龙母也说了话："水是我们的，我要搬哪儿就搬哪儿，与你何干？"

高亮不愿多和它们搭理，举起长枪，对准老龙母吼道："住口！看枪！"

老龙母一看不好，急忙把身子向右一躲，水车也随着斜了过去。高亮两手端枪，用力过猛，一下扎到左边的水篓上。这时只听"哧——"的一声，这水"哇——"就下来了，接着就像山洪一样滚了起来。

高亮本想去扎右边的水篓，没想到错扎了，再想回枪，水已成河，越流越猛。高亮只好勒马往回跑。这时天也阴了下来，霹雳闪电，洪水咆哮，紧紧跟在他的身后。

高亮一口气跑到了大柳树，眼看快到西直门了。他想，或许够一百步，可以回头看看了。他猛一回头，只见一丈多高的水头向他扑来，一个大浪便把他打了下马。

正在这时，站在西直门城头上的刘伯温，向高亮呼喊："将军，不要回头！"可是已经晚了，高亮被水冲走了。

从此，北京城又有了水。人们为了纪念高亮，就给他修了一座桥，叫高亮桥。他赶回的水，冲成的河，也就叫了高亮河。

不过，由于高亮扎错了水篓，所以北京城就全是苦水，没有甜水。甜水呢？甜水叫老龙王倒在了玉泉山。

高亮刺破它的左篓以后，老龙王和老龙母就拼命地拉着那个水车，往西北跑。车子重量不平衡，只能栽歪着走。吱咽吱咽，一步一歪，越推越费劲。到了玉泉山，老龙王说什么也推不动了，便连车带篓扔在了玉泉山下。所以，现在玉泉山的水特别甜。

那时的皇帝总是派车出西直门，到玉泉山拉甜水吃。要不，西直门怎么成了水门呢！

（张紫晨、赵日升搜集）

（出自张紫晨、李岳南合编：《北京的传说》，上海：上海文艺出版社，1982，第9—15页）

七、高亮桥名称的由来

在北京西直门外，往北不远，有一条长河。河上有一座石桥，通着南北大路，人们通常把这座桥叫作"高亮桥"。这座桥有一个传说。

明朝洪武年间，军师刘伯温修好了北京城以后，忽然有人来禀报，说城里许多水井都干涸了。刘伯温掐指一算，当时变了脸色，马上传下将令，集合起大小将官，他说："现在有一件关系北京人死活的事情，必须有一个胆大心细的人去做。干好了，真是一件了不起的大功；干坏了，成千上万人的性命就难保！不知哪位愿意去做这件大事？"

一些武将听了，都面面相觑，心里在盘算着。这时，有一员年轻的小将，挺身出来，对刘伯温说，他愿意去做这件事。这员小将的名字就叫高亮。

刘伯温见他年纪虽轻，志气却很高，心里非常喜欢，于是就把高亮单独叫到一旁，对他说："这件事情极重要，也极秘密，在没有做好以前，千万不要对别人说！"高亮满口应承。刘伯温这才说："高将军，你明天上午吃过饭，要和往日上阵一样，全身装束起来，拣匹上好的快马，出西直门往西北跑去，不久就会看见前面一辆小车：一个老头推着，一个老婆拉着，车上有两个桶。那个老头就是龙王，那个老婆就是龙母；车上的两个桶，装着全北京城的水。因为北京城，原先是一片苦海，现在填平了海，修上了城，龙王和龙母没地方待了，他们就想把北京城的水都给带了走。真的要把这里的水都带走了，我们北京人不都要渴死了吗？所以你看见了他们，也不要说话，赶快在两个桶上各戳一枪；戳完之后，拨回马来，快往回跑，不论身后有什么声音响动，千万不可回头。等马跑过了一百步，再回头就不要紧了。这一点必须牢牢记住。现在就回家预备预备吧。"

第二天，高亮吃完了午饭，穿上盔甲，提着一支长枪，挑了匹快马骑上，直奔西直门外，往西北方跑去。跑了些时候，果然见前面不远，一个老头推着一辆小车，一个老婆拉着，车上放着两只桶，吱吱扭扭地往前走着。高亮这时心里有点慌张了，但是他一想到城里成千上万的人都要吃水，立刻镇静下来。拍马向前跑了几步，逼近小车，猛地举起枪来，对准两只桶，"噗""噗"就各刺了一枪，他赶紧拨回马就跑。

听到后面山崩地裂一声响，接着万马奔腾似地随后追来。高亮记住刘伯温的话，头也不回，拼命地往回跑，一步、两步……十步……五十步……一边跑，一边数着步数。他只记得跑过一百步，再回头就没有事了；但是心里又急又慌，数着，数着，不觉少数了一步——把九十九步当成了一百步。他就回过头来一看，啊呀，可不好啦！只见洪涛滚滚，白浪滔天，登时一个浪头把高亮连人带马打得没影没踪！

高亮淹死以后，水流的声势也慢慢缓和下来，北京城的水源才保住了。相传昆明湖、玉泉山的水，就是龙王推的那两只桶里流出来的。

高亮死了以后，大家想起他这个功劳，为了感谢和纪念他，就在他死的那个地方修了一座桥，名字就叫作"高亮桥"。

（林炳华搜集整理）

（出自王文宝编：《北京风物传说故事选》，福州：福建人民出版社，1983，第12—14页）

八、北新桥（一）

北京从东直门到鼓楼，有一条东西五里长的大街，从崇文门到北城根，有一条南北十里长的大街，这两条大街交叉点的十字路口，叫北新桥。名字叫桥，可是没有桥，更没有桥翅，这就又有了民间传说啦。

北新桥精忠庙里有一口井，井里锁着一条龙，锁龙的时候，是这样告诉过龙的："这里有座桥，你就看守这座桥吧。多咱桥旧了，有了桥翅了，你就可以出来啦。"打这儿起，就叫"北新桥"啦，桥是永远不会旧的啦。老爷爷们给孩子讲故事的时候，说完了锁龙的故事，总再找补这么几句话："这是'真'事啊。在我爷爷听我爷爷的爷爷说过，他老人家那个时代，有一个浑愣的小伙子，想瞧瞧龙是什么样子，就去拉锁链子，捯的锁链子都有半地了，就听井里有呼呼的风声、哗哗的水声，还有哞哞像牛叫一样的声音，这小伙子害怕一撒手，锁链子就都回到井里去了，打这儿没人敢再捯锁链子啦。这是'真'事啊，孩子们！"像这样讲北新桥锁龙的故事，不知道有多少位老爷爷、老奶奶说过啦，我也是这么听来的，我也这么说。

这个故事，是接着"高亮赶水"的故事来的。高亮不是一枪扎破一只龙女变的水篓吗？当时龙婆是带着受伤的女儿逃到山北黑龙潭去啦，在那里安了家业，到现在黑龙潭还有一种能撞石头的奇怪小鱼，说故事的人，说这是"龙种"，这就是龙婆的子子孙孙。高亮扎破水篓以后，龙公急啦，不是带着波浪滔天的大水，追赶高亮来着吗？高亮死了，水也还原啦，龙公这口气实在咽不下去，可是又惹不起刘伯温，就带着龙子和龙子那一肚子甜水，顺着玉泉山泉眼，钻下了地底下去啦，要不玉泉山的泉水怎么那么多、怎么那么甜呢？龙公的心意：刘伯温，刘伯温！我惹不起你这牛鼻子，就罢了吗？北京城你终将修完，修完北京你终将走，你刘伯温走了，那就该听我老龙的啦！

龙公、龙子就在地底下泉眼里，住了下来。一天两天，一月两月，好多月北京八臂哪吒城修完了，刘伯温要回去见皇帝交差去啦，他忽然想起那捣乱的孽龙来。他想：这可恶的孽畜，保不齐我走了他还捣乱哪！唉，要有姚广孝在这里坐镇，也好一点，他又当和尚去啦，这怎么办？刘伯温只好先找姚广孝吧。这一天，刘伯温在西南城外一个庙里，找到了姚广孝，说明了他的心意，并且还说："八臂哪吒城图，是咱们两个人画的，我回去交差的时候，就说修北京也是咱们两个人修的，你还是二军师爷。"姚广孝答应了，刘伯温就打点行李、带着随从，离开北京，去见皇帝交差去啦。

那龙公听说刘伯温走啦，走远啦，就带着龙子，顺着地下的泉道，往北京这边走来啦。他们父子到了北京城地底下，看见一处是海眼，他父子往上一撞，不行，上面有"镇物"，不但没撞出去，每个龙头上还撞了一个大包，龙公恨透了刘伯温啦。这么说吧，龙公、龙子，海眼是碰了好几处，脑袋都撞肿啦，也没撞出去。这一天，走到北京城的东北方，又看见了一处海眼，龙公带着龙子又一撞，没想到这回一撞就撞出了地面。说故事的人，说这个地方，就是后来的北新桥。龙公、龙子撞出了海眼，龙公变了一个老公公，龙子变了一个年轻小伙儿，带着水就上来啦。海眼的水，还不厉害吗？一眨眼的工夫，北新桥的一南、一北、一东、一西，全成了大河啦。住户老百姓是哭喊连天的了，只有这一老一少的龙公、龙子，踩在水皮上走来走去的，透着那么扬扬得意似的。这时，早有人报告二军师姚广孝了，姚广孝一听，心里说：刘伯温是真有两下子，他料到孽龙要捣乱，孽龙就真捣乱来啦！姚广孝换好了衣服，拿着一把宝剑，就飞快地奔北新桥来啦。他到了北新桥，用剑一指，三划两划，就把水制止住，不再往上涨啦，跟着腾身一跃，也跳在水面上，喊了声："孽畜，还敢发水淹北京城啊！叫你们瞧瞧二军师爷的厉害！"龙公也是吃了一惊，心想：刘伯温明明是不在北京啦，怎么又出来一个二军师？这二军师也实在不软，宝剑一划，水就止住不涨啦，我父子倒要防备他！想着，就对龙子使了个眼色，父子各自亮出一把青龙剑来，一句话不说，恶狠狠地朝着姚广孝就扎。姚广孝是急架还迎，只见一片冷森森的剑光，三个人就杀在一处啦。单凭一个龙公，姚广孝是制服得了的，单凭一个龙子，姚广孝更是手到擒来，就可以拿着他的，可是父子爷儿两个一合力，姚广孝就吃不住啦。姚广孝一剑比一剑慢，眼看是杀不过龙公、龙子了，就在这个紧急时光，眼前一片云光一闪，只听龙公"哎哟！"一声，就躺在水面上啦，大腿上直流鲜血。这事来得很快，好似打闪认针一般，不但姚广孝不知道是怎么回事，就是龙子也怔住啦。姚广孝正往对面寻找人影的时候，就听有人大喊了一声："姚军师，赶快拿小龙！我乃大宋朝的岳飞是也。"姚广孝一听，心里高兴，一边向龙子递剑，

一边高叫："岳元帅留步！"岳元帅没有回声，小龙却在这
怔怔的时候，被姚广孝扎倒啦。

　　龙公、龙子都被姚广孝锁起来啦，北新桥一南、一
北、一东、一西的水，也就都落下去了，并且永远也不会再
涨起来啦。

　　姚广孝把龙公、龙子锁起来以后，倒为了难啦，把这
大小两条孽龙放在哪里呢？他想来想去，想了一个好法子：
就决定把龙公锁在北新桥的海眼里，海眼上修起一个深深的
井筒子，拴上长了又长的大锁链子，井上还修了一座三间大
殿的庙宇，庙里供什么神像呢？姚广孝想起来啦：帮助拿住
龙公的，不是岳元帅吗？就供岳飞吧。在龙公马上就要锁在
海眼里的时候，龙公就问啦："姚军师，难道关我一千年、
一万年吗？我什么时候才能出来呀？"姚广孝说："你只等
这座桥旧了，这座桥修起桥翅儿（桥栏）来，就是你出头之
日啦。"打这儿起，这里就叫了北新桥，北新桥从来也没
有过什么桥翅儿。姚广孝又把龙子锁在崇文门荸桥（注：
"荸"念吊，城门外护城河上的桥叫"荸桥"）下海眼里，
龙子也问啦："姚军师，难道关我一千年、一万年吗？我什
么时候才能出来呀？"姚广孝说："你只听见开城门的时候
一打锹，你就可以出来啦。"打这儿起，崇文门开城、关城
不打锹，改为打钟啦。老年人都说："北京城（指的是内
城）九门八锹一口钟啊。"人们看了桥北边还有一座镇海

寺，就更信这个传说啦。

（出自金受申：《北京的传说》，北京：通俗文艺出版社，1957，第22—27页）

九、北新桥（二）

北京东直门里有个北新桥。这个桥和别的桥不一样，它没有桥栏杆，是一个无翅儿桥。传说这座桥下边是个海眼，海眼底下锁着一条龙，叫兴元龙。旁边有个庙，庙里有个井，井里有个铁柱子，柱子上挂着一条铁链子，是锁这条龙用的。庙里还专有一个老和尚管着这条龙，一听井里水响，水往上冒的时候，老和尚就往井里撒面。撒了面，水就下去了。北新桥就是为镇住这个海眼修的。桥叫北新桥，意思就是叫它老也不旧。桥一旧，这条龙就该出世了。

这条龙原来是苦海幽州的老龙，它占据北京这地方不知有多少年啦。自从燕王修北京城，它待不住了，叫刘伯温赶到南海。可是它到了南海，还是待不了，南海龙王不要它。它无路可走，就又偷偷回到北京。到北京一看，全成了宫殿了，连个待处也没有。它就生气了，心想：好哇，把我赶走，你们住得倒挺舒服，我给你们发一场大水，叫你们也住不成。于是就在北新桥下这个海眼发起水来，一眨眼的工夫，这水就漫了北京城。

大水淹了金銮殿，燕王受不了啦，就和刘伯温商量。刘伯温一算，这是孽龙捣乱。燕王说："得想法治住它呀。"刘伯温说："要治住它，得姚少师出马。"燕王说："为什么得他去呢？"刘伯温说："姚少师本是降龙罗汉，他一出世就是要降龙的，天下的龙都怕他。"燕王把姚广孝请来，对他说："姚少师原来是降龙罗汉。好，我就封你为护国禅师，你赶快给我把这个孽龙治住。"

姚广孝得了令，就去捉龙。

老龙不怕刘伯温，就怕姚广孝。姚广孝一出来，它就跑，它一跑，姚广孝就追，一直追到北新桥的海眼。

老龙说："姚少师，我和你无仇，我要淹的是刘伯温。是他把我弄得无家可归。"

姚广孝说："住口，你要淹了整个北京城，就淹了全城的黎民百姓，还不快快束手就擒。"

老龙心想，不淹北京城，哪能淹着刘伯温？不淹刘伯温，怎能出我这口气？它和姚广孝说："叫我就擒，没那么容易，除非刘伯温亲自前来。"

姚广孝见它不听，就说："看剑！"抽出剑来就向老龙砍去。

老龙一看，姚广孝动了剑，腾身一跳，就钻到海眼里去了。

姚广孝现出罗汉金身，也跟着跳进了海眼。老龙见姚广孝也下了海眼，就顺着海眼往东跑。原来这海眼底下是一条水道，越走越大，越走越宽。姚广孝走着走着看见一片浅水海滩，在这儿又和老龙扭打起来。姚广孝抓住龙须，正要猛揍，老龙一抽身，来个苍龙摆尾，把姚广孝打了一个跟头。姚广孝翻身起来，抽下腰带，往空中一扔，立刻变成一条长长的锁链，直奔老龙而来。老龙见姚少帅祭起了锁链，知道无处可跑，便跪下求饶。姚广孝哪里肯放，锁上老龙的脖子，牵上就回到了海眼。出了海眼，提上老龙，一下就把它锁在旁边的一口井里。这口井很深，没有井栏杆。锁好锁，往哪儿拴呢？姚广孝东看看、西看看，找不着东西，顺手一摸，宝剑在身，抽出宝剑一下插到井里。这口剑立刻变成一个直插井底的大铁柱子，铁链子就拴在这铁柱上了。

锁完老龙，姚广孝又在旁边修了一座桥。这座桥盖在海眼上，底下没有河，所以也用不着修桥翅，是座无翅桥。

桥修完了，老龙对姚广孝说："姚少师，我多会儿能出世呢？"

姚广孝说："等桥旧了，你就可以出去了。"

打这儿就叫了北新桥。桥老也不旧，老龙也就老也出不了世了，北京城也就不再发水了。

有时，人们好奇，还去看看这条龙，拉拉铁链子。可是一拉就得半天，把拉出的铁链子摆了半间屋子，才能听见井里的动静。先听见"呼呼"一阵风声，接着就是"哗哗"

一阵水响，过一会又听见"哗哗"叫声，人们就不敢再拉了，你一撒手铁链子稀里哗啦，就又都回到井里去了。

（李岳南、禾波等搜集，芟弘整理）

（出自中国民间文艺研究会北京分会编：《北京风物传说》，北京：中国民间文艺出版社，1983，第8—10页）

十、崇文门"九门八铞一口钟"

北京城原来分内城、外城。内城是明朝修的，外城是清朝建的。城门也多，有"里九外七皇城四"的说法。"里九"是说内城的九个门。这九个门是东直门、朝阳门、崇文门、正阳门、宣武门、阜成门、西直门、安定门、德胜门。在过去，九个门上都按一定时辰打铞，早上打铞开城门，晚上打铞关城门。可是，后来九个门只有八个门打铞，有一个门变成打钟了，这个门就是崇文门，也叫哈德门。北京人管这叫"九门八铞一口钟"，这是怎么回事呢？

传说，在很久以前修北京城的时候，孽龙作怪，到处发水，不是这儿打不起墙，就是那儿挖不了土，弄得刘伯温每天要抓龙治水。那时，北京城这地方是九龙口，有九条龙作乱。刘伯温抓住一条处置一条，有的镇在白塔寺下，有的压在北新桥底，有的锁在井里，有的赶到山上。最后剩下一条龙，十分凶恶，从南城跑到北城，又从东城跑到西城，怎么也抓不住。刘伯温是个牛鼻子老道,把鼻子都气歪了。

这天,忽然有人来报,说老龙钻到了后门桥下,由什刹海又奔了龙潭湖。刘伯温说:"追!"一追追到龙潭湖,早已不见了。过一会儿,又有人报,到了六里桥。刘伯温说:"追!"一追追到六里桥,又不见了。过了一会,又有人报,说到了崇文门,把城墙给扫倒了一片。刘伯温可急了,转身去找托塔李天王去了。

他拿上七星宝剑,借着一股仙气,上了天宫。托塔天王李靖正和二郎神下棋呢!刘伯温说:"大明护法军师刘伯温求见。"李靖说:"什么事?"

"监造北京城,老龙作孽,特请天王护佑!"

托塔天王李靖说:"我是天神,不管地下。"

刘伯温说:"不须天王下界,只要借宝塔一用。"

李靖想,宝塔本是我镇魔神物,怎能轻易借给你?想到这里就说:"神塔重有千斤,你如何拿得走?"

刘伯温说:"我自有办法。"

托塔天王从袖子里掏出宝塔,口念一声:"大!"只见宝塔一下大如铁钟,耸立地面。刘伯温不慌不忙,鹅毛羽扇一摇,说:"小!"宝塔又回了原状。李靖看难不倒他,就借给他了。

刘伯温有了宝塔,就来治龙。一天,他追着老龙,大喝一声:"孽龙,哪里逃!"老龙怒目圆睁,尾巴一甩,腾空飞起，顿时雷雨交加，昏天黑地。刘伯温一看，这龙实在厉害，心想：龙是冬至入蛰，二月抬头，我等你入蛰再收拾你。

到了冬至，老龙蛰居在南海子。刘伯温到了那里，没容分说，把镇魔宝塔向空中一祭，说："大！"这塔就大了起来，罩住半个海子，正压在老龙的头上，然后用铁链子把它锁了起来。老龙这回可傻了眼，问刘伯温："我什么时候才能出世？"刘伯温指着崇文门上的城楼说："你看这城楼什么时候打镚，你就什么时候出世！"

老龙心想，打镚还不容易，到晚上关城门不就打镚了吗？他满心高兴，安安静静地等着。谁知刘伯温早就派人把崇文门城楼上的镚换成了一口钟。到时候只打钟，不打镚。这下，这条龙就永世不得翻身了。从此，也就成了"九门八镚一口钟"了。

那座塔呢？据说叫刘伯温砌在了城墙里，就在崇文门东第二个垛口的下边，是个九级浮屠八角飞檐的小铁塔。解放后拆城墙时，人们还见过呢！

（出自张紫晨、李岳南合编：《北京的传说》，上海：上海文艺出版社，1982，第6—8页）

十一、三青走到卢沟桥

"大青不动、二青摇，三青走到卢沟桥。"这又是刘伯温"制造"北京城的一个故事啦。北京人嘴里总是说"刘伯温制造北京城"，我们就说是"刘伯温修建北京城"吧。刘伯温修建北京城，这又和大青、二青、三青有什么关系呢？这里就又有了一段民间传说。

刘伯温和姚广孝打赌画北京城图以后，姚广孝心窄气量小，一赌气当和尚去啦，咱们不提姚广孝吧。单说大军师刘伯温，他是个另有心思的人，只是一心一意地修建这个"八臂哪吒城"样子的北京城。刘伯温想：修八臂哪吒城，这是一定的了，可是这苦海幽州的孽龙，究竟降得服降不服呢？这叫这位能掐会算的大军师为难啦。刘伯温盘算了一天又一天，后来知道了房山县上方山上，有三块得道一万年、五千年、一千年的大青石，专能降龙伏虎。刘伯温自己一个人想：如果把这三块"神石"弄一块来，一定能降服得了孽龙。他又想：这三块神石，如果把那得道一万年的"大青石"弄来，这苦海幽州的孽龙，就永远不会捣乱了，永远不会翻身啦。刘伯温又想：这么重的石头，又有这么大的"道行"，怎么弄到北京城来呢？这得想法子，得用软、硬两样方法才行。

不说刘伯温想什么法子，单说上方山上的大青、二青和三青，弟兄三个在刘伯温想主意的时候，就知道刘伯温的计谋啦。大青说："反正我不去，我在山里多么自在！"二青说："我也不去，歪鼻子刘伯温指使不动我，我也不听他指使！"三青说："谁愿意去呀？就怕歪鼻子弄什么厉害的手段哪！"大青愤愤地说："歪鼻子来了再说！"

再说刘伯温盘算好了要搬这三块神石以后，就打点了两套主意，一套是预备了香花神礼，带上随从，去用"礼聘"的样子，请神石下山；另一套，是袖子里的计谋，他早搬来了许多"天"兵、"天"将，藏在袖子缝里，为的是吓吓大青、二青、三青，让它们乖乖地下山。刘伯温打好这个主意，布置了一下，就带着一批随从，浩浩荡荡地去上方山"请"神石。他们离开了北京城，直往西南，过了卢沟渡口，就直奔上方山啦。刘伯温这位大军师，到了上方山的山根底下，把平常的大军师威风收起来啦，老老实实地来到了三块神石的前面，摆好了香花神礼，恭恭敬敬地说："三位神石在上，我刘伯温奉了皇帝的旨意，来请三位神石，驾临北京，少不得皇帝要封你们镇国大将军哩！"大青稳稳地躺在那里，一动也没动，二青、三青看了一眼大青，想：大哥既然没动弹，我们弟兄也就不用动弹啦。刘伯温一看，香花、神礼都送给你们啦，你们一动也不动，这真太叫人难看啦，叫你看看大军师爷的厉害！

刘伯温低低地对袖缝里的"天"将说："有劳诸位，把这三块混账石头，给赶到北京城去，皇帝一定要加封你们！""天"兵、"天"将应了一声，就飞出了刘伯温的袖子缝，摆刀、枪、剑、戟，上前围住了三块神石，喝令三块神石快快进北京！大青仍然一动不动；二青被这些"天"兵、"天"将威吓得不能不动弹一下，它摇了一摇；三青是抵抗不了刘伯温请来的这些助威的，只好分别两位哥哥，随刘伯温下山去吧。刘伯温知道自己也搬不动大青、二青的，有了三青，也就可以交了"皇差"啦，就带着随从，赶着三青，下了上方山，直奔北京去啦。

不提刘伯温赶着三青奔北京，单说刘伯温过卢沟渡口的时候，卢沟渡口的龙王，早接到苦海幽州龙王的儿子龙公的信啦，他们商量怎样拦阻三青进北京。他们商量妥了一条计策：在卢沟渡口上，修一座"蝎子城"，等刘伯温赶着三青过来的时候，就让蝎子把三青螫在这里，使它不能进北京。他们商量好啦，就先修蝎子尾巴——卢沟桥，一夜的工夫，卢沟桥修成了；他们再修蝎子身子，这就是在卢沟桥东面的"肥城"，肥城东门外的两口井，是蝎子的眼睛，再往东边一点，南北有两座小土山，是蝎子的两只大前爪。蝎子城修成了，刘伯温赶着三青也到啦，他的随从报告他："回禀大军师爷，咱们来的时候，还没有桥，现在不但有了长长的石头桥，桥东边还有一座城，请军师爷查看查看！"刘伯温听了这话，心里暗暗地吃了一惊，赶紧催马过桥查看，看出了这是蝎子城，这是对三青进京有妨碍的，可是没法子，走吧，刘伯温装出镇静的样子，说："没什么，咱们过咱们的桥。"他又驱赶着三青往前走，三青刚走到桥西边，就一动也不敢动啦，刘伯温一方面暗地里叫"天"兵、"天"将催三青走路，一方面说："三将军快点走吧，过了河就快到北京城啦！快受皇封啦！"三青没法子，只得哧溜哧溜地往前挪，好容易蹭过了卢沟桥。过了卢沟桥，刘伯温想：不要穿城，不要走蝎子脊背，那是危险的！他就驱赶着三青，绕走城南，刘伯温以为躲开了蝎子身子，三青就不至于被螫死了，没想到蝎子尾巴斜着甩过来，一钩子就把三青螫得永远不能动弹啦。刘伯温看了，叹了一口气："嗨！北京城虽然不见得闹什么水灾，这卢沟渡口的两岸，可怕保不住啦！"他也就只好重新打算治孽龙的法子吧。

肥城南面，从打有了一块青石头以后，老百姓就传说了这么一个大青不动、二青摇、三青走到卢沟桥的故事。

（出自金受申：《北京的传说》，北京：通俗文艺出版社，1957，第9—13页）

十二、三青落在卢沟桥

卢沟桥宛平县城外，南城根底下躺着一只大石龟，浑身都是青的，就是肚上有点白，它的名字叫三青。三青身长八尺，长得壮壮实实。它还有两个哥哥，一个叫大青，一个叫二青。大青身长有三丈多，高有一丈五六。二青身长两丈，高也有七八尺。它们哥仨的老家都在房山县白玉堂，可后来各自到了一个地方：大青在房山，二青在石楼，三青在卢沟桥。它们怎么会在三个地方呢？这里有个"大青不动，二青摇，三青落在卢沟桥"的故事。

原来大青、二青、三青都在房山县白玉堂石窝里住。早先它们是一整块受了日精月华的大青石，经过风吹雨淋崩成了三块，后来又由三块青石变成了三只石龟。每到晚上就到处走，到处看，一到白天就蹲在窝里不动了。也不知经过了多少年，它们都学到了一点本事。

这天哥儿三个要比比武。大青说："咱们今天要爬爬香山鬼见愁，寅时出动，卯时回来，一个时辰打个来回，看谁先回家。"

二青和三青说："好。"

到了寅时，它们就出动了。大青身子重，走得慢，二青和三青都走在它的前边了。可是到了鬼见愁，往回走时，三青和二青就不行了，大青倒是先到了家，二青、三青好不容易才到了家。大青说："你们太浮躁，没有耐性，也没有长劲儿，还得好好修炼啊。"

从此，哥儿三个又练起功来。二青听了大青的话，又练出一些功夫。可是三青贪玩，一直也没有长进。

到了明朝，永乐皇帝要给自己个修坟，坟地上要三只石龟当镇物，他找军师刘伯温来商量。到哪儿找三只石龟呢？刘伯温盘算了好几天，也没想出个路来。有一天，他做了一个梦，梦见房山县白玉堂有三个大石龟。他醒来一算，这三个石龟经过了多年的修炼，能镇住妖魔，降龙伏虎。而且房山正交午线，必是祥瑞之地。他想，这回可有了镇物了，就和永乐皇帝说了。

永乐一听说房山有三个神龟，乐得嘴都闭不上了。他心想，这回有了神龟，我的坟地可以万年永长了，我的皇运也不怕妖孽来作乱了。于是就让刘伯温去请。

刘伯温装扮成一个老道模样，来到了房山县白玉堂的石窝。

大青、二青、三青见来了个老道，就知道是刘伯温。它们装作不知道的样子，问刘伯温："长老是哪洞神仙，何事到咱这石窝来？"

刘伯温说："我乃长眉大仙，特向你们道喜来了。"

大青说："喜从何来？"

刘伯温说："如今燕王扫北，平定天下，立国安邦，要请你们去伴驾。"

三青问："伴什么驾？是让我们当文臣还是当武将？"

刘伯温说："比文臣武将还要显贵。"

二青说："怎么个显贵法？"

刘伯温从道袍里掏出一张图来，说："你们看。"

哥儿仨一看，是一张坟图。前边是五间六柱十一楼的大牌坊，还有三洞红墙黄瓦的大宫门，周围还有垣墙四十里。里边有亭、石兽、石马、石人。后面还有享殿，好不威风。

大青说："这不是一张坟图吗？和我们有什么关系？"

刘伯温说："皇上的旨意，正是要你们哥儿三个在这里镇守皇陵，永世伴在君王身边。"

哥儿仨一听，可就来火了。它们想：原来叫我们趴在那里当镇物，这没门儿。

大青说："谢谢长老，请告诉皇上，我们是山林野物，没有那个福气。"

刘伯温明白：这是不愿意去呀。他心里一转，又从道袍里拿出一个纸卷，说："大青、二青、三青听旨。"

大青哥儿仨一看，嗬，圣旨也出来了，就听着吧。

刘伯温念道："朕要修建皇陵，宣大青、二青、三青立即下山进京，不得有误。"

三青听了，有点没主意了；二青想看看大青怎么样。大青说："我们是得道神龟，圣旨管不着我们。"

刘伯温没法，一气就回了北京，到了皇帝面前，狠狠告了一状。永乐更是气得发昏。他想，这些石龟好大的胆子，连我的圣旨都敢不听了，这还了得！

于是，立刻传旨，捉拿三青归案。

刘伯温带着上千的兵将，几百匹高头大骡子，浩浩荡荡直奔房山来了。

再说大青、二青、三青把刘伯温气走以后，心里十分痛快，可是它们也料到刘伯温不会善罢甘休，就商量起办法来。二青、三青没有主意，专听大青的。大青说："刘伯温这回可能要动硬的，咱们给他来一个按兵不动。不管他使什么法儿，咱们就是不走。"

二青、三青说："好！挺着，看他怎么着。"说完它们就在石窝里卧了下来。

刘伯温带领人马到了石窝，看看没有动静，就高叫一声："大青、二青、三青，你们违抗圣旨，都给我滚出来！"

等了一会，一点动静也没有。他又用足力气向窝里大叫："大青、二青、三青，你们听见没有？都给我滚出来！"

听听，还是没有动静。刘伯温下令说："拉！"先用十股碗口粗的大绳，把大青捆了起来，套上骡子就拉。一拉，不动，再拉还是不动。刘伯温就使了法术，往骡子屁股上吹气，这几百头骡子猛地一蹦，只听"咔嚓"一声，十股大绳一下子全断了。可大青呢，连一动也没有动。

刘伯温没法，又用十股大绳，把二青捆了起来，套上骡子猛拉。拉了几次也没动窝。刘伯温使了法气向骡子屁股一吹，这些骡子又是猛地一跳。二青一下没撑住，摇动了起来。这一摇不打紧，骡子顺势蹿了出去。这一蹿，足足蹿出了五十里地。到了石楼，就在骡子一喘气的工夫，二青再也不动了。

刘伯温心想，大青不动，二青总算动了一下，这两个拉不去，拉个三青也好。于是就去拉三青。刘伯温用了十六辆链子车，又加了一百头骡子，三青功夫浅，三拉两拉给拉走了。

说也奇怪，链子车、骡子队开初拉得还挺顺利，后来就越来越沉，越来越吃力，一过了卢沟桥就说什么也拉不动了。刘伯温又用法术吹，可吹也不行，牲口蹦不起来了。后来，看看实在不行，就把三青给扔下车去。刘伯温想，你不跟我走，我也不让你爬。乌龟怕翻个，刘伯温就给三青翻过个仰趴脚，放在那里，再也动不了啦。

从此以后，大青在石窝，二青在石楼，三青就落在了卢沟桥。

（北京传说故事采风队搜集，晨子整理）

（出自中国民间文艺研究会北京分会编：《北京风物传说》，北京：中国民间文艺出版社，1983，第87—91页）

十三、"西便群羊"

在北京西南三十里的永定河上有一座很有名的桥——卢沟桥。传说它是刘伯温建北京城时同时修的。

明朝永乐年间，皇上要迁都北京，派刘伯温来建北京城。工程开始之后，刘伯温派人从南方伐来大批楠木，但就是运不到北京来，因为北京西南的永定河波涛汹涌，一没桥，二没船，怎么运呢？西岸的木材堆成了山，急得工匠们直跺脚。

刘伯温打算修座桥，于是请来了鲁班师傅。鲁班带着他妹妹鲁姜先到河边查看了水情，然后对刘伯温说："修这座桥只需三天，军师尽管放心。"刘伯温听了十分高兴，鲁姜在一旁听了可直埋怨哥哥："这么大的桥，只用三天，这不是开玩笑吗？"原来，鲁班的这个妹妹，从来不服哥哥。鲁班看出了妹妹的心思，微微一笑，并不说什么。

工程进行得挺快，头一天就修了一半。就在这时候，问题来了：早先备下的鹅卵石全用完了。鲁姜一看理儿可来了，对她哥哥说："我说不成吧？你非逞能，现在就是去运石头最少也得十天半月的，三天期限如何保证？"原来，这种鹅卵石，只有"京东"一带才有，运输需要穿过北京城，来回最少百十里。鲁班却不以为然，笑着说："明天清晨石头便到。"鲁姜把嘴一撇:"越发悬了,你我打个赌:你真能天明运到,我便输给你。""一言为定,五更为限。"就这样,兄妹俩击了掌。

鲁班随即往东运石头去了。鲁姜想:都说哥哥很有能耐,我不如偷偷跟着,倒看他有什么神通。她走到北京城的西便门外,心想:反正他要在这儿经过,我就在这等着吧!

刚过二更,听得一阵清脆的鞭声传来,鲁姜一看:哥哥手拿一根鞭子,轰赶着一大群白花花的绵羊走过来了。鲁姜明白了,原来哥哥是把鹅卵石变成了一群羊。看来这个赌算是输定了。也是急中生智,鲁姜忽然装起了鸡叫,这一叫不要紧,附近三里五村的公鸡以为天明了,都扯着嗓子叫了起来。再看那群羊,一只只"扑通,扑通"都趴在地下不动了,顷刻间变成了白花花的一大堆鹅卵石。后来,这几堆鹅卵石变成了几块白石头,远看像一群绵羊。这个地方就成了京西八景之一:"西便群羊"。

再说卢沟桥呢?因为鹅卵石没运到,只好用了当地的青石头,所以卢沟桥是两色儿:西边为白色,东边为青色。不过由于年深日久,须细看才能辨认出来。

(锺振英、彭哲愚、崔墨卿搜集整理)

(出自中国民间文艺研究会北京分会编:《北京风物传说》,北京:中国民间文艺出版社,1983,第77—78页)

十四、蜈蚣井

北京的苦水井多，也并不是说没有甜水井啊，不过只有不多的甜水井。这样，人就都对这很不容易喝到一口的甜水，有了情意啦。"蜈蚣井"的故事，就是打这儿传说起来的。

北京城不是"八臂哪吒城"吗？高亮赶水以后，不是北京城的井水，都成了苦水吗？从打井水成了苦水以后，除了皇帝老儿一家子，每天派水车到玉泉山运甜水^①以后，大官、小官、老百姓就都喝上苦水啦。这天天喝苦水，也是叫人发愁的事，卖茶的茶馆儿简直的没有喝茶的茶座儿啦。这一天，一家茶馆儿从开门以后，就没见有一个人来喝茶，掌柜的坐在桌子后面直打瞌睡，正在这个时候，忽然来了喝茶的啦："喂！掌柜的，有开壶没有？"

掌柜的一睁眼，瞧见打外边进来一个穿得破破烂烂的老头儿。来了喝茶的，他还有不高兴的，连忙说："有，有开壶，您喝茶呀？"

"沏一壶。"掌柜的一边答应，一边拿过茶壶、茶碗、茶叶来，涮了涮壶碗，就给老头儿沏上了茶。闷了一会

---

① 清代皇宫的运水车，到清末才取消。

儿，老头儿倒了一碗茶，看了看真像一碗红汤子，老头儿摇了摇头，端起来喝了一口就放下啦："喂，掌柜的，这茶怎么是苦的？"掌柜的说："嗨！北京城现在没有甜水啦，甜水都叫龙公给带跑啦，城里人谁不为这个着急啊！"老头乐了乐，说："要是有甜水，你还用苦水沏茶吗？"

"有甜水谁拿苦水沏茶呀！"老头儿点了点头，打袖子里倒出一个三寸多长、金须、金眼、十八条腿的金头蜈蚣来，只见这个老头儿对着这条金头蜈蚣，低低的声音说着话，仿佛像商量什么事似的，就瞧那蜈蚣先是摇头，后是点头，最后听那个老头儿大声说："那么，你就去吧！"那蜈蚣拱了拱腰，腾地一下，飞上天空就不见啦。掌柜的都瞧愣啦，也不知道这个老头儿闹的什么把戏，老头儿也没说什么，给了茶钱就走啦。

过了两天，茶馆儿掌柜的听说：靠皇城东边，地上钻出一股甜水来，现在已然治成了一眼井（这说的就是王府井大街大甜水井胡同的那一眼井）[1]，掌柜的除了高兴，也没想到什么别的事情上去。又过了三天，茶馆儿掌柜的又听说：在安定门外边不到一里地的地方，地上又钻出两股甜水来，现在已然治了两眼井（这说的就是上龙大院的上龙、下

---

[1] 这井是明代十王府里的井，所以大街也叫了王府井大街。清代这井卖甜水，买主都是大官人家，据老人说，每天能卖一个元宝的水钱。

龙那两眼井）[1]，掌柜的除了高兴，也没想到什么别的事情上去。又过了五天，也许是七天、九天，反正有这么一天吧，茶馆儿掌柜的又听说：丰台十八村，每个村庙的左边，都打地底下钻出一股甜水来，现在已然治了十八眼井，掌柜的除了高兴，他可有点儿犯疑心啦。他想：打刘伯温修建了北京八臂哪吒城，城里城外就没一眼甜水井，现在怎么接二连三地有了这么多甜水井，他想不出个道理来。

后来，茶馆掌柜的，在那些喝着甜水沏茶的人，高谈阔论的时候，就说了那个老头儿玩蜈蚣的经过，大伙儿也觉着有些奇怪，也想不出个道理来。不知道过了多少年月，有那"聪明"人说："这是蜈蚣井：上龙、下龙是蜈蚣须，大甜水井是蜈蚣头，丰台十八村的井是蜈蚣脚。这不是蜈蚣井是什么？"故事就这么传说下来啦。

（出自金受申：《北京的传说》，北京：通俗文艺出版社，1957，第28—32页）

十五、王府井的传说

王府井大街是北京最繁华的商业中心，奇怪的是这里怎么以井的名字来命名的呢？传说这里原来是有名的王爷的

---

[1]　这两眼井，大部供应中等人家用的甜水，抗战期间才停止卖水。

住宅，王爷府中有一口有名的水井，它的位置就在原人民日报社大楼北头的地方。当年井上有一座精巧玲珑的六角亭子，井口是一块大石头凿的圆孔，井沿很高。井的南面就是那座金碧辉煌、画栋雕梁的王府大院，红漆大门朝南开，可神气啦。

北京水井很多，由于北京古时候是一片海，地下水源很丰富。但到燕王修北京城时，不知怎么激怒了龙王，龙王生了气，就用断水的办法来报复。它化装成人样，用两个水篓子，想把北京的水都带到西山黑龙潭去。当时有个勇敢无比的猛士叫高亮，奉军师刘伯温之命，去追赶龙王，眼看龙王快到黑龙潭了，高亮急中生智，举起手中长矛照着龙王的左边篓子戳去，只听"哗啦"一声，一篓子水流出来了，北京城这才有水喝。可是龙王带走了一篓子水，留下来的只是一篓子水，因此只要稍稍碰上天旱，北京就要闹水荒。

有这么一年，赶上了百年不遇的大旱，北京城里大大小小的水井差不多都干了，四个海子也干得只有垫底儿的水了，街旁庭院里的草也全枯死了，人们渴得喉头直冒青烟。这时只有少数几口井还冒水，王府井便是其中之一。王府井不但有水，而且这里水又是甜的，附近还有一口井叫甜水井哩。干旱年水比金子还宝贵，富人家用车子去几十里外的玉泉山运水，穷人家没有车子去运水，只得靠肩挑，可把人累坏了。还有的人家靠井底淘点泥浆水来活命，一家人一天只有一小罐子水，一人一天只有一小碗水。可王府井这时还出水，可叫王爷威风啦！他说这是他祖宗的福气大，造化大，房屋和水井都在龙脉上，龙王保佑他家有水喝。这王爷心肠十分毒辣，他眼看大家没水喝，不但不把水井里的水分给大家度灾荒活命，反而命令看门老头，把水井管起来，不准许人家去取水。

　　幸好这个看门老头儿，虽然给王爷家看门，但心肠却很善良，他对王爷霸占着水井不让穷人们活命十分不满，便偷偷地给人们不少方便。他趁每天早晚王爷和王爷的亲信们睡觉的时候，给胡同口外取水的人们递眼色发信号，大家便很快地取一点水走了。这看门的老大爷也很机警，有一次王爷发现了有人取水的事，便怒冲冲地把他叫来审问，他笑眯眯地回答说："不错，王爷，我让人取了点水，我有罪。可我是为王爷着想呀，王爷家今后免不了还要雇人运粮挑米的，要是附近的人们都渴死了，哪还有人给王爷家干活呢？要是王爷不同意，今后我再也不让任何人取走一滴水了。"王爷听他这一番话还有点道理，也就含含糊糊不追究了。人们都十分尊敬和爱戴这位看井的老大爷，这样，来王府井取水的人越来越多，不仅有附近胡同里的居民，就是住在远处的人也闻风前来。

　　从此，王府井的名字便远近传开了，原来不知道有这口井的人，也都知道了。后来人们一提到这一带地方，就用王府井名字来代称，如称王府井北、王府井南、王府井东、王府井西等。后来，东安市场迁到这里，渐渐变成了繁华的商业区，但人们仍按老习惯把这里叫作王府井。这样，王府井的名称就一直沿袭到今天。

（老工人王德全讲述，陈刚搜集整理）

（出自王文宝编：《北京风物传说故事选》，福州：福建人民出版社，1983，第31—33页）

十六、满井

北京安定门外，东土城边上，有一口特别样子的井：井身比地面高，井水永远平着井口，大伙儿都管它叫“满井”。满井不算什么稀奇，可是北京这个满井，却是名头很大，四远闻名。这有两个原因：第一是明朝末年，那些吃饱了饭没事做的官儿们，给它写了好多好多的夸赞文章，人们看了这些文章，就觉得满井是什么了不起的风景了；第二是这个满井有一段民间传说，在人们嘴里传开了，老百姓没看过官儿们的文章，可也都知道了满井。官儿们的文章，咱们不用管它，咱们说说这个民间传说吧。

满井的水，为什么永远是满的呢？老奶奶告诉了我们她打老老奶奶那里听来的一段故事。北京这个苦海幽州，打刘伯温老爷修造了北京城，高亮赶水以后，北京城的水就缺少了，像那北城外面，简直是一片荒凉的黄土地，人们想喝一口水，那是千难万难的。人们愁得不得了！人们也是想挖井，可是不知道挖井的法子，挖了一个像坑又像井的槽槽，没出水，扔掉它了；又挖了一个槽槽，还是没见水，又扔掉了。这么说吧，挖的槽槽多了，总是没见水，大伙更愁烦了，有的等老天爷下雨，有的哭了起来。每天只要天一亮，大伙儿就蹲在地边上等下雨，可是，下雨哪会那么方便呢！这一天，鸡叫了三遍，大伙儿又到地边上来了，大伙儿凑在一块，说什么呢？说都没的可说的了，只好闷着吧。这时候，打西边来了一个黑胡子老头儿，气昂昂地迈着大步，嘴里还叨叨念念的，不知道说的是什么。大家看了，觉得很奇怪：大清早起，老头儿跟谁惹气了？有那爱说话的小伙子，站起身来问老头儿，说："老大爷，您这么大年纪，跟谁惹气了？"还没等黑胡子老头儿搭话，旁边一个上了年纪的人，揪了这小伙子一把，叹了一口气说："唉！你还问人家跟谁惹气了呢？咱们都快愁烦死了！"黑胡子老头儿一听就是一愣，问这位上了年纪的人，说："老大哥，您们这些为什么凑在一块儿发愁呀？"那位上了年纪的人，一听也乐了：发愁还有凑在一块儿发的！当时，也就站起身子，对黑胡子老头儿说："大哥，您是远方人，不知道我们这里的事。"说着，就把这里怎么没水吃，挖井怎么不出水，说了一遍，最后说，"大哥，我们怎么不愁烦哪！"黑胡子老头儿听了，哈哈大笑起来，说："诸位乡亲都别蹲着了，起来，我有话说。"

大伙都站起来了，听黑胡子老头儿说什么吧。黑胡子老头儿说："诸位乡亲，知道我跟谁生气吗？"大伙儿一齐说："不知道，您说说。"黑胡子老头儿说："我跟我哥哥惹气来着。我和我哥哥都是祖辈家传给人家治井的，我们听说从这往东，东边的东边大东边，离这儿一千多里地的地方，干旱得很厉害，我们俩一同去给人家治井。我们昨天住在西边一个庙里了，我说：'咱们早点睡、早点起，趁早凉好赶路。'偏偏那个庙里的道士爱下棋，我哥哥也是棋迷，俩人杀了一盘又一盘，我都睡醒一觉了，他们还嚷'拱卒''跳马'呢，我赌气就走下来了。"大家一听高兴了，不用管黑胡子老头儿跟谁惹气了，求他老人家给治治井吧。大伙儿跟黑胡子老头儿一说，黑胡子老头儿就答应了，并且还说："我要不是愿意给你们治井，我就不说我跟我哥哥惹气的事了。你们带我瞧瞧你们挖过的井吧，井嘛，为什么不出水！"

大伙儿这会儿不发愁了，带着黑胡子老头儿遍地里一转悠，黑胡子老头儿瞧了瞧乡亲们挖的井，笑了笑说："你们这里遍地是水啊，只是挖的功夫不到，你们难道没听说过'井淘三遍吃好水，人受教调武艺高'吗？其实你们挖的井，只差三铁锹就见水了，快拿铁锹来！"当时，有那腿快的小伙子，飞跑着给拿来一把铁锹，黑胡子老头儿接过铁锹，相了相地势，就在乡亲们挖过的、没出水的废井坑里，左边一锹，右边一锹，挖了两锹，土就潮阴阴、湿漉漉的了，大伙儿乡亲们这么一瞧，都高兴了。再瞧黑胡子老头儿，挖完了头两锹，一坐腕子，用力往中间一挖，这第三锹刚挑起土来，水就往上蹿起来了，乡亲们异口同声地喊："水上来了，水真大呀！"都乐得蹦起来多高。黑胡子老头儿跳上井来，在旁边瞧着，一会儿水就平了井口，一会儿水就流出井来，一会儿水流在平地上就成了大河了。乡亲们没治过井，不知道是怎么回事，只见黑胡子老头儿一跺脚，满头大汗地说："糟了，糟了，挖到海眼上了！"大伙儿乡亲们也愣了。正在黑胡子老头儿着急，乡亲们发愣的时候，就听西边远远地有人喊："老二，你要捅娄子呀！"大伙儿往西边看，只见一位白胡子老头儿，身上背着个什么东西，飞也似的向这边跑来了，走近了才瞧出白胡子老头儿背的是一口大铁锅。白胡子老头儿走上井台，一句话没说，瞪了黑胡子老头儿一眼，转手把铁锅拿起来，锅底朝上，锅口向下，一下子就扔在井里了。说也怪，铁锅扔到井里以后，水立刻平了下去，只剩了齐着井口的一井清水。白胡子老头儿跟大伙儿说："乡亲们喝水吧，水永远齐着井口的。"说完了，又跟黑胡子老头儿说，"老二，你太性子急，差点惹了娄子。我让你等我下完了这盘棋一起走，你偏忙，这要把一片土地变成了大海怎么办？"　"您不是说还有一千多里地吗？"白胡子老头儿笑了，说："我说的是'远在千里，近在目前'啊。"黑白胡子两位老头儿说着笑着，就走远了。打这儿起，就有了满井。满井的井底不是平的，是凸出来的，人们看了，都说是白胡子老头儿扣的那口大铁锅。

（出自金受申：《北京的传说》，北京：通俗文艺出版社，1957，第75—78页）

十七、什刹海[①]（一）

什刹海在北京鼓楼的西南方，宽阔的水面，四面种着高大的柳树、槐树、杨树，风景好极啦。什刹海夏天可以划船，冬天可以滑冰。1949年后，咱们政府又把什刹海彻底挖了一下，又在岸边上建立了水泥栏杆，把古老的什刹海打扮得更美丽啦。什刹海的"刹"字，在北京人嘴里念快了，就跟"季""价""窖"差不多了，因为这个，就有了活财神沈万三挖十窖银子的民间传说。

提起沈万三来，老北京人没有不知道他的，他是"活财神"。活财神应该是很有钱的了，可是他手里一个钱也没有，穷得连衣服都穿不整齐，那么，他怎么会叫"活财神"

---

① 什刹海是北京四海的一个，它是从古来就有的天然湖泊。

呢？他呀，他能知道地下哪里埋着金子，哪里埋着银子。那么，他怎么不挖点金子、挖点银子，换换衣裳呢？不行，沈万三平常说不出来哪里有金子，哪里有银子，要想跟沈万三要金子、银子，得狠狠地打他，把他打急啦，他胡乱一指哪里，挖吧，准有银子，也许是金子，并且，打得越厉害，从他指的地方挖出的金银就越多，这么，人都叫他"活财神"。

可是，谁肯打他呢？他家里的人，不忍的打他；一般老百姓呢，又没有平白无事打人的道理。这样，沈万三跟那些不肯打他的人，就都穷得吃不饱饭，穿不整齐衣裳啦。这一天，皇帝要修建北京城了，皇帝又不愿意把他库里的钱拿出来，就跟大臣们商量"就地取材"的办法，大臣们说："这一片苦海幽州，哪能弄出这么多钱呢？"皇帝说："没法子也得想法子！"后来，有人把活财神沈万三的事告诉了皇帝，皇帝高兴了，吩咐马上把沈万三抓来。官兵奉了皇帝的"圣旨"，飞快地跑到沈万三家门口，等到了沈家门前，官儿也笑啦，兵也笑啦，原来是一个很破旧的小门。一个兵乐着说："活财神就住这么个小门儿呀！"官儿说："甭管他门儿的大小，只要把沈万三抓到了，咱们就交差啦。"一个兵上前敲了几下门，就见从里边出来一个老头儿，身量不很高，穿着一身破裤褂，他问："你们这些人找谁呀？""找沈万三。"老头儿说："我就叫沈万三。找我有什么事呀？"官儿说："皇帝叫我们找你，你跟着我们走吧。"沈万三知道不去是不行的，就跟着这些官兵见皇帝去啦。

皇帝正在殿上等着沈万三呢，官儿上来回禀皇帝说："奉旨抓到沈万三，现在殿外等候。""把他带上来。"沈万三上殿见了皇帝，皇帝一瞧沈万三，心里就犯了嘀咕：就是这么个穷老头子呀？他会是活财神？靠不住吧！"有错拿的，没错放的"，这是老规矩，问问他吧："你叫沈万三吗？""我叫沈万三。""你知道哪里有金子，哪里有银子吗？"沈万三说："我不知道。""不知道？""不知道。"皇帝急了："你不知道哪里有金银，你为什么叫'活财神'？"沈万三说："那是旁人那么叫我的，我不是活财神。"皇帝发了火，一拍桌子，说："你这是妖言惑众，你是妖人呀！"皇帝吩咐武士说："把这个妖人拉下去，给我狠狠地打！"武士把沈万三拉到殿下，推翻了就打，沈万三刚一挨打的时候，嘴里还嚷："我不是妖人呀！别打啦！"武士说："只要你说出来哪里埋着金银，就不打你啦。"沈万三喊着说："我不知道哪里有金银呀！""不知道就打。"唰！唰！唰！直打得沈万三肉都翻花啦，血都流出来啦。这时候，沈万三喊了一句："别打啦，我知道哪儿有银子。"武士住了手，回禀了皇帝。皇帝说："带他去挖，挖不出银子来，再打！"沈万三带着官兵，走到一块空地上，往下一指，说："你们就在这里挖吧。"果然，挖出来十窖银子来，说故事的人，说得真详细，说这十窖银子，一窖是四十八万两，总共四百八十万两。北京城修起来啦，这埋银子的地方就成了大坑啦，大坑后来有了水，就叫了"十窖海"。

北京城修起来以后，皇帝还是贪心不足，他想得到更多的金子、更多的银子，就又把活财神沈万三抓来啦。这回，皇帝更凶恶啦，见着沈万三，马上一瞪眼，大声向武士们说："给我加劲打这个妖人，非打出他九缸金子、十八窖银子来不可！"沈万三又被打了个死去活来，打得他真急啦，就又带着一帮官兵，出了安定门，往西北走了不太远，又是一片大空地。沈万三说："这里有九缸金子、十八窖银子，可是得有开窖的钥匙。钥匙是什么呢？是马兰花，你们找吧。"这帮官兵一想：野外空地上，还能没有马兰花吗？官儿下了一道令："赶快找马兰花！"说也奇怪，这么大片空地上，连一根马兰花的苗儿也没有。这时候，官儿也火儿啦，大声地呵斥沈万三说："你这打不死的妖人，你知道这儿没有马兰花，却偏说马兰花是开九缸十八窖的钥匙，你不想活啦！走！咱们见皇帝去！"官兵把沈万三又带到了皇帝那里，皇帝知道了这回事，更气恼啦，只吼了一句："把这个贼妖徒，给我往死里打！"武士们看看皇帝的脸色，紧一阵慢一阵地打那沈万三，他们盼着沈万三说出九缸十八窖的另外的钥匙来，好让他们的皇帝高兴。没想到，沈万三岁数大啦，挨了一回又一回的打，实在受不了啦，只听得一声咯儿喽！沈万三两眼一翻，两腿一伸，活财神就变成死财神啦。九缸十八窖的钥匙，到底没找着。后来，这块地方做了给皇帝练兵的教军场，也没找着这把钥匙。现在，这块地方盖了大楼，也没找着这把钥匙。可是，直到今天，人们还说着教场没有马兰花，没有马兰花就开不了九缸十八窖哩！

（出自金受申：《北京的传说》，北京：通俗文艺出版社，1957，第51—55页）

十八、十刹海（二）

什刹海，老一辈人都叫它十窖海。为什么叫十窖海呢？原来它和燕王修北京城的故事连着呢。

燕王是明代坐北京的头一个皇帝。传说他扫北胜利坐天下以后，要修北京城。可是没有钱。刘伯温就给他出主意，叫他找沈万三要钱。谁叫沈万三呢？谁也没有见过。

燕王派了专人，到处察访，凡是有钱的大户都找遍了，就是查不到。

日子一天天过去，当官的都快要急疯了。三个月的期限快到了，交不上人，这可不是闹着玩的。当兵的更是害怕，心里老是像十五个吊桶，七上八下的。

这天，这帮查找沈万三的人马又出来了。满街串来串去，看见个穿好的，就都拿眼睛盯着。可就是找不着叫沈万三的。到了中午，他们口干舌燥，无精打采地走到一条街上。这条街非常热闹，有做小买卖的，有炸油条、烙烧饼的，有摆摊卖艺的，还有些卖苦工的人。这伙查找沈万三的人也找个茶摊，喝上了大碗茶。

天也热、口也渴、心也闷，茶摊上人声嘈杂，来来去去的人也多，他们喝了一阵水，就走了。

没走出几步，就听烧饼摊上吵起来了。烙烧饼的指着一个光脊背的黑大汉说："你为什么不给钱？"那黑大汉也不示弱："我这儿就仨半子儿全给你啦，你还要啊。"说着说着，就动起手来。

那黑大汉拿起破褂子抽身要走，烙烧饼的掌柜在后边喊："跑了和尚跑不了寺，我知道你小子叫沈万三！"

官兵衙役一听是沈万三，全都愣住了。万岁爷要找的不是大富户吗？怎么是个穷小子呢？当官的心想，管他穷富，只要是沈万三，就可以交差了。他急忙走上去说："万三老爷，您在这儿，可把我们找苦了。"

沈万三也愣住了，心想找我干什么？

当官的说："燕王有请，请跟我们走一趟。燕王修北京城，叫你出钱呢。"

沈万三一听就乐了："富人嘴上三斤肉，穷人浑身干骨头。我连吃都吃不上，还叫我出钱？我要有钱，还不在这儿吵架呢！"兵丁说："您跟我们说也没用，还是跟我们走一趟好。"就这样，就把沈万三给带进宫里去了。

燕王一看，沈万三居然是一个又穷又破的黑大汉，就问刘伯温："这是沈万三吗？"刘伯温说："是。"

燕王问黑大汉："你就是沈万三？"

黑大汉说："我就是沈万三。"

燕王心想，既是沈万三，就得招待呀，修北京城还指望他呢。他上前深深一躬说："财主沈万三，我要你拿出万贯金银，帮我修北京城。"

沈万三一听，真是这么回事，这可就怪了。我连吃都混不上，哪有万贯金银啊。就说："启禀万岁，我是个穷人。"

燕王看看刘伯温。刘伯温说："不打不出财呀。"

于是就把沈万三吊起来，一顿毒打。打完以后，再问。不行，再打。最后又押出去游街。在街上一边走，一边打。游了三天，还是没有结果。

这天，又押着沈万三出来了。这时沈万三已经被折磨得半死不活。后边的兵丁还是一个劲儿地打。人们看他这样怪可怜的，就给他几口水喝。人们说："这人穷的这样，榨碎他的骨头，能有几两油？还能修北京城？"可是说什么，官家也不放他，还是一边打一边问："你的钱到底在哪儿？"

　　沈万三叫他们打得实在没有办法，就一跺脚说："有，在这儿！"

　　官家一听"在这儿"，就把他跺脚的地方给号上了。又走了一段，又打，沈万三又一跺脚说："在这儿！"又号上了。一号号了十个地方，然后就赶紧派人往下挖。说也奇怪，一挖真挖出银子来了。挖了一窖又一窖，一共挖了十窖，四十八万两。就这样留下了十个大坑，一渗水就连成一片，变成了十窖海了。

　　可是燕王还嫌不够，还是逼打沈万三。沈万三走到虹桥西边金鱼池那个地方，实在支持不住，就昏倒在那里。官家一看，这地方可能也有银子，就又挖了起来。

　　一挖，又挖出九缸金子来。就这样，挖出了九缸十八窖。这出金子的地方后来也就成了金银池了。日子久了，就变成了金鱼池。每到夏天还冒金水，要不，怎么池里的鱼都是金鱼呢？

　　传说，北京城就是这样修起来的。现在人们一看到什刹海和金鱼池，就要想起这个故事。沈万三，也就受到人们的同情。其实呢，沈万三住在吴兴，是个江都巨富，朱元璋修南京城时，曾经用过他的钱，后来把他的钱全没收了。北京还有他籍没的遗物呢。像过去光禄寺的铁力木大酒榨、工部的铜匦，据说都是他家的籍没之物。

（路工、周诒谋等搜集）

（出自张紫晨、李岳南合编：《北京的传说》，上海：上海文艺出版社，1982，第57—61页）

十九、燕王采坟地

北京十三陵是明朝皇帝的陵墓，这是燕王坐北京以后开始修的。这块坟地方圆四十里，三面有山，一面是平川，像个簸箕口向着北京城。东边有龙山，西边有虎山，峰峦叠嶂，翠柏参天，真是一块好地方。这块坟地是怎么选出来的呢？传说是这样的。

当年燕王修了北京以后，接着就要修坟地。那时候，皇上一登基就马上得修坟墓，坐多少年龙廷就修多少年。可是，修坟就得先采坟地。这天，他和军师刘伯温说："你带路，咱们采块好坟地去。"刘伯温一听，这是要修皇陵啊，皇陵得是上等风水好地才行啊，就领着燕王出来了。他们从东走到西，又从南走到北，都没有选中；就又从北往西折下去了，一走走到一个东庄儿。一瞧，一片核桃树，还有个黄土岭，风景很不错。燕王说："这儿怎么样？"刘伯温前后左右看了看说："这儿不成。""怎么不成呢？"刘伯温指了指那黄土岭儿说："你看，这是一片高土，存不住水脉。在这儿修陵，江山可要破败。"燕王一听说江山破败，连忙

摇头说："不成！再找一块！"他们又转到西庄。刘伯温拿
手一指说："皇上，你来往北瞧。"两个人往北一瞧，喝，
金光起亮。燕王说："这块可是个好地方，走到近处瞧瞧
去。"他俩往前一走，就到了钱粮口。站在钱粮口就看见这
块平川地了。他们打钱粮口下来，再往前走，过了个仙人
洞，又过了个龙母庄，就到了这个地方。燕王一看，三面
环山，坐北朝南，实在不错，他问刘伯温："这回该成了
吧？"刘伯温说："不错，这是一块宝地。您打这儿往南
瞧，这儿左有青龙山，右有白虎山，左青龙，右白虎，您这
脚下正是卧青龙窝呀。"燕王一听，说："好，就在这里安
坟！"刘伯温拿出一个碗口大的古钱，就埋在土里了。

　　埋完了，拿一根银针一扎，正扎到钱眼儿上。怎么那
么准呢？这里因为他有神眼，能入地三尺啊。可是再往下
扎，就扎不动了。刘伯温一看，不对，这底下已经有了碑
啦，这坟地已经有主了。他就和燕王说："这块坟地好是
好，就是有了主儿。"燕王一听有了主儿啦，心里一怔，
说："这儿连坟头也没有，怎么有主呢？"刘伯温说："在
正穴钱眼之下，已经有了碑啦。"燕王说："有碑也不行，
普天之下，莫非王土，这坟地就是我的。"刘伯温也没敢言
语，就和燕王走啦。

　　走着走着，天就黑了。刘伯温说："今儿个回不去
了，找个地方住一宿吧。"燕王说："好。"两个人就朝南

下来了。一过仙人洞，就听敲锣打鼓，一阵家伙响。燕王说："这是什么声音？"刘伯温说："这是娶媳妇的。"那时候和现在不同，接亲娶亲都在晚上。燕王心想，这儿有娶媳妇的，今儿一定是好日子啊，他问刘伯温："今儿是什么日子？"

刘伯温掐指一算，说："今儿是五鬼的日子。"

"五鬼的日子，怎么能娶亲呢？"

说着，就见一顶花轿过来了。刘伯温说：

"走，追这顶花轿！"

两个人顺着山脚小路就追。只见轿子前面打灯笼，轿子后面吹鼓手吹吹打打，那轿子忽闪忽闪走得飞快。燕王和刘伯温越追，轿子越快，抬轿人觉得脚有点飘，好像不由自主，也不知道是怎么回事。原来轿子底下有五个鬼，一看刘伯温追来了，就使劲往前蹿。

轿子忽闪地走，燕王和刘伯温猛力地追，一直追进了村子。轿子一停，五鬼可着了急，在轿底下来回转。刘伯温眼睛早盯住这轿底子啦。

这时燕王说："嘿，这家人客不少，咱们也随个分子，闹顿吃喝去！"这一说话，五个鬼"唰溜"一下就不见了。

刘伯温只好跟着燕王走。走到办喜事的大门口，人家不叫进去，说等下完了亲，拜了天地才能进去呢。

　　两个人等了一会儿，随着亲友进了院内。院里客人不少，喜气洋洋。他们走进账房，一人拿出五十两银子随礼分子。写礼账的先生一看，一人五十两，吓了一跳。他想，这是什么亲戚随这么大礼分子？这可不能随便收，得问问东家去。他说："您二位等等，我找东家来。"说完就出去了。

　　他找到东家说："来了两个人，下了一百两的礼分子，这是什么人？东家有这份亲戚没有？"东家正忙得晕头转向，客人又这么乱哄哄的，没有心思顾这个。他想，管他呢，没有过往人情，谁能上这儿随分子，就说："管他是谁，你就收吧。日后再说！"就这样糊里糊涂把一百两银子收下了。

　　可是支应人①不能糊里糊涂啊，他是按礼分子说话呀。他想，我当了一二十年的支应人了，哪儿办喜事我都去，可没见过这么大的礼呀。两人一百两，这主儿可不简单，我可不能慢待了。就告诉厨房，预备两桌八八席，外加四件儿。厨师都是请来的，常干这个，一听就明白，这是八碟八碗，四个大件儿，外加四个冷荤。不一会菜就上来了。支应人把燕王和刘伯温请到上席，一人一桌，也没找陪客，支应人亲自让酒。这两个人也不客气就喝上了。

---

　　①　支应人，指那些帮助主人家处理杂事、招待客人、协调各种关系的人。该说法在老北京使用比较多。

　　喝着喝着，燕王说："你是支应人吗？"

　　"是。我是东庄的，帮帮忙，有什么不周到的地方，请多包涵。"

　　刘伯温说："这日子，是你给选的？"

　　"不是。这是姚先生选的。"

　　"姚先生是谁？"

　　"是姚广孝，龙母庄人，教书先生。"

　　刘伯温说："你知道这是什么日子吗？"

　　"不知道。姚先生择的日子错不了。这红喜总得是个喜庆吉利的日子。"

　　燕王和刘伯温笑了笑，也没说什么还是吃。吃完了，让到客房喝水，支应人就退出去了。他想，附近十里八村的好不错的人我都认识，没见过这两个人哪。这一定是远道而来的，得找个住处啊。他想来想去没有个合适的地方，忽然想起来了：嗐，就叫他们到姚先生那里住去吧，那儿他一个人，书馆里也清静。于是，就把燕王和刘伯温让到姚广孝的书馆里去了。

　　一进书馆，姚广孝正坐在书案旁给学生判仿呢。只见他手里拿着一管朱笔，在学生的仿影上聚精会神地批写。燕王和刘伯温进了屋，他连头也没抬，还是在那里判。其实姚广孝早就算出这是燕王和刘伯温，可他却装作没事一样，根本不抬头。

　　支应人说："姚先生，给您让来两位贵客，今儿晚上和您就宿。"姚广孝这才撩起眼皮，看看两位客人，顺嘴说了一句："好啊，请里边坐吧。"支应人说："对不起，给您添麻烦了。"说完就走了。

　　姚广孝沏了两杯茶，一杯先端给了燕王，一杯递给了刘伯温。这是先君后臣哪。

　　刘伯温上下打量一下姚广孝，说："姚先生多少弟子？"

　　"不多，二十八位。"

　　刘伯温一听，这说的是二十八宿呀。又问："先生可懂阴阳八卦？"

　　姚广孝说："粗粗浅浅，一知半解。"

　　燕王问道："今天这娶亲的日子是你给择的？"

　　姚广孝说："是。"

　　刘伯温说："你知道今儿个是五鬼的日子吗？"

　　姚广孝笑笑说："日子犯五鬼，这一对夫妻命里还犯五鬼哪。"

　　按过去迷信的说法，犯这两个五鬼，可是不得了。皇上那时候更迷信。

　　燕王问："既知日子犯五鬼，人也犯五鬼，你怎么给选这个日子呢？"

　　姚广孝说："有解呀！"

　　"有什么解？"

"五鬼怕龙虎，龙虎一到五鬼全消啊。"

燕王一听，心里就乐了。因为过去皇帝都自称"真龙天子"啊。刘伯温呢？更不用说，他当军师陪伴皇上，自然得是虎啊。姚广孝说的"龙虎一到"，不正是说的他俩吗？

燕王故意又问："龙在何处？虎在何方？"

姚广孝说："远在千里，近在眼前。"

燕王哈哈一乐，说："好一个姚先生，你真有点眼力。"姚广孝一看，到时候了，这才跪下磕头。

刘伯温想：这姚广孝还真有两下子，让给他采坟地，再看看他的本事。他想到这里，就说："姚先生，你有这份本事应该报效国家。如今皇上来采坟地，你给瞧瞧龙脉吧。"姚广孝也就答应了。

三个人说着就往外边走。外边一片漆黑。不要说采坟地，就是走路也不敢迈腿。可是姚广孝好像早就看好一样，直奔卧龙窝来了。到了地点，姚广孝说："这就是龙脉正穴。"刘伯温一看，和他采的差不多，顺手给姚广孝一根银针，说道："请点穴吧。"他心想，你能扎在我那古钱上，那才是真本事。姚广孝接过针来，绕了两圈，"叭"的一针，正扎到古钱眼上。然后，顺着银针，把古钱给扒出来了。刘伯温看了十分佩服。

这坟地一定，就开始修陵吧。可是这里还有一筒碑呢？这坟地早有主啦。燕王说："挖！"挖出来一看，是康家的坟地，上写"康子高坟茔"。姚广孝说："康家已经没有后代，不过皇上用民家的旧坟墓不算太好。"燕王说："是宝地就得归我，管他新旧！"就这样，把这块碑搬走了。

后来，人们说，燕王姓朱，把康家挤走，猪要离了糠可是越长越瘦。果不然，修了长陵以后，就一个陵比一个陵小了，再也发不起来了。

姚广孝呢？有的说他当了军师，有的说他出了家，有的又说他骑马跑到回龙观一回头，栽下马来死了。

（十三陵龙母庄老人讲述，北京传说故事调查组郊区组搜集，苌弘整理）

（出自中国民间文艺研究会北京分会编：《北京风物传说》，北京：中国民间文艺出版社，1983，第206—211页）

二十、狼峪

在密云城北十二里的东智村，有一条山沟叫"狼峪"。别看这沟名怪吓人的，可这里从没见过一只狼。这条沟土厚地肥，适于种豆，早先人们都叫它"黑豆峪"，"狼峪"是以后改的。

传说，明成祖把都城从南京迁到北京以后，便派军师刘伯温踩大地，看风水，准备修建皇陵。

这天，密云知县陪着刘伯温来到东智。东智这个村三面环山，一面临水，村南的九个山头人称"九龙头"。九龙头的东边，从山上到山下有一个凸出来的山梁，远远看去，像一条巨龙的尾巴从山上甩了下来，一直甩到山底下的"黑豆峪"沟里，人们叫它龙尾巴。刘伯温一眼就看准了这是块风水宝地，决定在此处修建皇陵。

消息一传开，百姓们可急了，如果这里修了皇陵，方圆四十里的住户人家都得走，连密云城也得挪窝。知县也傻眼了。密云上下，不论穷富，人人急得心慌意乱，个个愁得死去活来。

东智村里有位姓梁的老汉，是位德高望重的老人，他念书虽然不多，知识却很渊博，有个雅号叫作"赛诸葛"。如今东智附近大小村庄，孩子哭，大人愁，唯独这位梁老汉就像没事人一样该干什么还干什么。

就在县衙门传信刘大人明天亲自来画地定标的时候，老人们都坐不住了，纷纷找上"赛诸葛"的家门。

梁好汉见到大家，放声大笑，把大伙都笑傻了，然后他止住了笑向大家低言了阵子。有人担心地问："县太爷瞒不住怎么办？"梁老汉说："请放心，刘大人一到，大家跟着我行事，保准没错！"

第二天，太阳刚发红，一棒铜锣响后，村民们都跪在

"黑豆峪"沟口，迎接钦差大人。刘伯温见这里百姓善良守法，不免夸奖了几句。知县也觉得脸上有光。就在这时，只见跪在人群前边的老汉们，跪行上前，密云知县不知出了什么事，本想上前去拦，刘伯温却迎了上来，问道："什么事？"

一老汉禀道："回大人，若选此地修建皇陵，于我主不利。"

知县一听，连腿都吓软了，生怕钦差怪罪。只听刘伯温皮笑肉不笑地问："为什么呢？"

老汉道："沟名犯忌……"

皇陵采地，百姓遭殃，刘伯温怎能听不到风言风语，他想：正好借此机会杀一儆百。所以老汉话没说完，他把尚方宝剑一举，喝道："县志注明，此沟名为'黑豆峪'，正有利于我主，刁民狗胆，竟敢谣言惑众！万岁亲赐尚方宝剑在此，违令者斩！"说罢，抽出宝剑。

在这危急时刻，只见跪在刘伯温身边的另一老汉，猛地一抬身，一把托住剑柄，高叫："剑下留人！"

众百姓偷眼一看，此人正是"赛诸葛"梁老汉。大家的头发根又都竖起来了，心说："赛诸葛"呀"赛诸葛"，智者千虑尚有一失，你平日虽能掐会算，可刘大人这次来者不善，你是凶多吉少啊！正当大家心乱如麻的时候，只听梁老汉继续说道："刘大人，人人赞您明镜高悬，断事如神，为何今日如此糊涂？"刘伯温本想连梁老汉一齐杀掉，听他说话胆量不小，便问："为何糊涂？"梁老汉道："本地名原为'黑豆峪'不假，可不久前，忽来一群恶狼，叼猪衔羊，作恶多端，从此更名。"

刘伯温不信，想听听知县怎么说。密云知县本来怕治下的百姓过于饥苦，没油水可捞，又听两个老人讲得实实在在，哪顾真假，乐得顺水推舟，便也跪下回道："卑职已有所闻，未见事实，不敢妄报。"

刘伯温一听，心就凉了半截，因为大明是朱家天下，狼能吃猪，这还了得。可刘伯温毕竟是大明朝的开国军师，岂能轻信两个老头的话。他寻思一阵以后，灵机一动，计上心来，把尚方宝剑擎在手中，对众百姓道："谁敢做证？"众百姓一齐叩头，男女老少齐答："我敢做证！"

刘伯温听了众人回答，出了一身冷汗，庆幸自己遇上了两位贵人。什么风水宝地，差点儿成了要命的地方。他越看越有气，举起宝剑用力一挥，把一个龙头劈成两半。

从此，"黑豆峪"就叫开了"狼峪"，"九龙头"山也成了个两半子山。

（流传范围在密云东智一带；李玉柱讲述，魏秀娟整理）

（出自中国民间文艺研究会和京分会编：《北京风物传说》，北京：中国民间文艺出版社，1983，第287—289页）

二十一、屠家营的传说

传说，屠家营原先叫作神树屯。

明朝开国时，朱元璋是在南京建都的，陵墓建在南京，后来又迁都北京。朱元璋死后，他的儿子朱棣继了位。朱棣是瓮娘所生。瓮娘原是元将陈友谅的妻子，陈友谅被朱元璋打败，阵亡，瓮氏被掳；因瓮氏貌美，被封为娘娘。陈友谅，传说是本县后所屯人；瓮娘娘，是本县二道河人。朱棣继位后，他便请了很多风水先生去采访陵墓宝地。因瓮娘娘是延庆人，留恋故土，所以，打算把陵建在延庆（当时叫隆庆）。

风水先生来到了延庆，走了很多地方，没有找到有帝王气象的地方。最后，来到了永宁的神树屯（现在的新华营），风水先生一看，这个村的北面，一山环抱，山势中高，西翼渐低，又忽突起，好像一把巨大的椅子圈。山有九头，昂首向南，犹如九龙朝阳，故名"九龙山"。山上苍松翠柏，古木参天。村子的南面和东面一条碧水环绕，像一条玉带，所以叫"玉带河"。这种形势，正是风鉴书上所称的"半环青山钟佳气，一条玉带揽乾坤"的帝王陵墓之地。风水先生们看中了这些宝地，画上图便高高兴兴地回北京，到皇帝那里请功受赏去了。

皇帝要在这里修建陵墓的消息很快就传开了，永宁一带的老百姓都非常惊恐，因为古时皇陵之地十里内不准居住百姓。这样一来，永宁一带不知有多少村落就得被拆毁，这里的百姓就得流离失所，无家可归。尤其是神树屯的老百姓，更是家家惊慌，人人发愁，谁也没个解救的办法。后来有个人说："皇帝最忌讳不好听的字眼，咱们给九龙山的山沟都用"峪"字起个名，皇帝听这里有这么多的"狱"，自然就不在咱这建陵了。"于是，起了什么酸枣峪、白粉峪、永沟峪、困龙峪、懒龙沟、破鞋掌子等地名。

后来，朱棣派刘伯温带人来这里修建陵墓。一细了解，这里有这么多的"狱"，而且，更不吉利的是"困龙峪""懒龙沟""干水河"等这些最忌讳的地名，刘伯温就回北京奏请皇帝朱棣。朱棣一听火冒三丈，立即把那些风水先生招来，大声骂道："你们这些该死的东西，想把我关进牢'狱'，困起来？拉下去都给我斩喽！"

多亏刘伯温苦苦讲情，朱棣才赦了这些风水先生的死罪，让他们戴罪立功，到别的地方去寻找"皇陵宝地"。后来，在昌平建了陵，就是现在的"十三陵"。

永宁一带的老百姓听说皇帝不在这里建陵了，都非常庆幸。尤其是神树屯的老百姓更是欢天喜地。他们为了防备以后皇帝再在这里建陵，就把原来神树屯的村名，改为"屠家营"。并在村口立了一块石碑，上面刻着"屠家营"三个大字。

屠家营，姓朱的多，人们觉得不吉利，新中国成立以后就改叫新华营。

（时广生整理）

（出自王文宝编：《北京风物传说故事选》，福州：福建人民出版社，1983，第185—187页）

二十二、长陵一花枪

长陵，是明十三陵的第一个陵墓，也是明十三陵中规模最大的一座。可是，据十三陵一带的群众说，长陵是一座空坟，里面葬的并不是明成祖朱棣，而是他生前用过的一支丈二花枪。

这个故事，还得从明太祖朱元璋说起。

据说，朱元璋把陈友谅的妻子瓮氏夺到手时，瓮氏已经身怀六甲。待朱元璋称帝封瓮氏为娘娘后不久，她便生下了一个男孩，这就是朱棣。可是，朱元璋一直认为他是自己的亲生儿子。当时，明太祖朱元璋的原配皇后马娘娘，已经生了三个男孩，朱棣就算是朱元璋的第四个儿子了。可是，朱棣既然是后娘养的，这也就决定了他在宫中的不利处境和地位。

有一天晚上，朱元璋忽然做了一个"乌龙盘玉柱"的梦。第二天一早，他就让军师刘伯温圆梦。刘伯温说："这梦的意思是说，继承陛下帝业的真龙天子，上天已经明示了。"朱元璋问："我的四个儿子中，谁能继承我的帝业呢？"刘伯温说："陛下明天上朝时，可把四个儿子都叫去。中间有个穿着黑衣服，老是抱着明柱玩的孩子，就是未来的皇帝。"第三天，朱元璋果真把四个儿子叫到大殿。马娘娘生的三个儿子，一向娇惯放纵，所以穿着鲜艳，到处乱跑。唯独瓮娘娘生的儿子穿着一身黑衣服，因为平时老受欺侮，这时就胆胆怵怵地总是扶着殿内的明柱转磨磨。刘伯温当下就指着这个十三四岁的孩子说："你看，这就应了陛下'乌龙盘玉柱'的梦。他就是继承陛下帝业的人。"朱元璋往下一看，这孩子正是四子朱棣。早先，朱元璋也曾耳闻并琢磨过，朱棣可能是陈友谅的后代。所以，平日里一向和马娘娘一唱一和，对朱棣白眼相待。现在，当刘伯温说到将来接他皇位的将是朱棣时，既懊恼不安，又不愿意相信。刘伯温从朱元璋的脸色看出了他的心思，便又说："陛下若是不信，臣还有一个办法可以一试：明天一早，四个孩子中谁第一个看见太阳，谁就是下一朝皇帝。"朱元璋似信非信地把这件事告诉了马娘娘和她的三个儿子，并商量好了对策。第二天一早，朱元璋和马娘娘的三个儿子就一齐面向东方，而总是把朱棣往后挤，让他背向东方。刘伯温把一切都看在了眼里，却装作不知道，只是和朱元璋闲聊。忽然，只听得朱

棣高兴地拍着手叫道："噢，太阳出来啰！"朱元璋他们不
禁大惊失色，忙问是怎么回事。原来，朱棣那时正往西看，
猛地看见西面的山头上冒了红，便脱口说出了这句话。

　　从此，朱元璋和马娘娘对朱棣更加忌恨了。他们决定
以封"燕王"为名，把朱棣发往北方。那时，北方边境经常
受到外族的侵扰，在那儿，根本就没有一个比较固定的疆
域。所以，"燕王"不过是个空名而已。马娘娘暗地里对朱
元璋说："听说那儿是个'泥锅做饭石头烧火，胳臂上跑马
透亮心，脑袋上开花'①的恶地方，把朱棣发到那儿，他只
有一死。那样，我们的儿子就可以安安稳稳地做皇帝了。"
朱元璋和马娘娘各自满心欢喜不已。

　　单说朱元璋将朱棣封为"燕王"后，便点给他一千名
老弱残兵，令他立即启程北上御敌，因为北方部族昨天又向
朝廷递来了战表。刘伯温对朱棣的遭遇，早就心里有数。他
决定在暗地里助朱棣一臂之力。于是，在朱棣临行前，便送

---

　　①　"泥锅"，是指古代用煤末加黄土用水掺和做成模子，然后煅烧而
成的砂锅。"石头"，是指煤块，京西一带盛产煤。"胳臂上跑马"，是指
古代官吏服装上的马蹄袖。"透亮心"，是指古代兵士号服（军服）上，前
胸和后背正中的元白色补子。"脑袋上开花"，是指古代官吏所戴的帽子上
往下坠的穗儿。马娘娘只知其一，不知其二，以为"泥锅"就是用烂黄泥做
成的锅，等等。实际上，北方并不像马娘娘他们想象的那么荒凉、不开化、
生活那么苦，那儿也不乏众多的精兵勇将和大大小小的文武官吏，能够协同
治国。

给他一支箭。朱棣不明白这是什么意思。刘伯温对他说："它日后自有用处，你且把它带上就是。"

当时，现今的十三陵一带是一片大海，名叫北海乌龙江。据说，朱棣原是乌龙转世。所以，乌龙来到乌龙江，正是他施展身手的好机会。这是朱元璋和马娘娘他们万万没有想到的。等到朱棣辗转来到北方幽燕之地，一路上归附他的人已经成了一支精良、强壮的队伍。那时，北方的游牧部落正占着这儿的大片土地，朱棣就对他们的一个头领说："咱们交战，我连个地盘都没有呢！"那个头领说："给你多大的地盘呢？"朱棣说："一箭之地足矣！""一言为定？""一言为定！"

说着，朱棣拉起满弓，"嗖"的一声，把刘伯温送给他的那支箭射了出去。说也奇怪。一箭射出去，连个箭影儿也没了。那头领见了，大吃一惊，认定这个人是神人，这支箭也是神箭。他们再也无心交战，当即退兵走了。从此，朱棣在北方幽燕一带做起了名副其实的燕王。

燕王朱棣雄心勃勃，决定做一番事业。他发动了"靖难之役"，然后果然当上了皇帝。这就是历史上的明成祖。由于他长期镇守北方，和北方同生死，共患难，深有感情。他为了巩固帝业，并且开创一个新的天下，终于把都城从南京迁到了北京，同时，又选定在昌平黄土山一带建造帝陵。永乐末年，北方边境又受到外来的入侵，成祖皇帝再次御驾亲征。说来也巧，前来和他交战的正是当年那个头领。他见了朱棣，吓得掉头就走。成祖哪里肯放？所以，敌兵且战且退，成祖则且战且追。追着追着，前面忽然出现了一座大山，山坡上有一个石洞。敌兵在慌乱中，一下逃进了洞里。成祖的部下，一个个奋勇当先，追进洞里。可是，人是一个个下去了，却没有一个上来的。成祖见了，怒从心头起，亲自进洞追赶杀敌。不料，他刚进去，那个石洞就合上了。部下见了，急忙前去救驾。但是，已经晚了，兵士们只抢回成祖皇帝使的一支丈二花枪。成祖就这样"晏驾"了。接着，就该给他办丧事入葬。可是，人都没了，还葬什么呢？朝廷大臣等几经商议，决定把成祖的一支花枪葬在长陵，以作了结。

　　从此，"长陵一花枪"的故事就在民间传开了。

　　（出自谢明江搜集整理：《十三陵的传说》，北京：中国民间文艺出版社，1984，第16—21页）

引用资料及参考书目

（按照作者或书名笔画排列）

一、书录

王灿炽：《北京地方历史文献述略》，《文献》第8辑，第134—142页。北京：书目文献出版社，1981。

王灿炽：《北京历史文献佚书考略》，《文献》第17辑，第193—212页。北京：书目文献出版社，1983。

王灿炽：《北京史地风物书录》。北京：北京出版社，1985。

首都图书馆北京地方文献组：《北京地方文献报刊资料索引：地理、名胜古迹部分（1904—1949）》。北京：首都图书馆，1985。

张次溪：《辛亥以来纪述北京历史风物书录》，刊于张静庐辑注：《中国现代出版史料》（乙编），第390—407页。北京：中华书局，1955。

张次溪：《纪述北京历史风物书录补遗》，刊于张静庐辑注：《中国现代出版史料》（丁编），第589—618页。北京：中华书局，1959。

二、古籍

上官周编绘：《晚笑堂画传》。北京：人民美术出版社，1959。

于敏中等编纂：《日下旧闻考》。北京：北京古籍出版社，1981。

《大明玄天上帝瑞应图录》。《正统道藏》第608册。上海：涵芬楼影印北京白云观藏明刊本，1924—1926。

《大清一统志》。乾隆二十九年（1764）和珅等奉敕撰。清光绪二十三年（1897）刊本。

王明校：《太平经合校》。北京：中华书局，1960。

孔克齐：《至正直记》。伍崇曜辑：《粤雅堂丛书》本，清同治元年（1862）刊。

王文禄：《龙兴慈记》。《丛书集成》本。上海：商务印书馆，1937。

王同轨：《耳谈类增》。明万历三十一年（1603）刊本。

王圻纂：《三才图会》。明万历三十七年（1609）刊本。

王圻纂：《稗史汇编》。台北：新兴书局，1969。

王泌：《东朝纪》，收入孙幼安纂：《稗乘》。《百部丛书》本。台北：艺文印书馆，1967。

　　王柳门：《剑青室随笔》，收入《南京文献》第2号。南京市文献委员会、通志馆编。上海：上海书店，1947。

　　司马迁：《史记》。北京：中华书局，1959。

　　左丘明：《左传》。《四部备要》本。

　　永瑢等纂：《四库全书总目提要》。台北：商务印书馆，1968。

　　任自垣纂：《大岳太和山志》。明宣德年间刊刻。此刻本部分卷帙，及明万历年间增补本已影印收入杜洁祥主编：《道教文献》第4、5册。台北：丹青图书公司，1983。

　　宇文懋昭：《大金国志》，收入崔文印：《大金国志校证》。

　　朱一新：《京师坊巷志稿》，收入张爵：《京师五城坊巷胡同集》。

　　朱熹：《四书集注》。《四部备要》本。

　　汪淮等纂：弘治《溧阳县志》。明弘治十一年（1498）刊本。

　　何乔远：《名山藏》。明崇祯十三年（1640）刊本。台北：成文出版社，1970。

　　佚名编：《绘图三教源流搜神大全》。叶德辉序。清宣统元年（1909）郋园校刊。台北：联经出版事业公司，

1969。《绘图三教源流搜神大全》附刊外二种。上海：上海古籍出版社，1990。

余象斗等：《四游记》。上海：上海古典文学出版社，1956。

吴承恩：《西游记》。北京：作家出版社，1954。

吴长元：《宸垣识略》。北京：北京古籍出版社，1981。

宋雷：《西吴里语》。明嘉靖二十六年（1547）刊本。

宋濂：《宋学士文集》。《四部丛刊》本。

宋濂等纂修：《元史》。北京：中华书局，1976。

杜预注、孔颖达疏：《春秋左传注疏》。《四部备要》本。

李贽：《续藏书》。北京：中华书局，1959。

沈榜：《宛署杂记》。北京：北京出版社，1961。

周伯琦：《近光集》，收入《四库全书珍本》第2集。台北：台湾商务印书馆，1981。

周家楣修，张之洞、缪荃孙等纂：光绪《顺天府志》。清光绪十一年（1885）刊本。

房玄龄等纂修：《晋书》。北京：中华书局，1974。

《明实录》：《太祖实录》《仁宗实录》《太宗实录》《英宗实录》《世宗实录》。台北："中央研究院"历史语言研究所,1961—1965。

李国祥、杨昶主编:《明实录类纂（北京史料卷)》。武汉:武汉出版社,1992。

邵远平:《元史类编》。扫叶山房本。嘉庆二年（1797）刊。

长谷真逸:《农田余话》,收入陈继儒纂:《宝颜堂秘笈·广集》第4辑,1922。

姚广孝等纂修:《永乐大典》。北京:中华书局,1960。

柯邵忞:《新元史》。天津:退耕堂刊本,1922。

《洪武京城图志》。明洪武年间礼部奉敕纂修。南京:江苏国学图书馆,民国十七年（1928）影印弘治重刊本。

《皇明开运英武传》。明万历十九年（1591）刊本。

祝允明:《野记》,收入李栻编辑:《历代小史》。上海:商务印书馆,影万历刻本,1940。

《英烈传》。赵景深、杜浩铭校订本。上海:四联书店,1955。

孙承泽:《春明梦余录》。香港:龙门书店,1965。

孙承泽:《大府广记》。香港:龙门书店,1968。

班固:《汉书》。北京:中华书局,1962。

袁文新等纂修:《凤阳新书》。明天启元年（1621）

原刊本。

　　郎瑛：《续巳编》，收入陶珽辑：《说郛续》第14册。台北：新兴书局，1964。

　　高岱：《鸿猷录》。《丛书集成》本，1937。

　　高鸣凤：《今献汇言》。上海：涵芬楼影明刻本，1937。

　　张廷玉等纂：《明史》。北京：中华书局，1974。

　　张昱：《张光弼诗集》。《四部丛刊续编》本，1934。

　　张爵：《京师五城坊巷胡同集》。北京：北京古籍出版社，1982。

　　梁亿：《传信录》，收入姚之骃纂：《元明事类钞》第3册。《四库全书珍本》初集本。上海：商务印书馆，1934。

　　梅村野史：《鹿樵纪闻》，收入《台湾文献丛刊》第127种。台北：台湾银行经济研究室，1981。

　　淮阴百一居士：《壶天录》，收入《笔记小说大观》第4册。台北：新兴书局，1962。

　　脱脱等纂修：《辽史》。北京：中华书局，1974。

　　脱脱等纂修：《金史》。北京：中华书局，1975。

　　陈开虞等纂：《江宁府志》。清康熙七年（1668）刊本。

陈寿：《三国志》。北京：中华书局，1964。

陆西星：《封神演义》（作者署名许仲琳）。北京：作家出版社，1955。

陆粲：《庚巳编》。《丛书集成》本，1937。

傅维麟：《明书》。《丛书集成》本，1936。

曾廉：《元书》。宣统三年（1911）刊本。

都穆：《都公谭纂》。《丛书集成》本，1937。

徐渭改编：《云合奇踪》。明万历四十四年（1616）序刊。

黄溥：《闲中今古录》，收入沈节甫编辑：《纪录汇编》。台北：民智出版社影万历刻本，1965。

杨允孚：《滦京杂咏》。鲍廷博辑：《知不足斋丛书》本。上海：古书流通处，1921。

杨仪：《高坡异纂》，收入佚名编：《五朝小说》第52册。崇祯刊本。

叶子奇：《草木子》。北京：中华书局，1959。

董谷：《碧里杂存》。《丛书集成》本，1937。

邹容：《革命军》。清光绪二十九年（1903）刊本。

雷铣修、王棻纂：光绪《青田县志》。清光绪二年（1876）刊本。

熊梦祥：《析津志》，收入《析津志辑佚》。北京：北京古籍出版社，1983。

赵吉士：《寄园寄所寄》。清康熙三十四年（1695）刊本。

赵尔巽等纂修：《清史稿》。北京：中华书局，1977。

刘侗、于奕正：《帝京景物略》。北京：北京古籍出版社，1980。

刘秉忠：《藏春集》，收入《四库全书珍本》第6集。台北：商务印书馆，1975。

刘基：《诚意伯刘文成公文集》。《四部丛刊》本。

刘献廷：《广阳杂记》。《丛书集成》本，1937。

欧阳修等撰：《新唐书》。北京：中华书局，1975。

《论语》。《四部丛刊》本。

郑玄注、贾公彦疏：《周礼注疏》。《四部备要》本。

郑晓：《今言》。北京：中华书局，1984。

萧洵：《故宫遗录》。《知不足斋丛书》本。

钱谦益：《列朝诗集》（丙集）。清顺治九年（1652）刊本。

薛居正等纂修：《唐书》。北京：中华书局，1975。

魏征等纂修：《隋书》。北京：中华书局，1973。

苏天爵：《国朝名臣事略》。《丛书集成》本，1936。

顾炎武：《昌平山水记》。北京：北京古籍出版社，1982。

顾起元：《客座赘语》。傅春官辑：《金陵丛刻》本。清光绪三十二年（1906）年刊。

郦道元：《水经注》。《国学基本丛书》本。上海：商务印书馆，1936。

三、近著（民国以后）

·中文·

（一）专书

丁守和、劳允兴主编：《北京文化综览》，北京：北京师范大学出版社，1990。

李淳风、袁天罡著，卜系舟补述：《推背图》，台北：书裕出版品开发工作室，1994。

于秀溪：《哪吒传》，长春：北方妇女儿童出版社，1985。

于倬云编：《紫禁城宫殿》，香港：商务印书馆，1982。

于杰编：《北京史资料长编》（辽金部分），北京：北京燕山出版社，1986。

于杰、于光度编：《金中都》，北京：北京出版社，1989。

《中国地方风物传说选》第1辑，北京：中国民间文艺出版社，1982。

苏州大学图书馆编：《中国历代名人图鉴》，上海：上海书画出版社，1989。

王大错编：《戏考》，上海：大东书局，1931—1933。

王文宝编：《北京风物传说故事选》，福州：福建人民出版社，1983。

王冶秋：《琉璃厂史话》，北京：三联书店，1963。

王季烈编校：《孤本元明杂剧》，北京：中国戏剧出版社，1982。

王威：《圆明园》，北京：北京出版社，1980。

王崇武：《奉天靖难记注》，上海：商务印书馆，1948。

王崇武：《明靖难史事考证稿》，四川李庄：中央研究院历史语言研究所，1945。

王伟杰、任家生等编：《北京环境史话》，北京：地质出版社，1989。

王焕镳等编：《首都志》，南京：正中书局，1935。

王剑英：《明中都》，北京：中华书局，1992。

王德毅等编：《元人传记资料索引》，台北：新文丰出版公司，1979—1982。

王灿炽：《王灿炽史志论文集》，北京：北京燕山出版社，1991。

王馨一：《刘伯温年谱》，上海：商务印书馆，1936。

北京历史考古丛书编辑组编：《北京文物与考古》第1—2辑，北京：燕山出版社。1983，1989。

北京大学历史系《北京史》编写组编：《北京史》，北京：北京出版社，1985。

北京市社会科学院历史所编：《北京史研究》（一），北京：北京燕山出版社，1986。

北京市社会科学研究所编：《北京史苑》第1—4辑，北京：北京出版社，1983—1988。

北京史研究会编：《北京史论文集》；《北京史论文集》第2辑，北京：北京史研究会，1980—1982。

《北京百科全书·彩图·地图集》，北京：奥林匹克出版社、北京美术出版社，1991。

中国民间文艺研究会北京分会编：《北京风物传说》，北京：中国民间文艺出版社，1983。

北京市社会科学研究所编写组编：《北京历史纪年》，北京：北京出版社，1984。

白铁铮：《老北平的古典儿》，台北：慧龙出版社，1977。

多田贞一著，张紫晨译：《北京地名志》，北京：书目文献出版社，1986。

朱介凡、娄子匡编：《五十年来之中国俗文学》，台北：台湾商务印书馆，1963。

朱偰：《金陵古迹图考》，上海：商务印书馆，1938。

朱偰：《北京宫阙图说》，上海：商务印书馆，1938。

朱偰：《明清两代宫苑建置沿革图考》，上海：商务印书馆，1938。

朱偰：《元大都宫殿图考》，上海：商务印书馆，1936。

南京师范学院地理系编：《江苏城市历史地理》，南京：江苏科学技术出版社，1982。

牟复礼、崔瑞德编，张书生、黄沫等译：《剑桥中国明代史》，北京：中国社会科学出版社，1992。

余士雄编：《马可波罗介绍与研究》，北京：书目文献出版社，1983。

余英时：《史学与传统》，台北：时报出版公司，1982。

余棨昌：《故都变迁纪略》10卷《附录》1卷，北京：自印本，1941。

吴孟前、杨秉正选编：《刘伯温的传说》，杭州：浙江文艺出版社，1984。

吴晗：《朱元璋传》（增修本），北京：三联书店，1965。

吴缉华：《明代海运及运河的研究》，台北："中央研究院"历史语言研究所，1961。

吴涛：《北宋都城东京》，郑州：河南人民出版社，1984。

吕宗力、栾保群编：《中国民间诸神》，台北：台湾学生书局，1991。

李勉民：《中国神话与民间传说》，香港：读者文摘远东有限公司，1987。

李学文、魏开肇、陈文良：《紫禁城漫录》，郑州：河南人民出版社，1986。

汪莱茵、陈伯霖：《紫禁城：红墙内的宫闱旧事》，天津：南开大学出版社，1989。

狄源沧：《颐和园》，上海：上海文化出版社，1957。

周良霄：《忽必烈》，长春：吉林教育出版社，1986。

中国社会科学院考古研究所编辑：《明清北京城图》，北京：地图出版社，1986。

林丽月：《明代的国子监生》，台北：台湾师范大学历史研究所，1979。

湖北省群众艺术馆、中国民间文艺研究会湖北分会编：《武当山的传说》，北京：中国民间文艺出版社，1986。

金受申：《北京的传说》第1集，北京：通俗文艺出版社，1957。《北京的传说》第1集、第2集合刊本，北京：北京出版社，1981。

信修明遗著：《老太监的回忆》，北京：北京燕山出版社，1992。

侯仁之：《历史地理学的理论与实践》，上海：上海人民出版社，1979。

侯仁之、金涛：《北京史话》，上海：上海人民出版社，1980。

侯仁之等编：《环境变迁研究》第1辑，北京：海洋出版社，1984。

侯仁之：《北京历史地图集》，北京：北京出版社，1985。

施连方：《北京街巷地名趣谈》，北京：中国国际广播出版社，1992。

柳存仁：《英伦两大图书馆所见小说书目提要》，香港：龙门书店，1967。

柳存仁：《和风堂文集》，上海：上海古籍出版社，1991。

柴萼：《梵天庐丛录》，上海：中华书局，1926。

段天顺：《燕水古今谈》，北京：北京燕山出版社，1991。

胡汉生：《明十三陵大观》，北京：中国青年出版社，1993。

孙楷第：《中国通俗小说书目》（修订本），上海：商务印书馆，1967。

秦宝琦：《清前期天地会研究》，北京：中国人民大学出版社，1988。

翁立：《北京的胡同》（增补本），北京：北京燕山出版社，1992。

袁冀（国藩）：《元太保藏春散人刘秉忠评述》，台北：商务印书馆，1974。

郝兆矩：《增订刘伯温年谱》，郑州：中州古籍出版社，1990。

郝兆矩、刘文峰：《刘伯温全传》，大连：大连出版社，1994。

高智瑜主编：《紫气贯京华》，收入高智瑜、陈德义主编：《中国皇城·皇宫·皇陵》系列丛书"北京卷"，北京：中国人民大学出版社，1994。

高树森、邵建光主编：《金陵十朝帝五州》，收入高智瑜、陈德义主编：《中国皇城·皇宫·皇陵》系列丛书"南京卷"，北京：中国人民大学出版社，1991。

常人春：《老北京的风俗》，北京：北京燕山出版社，1990。

常人春：《老北京风情记趣》，北京：北京出版社，1993。

张次溪：《人民首都的天桥》，北京：修绠堂书店，1951。

张江裁（次溪）：《北平庙宇碑刻目录》，北平：国立北平研究院，1936。

张清常：《胡同及其他：社会语言学的探索》，北京：北京语言大学出版社，1990。

张紫晨、李岳南编：《北京的传说》，上海：上海文艺出版社，1982。

张肇基编辑：《俯瞰北京》，北京：北京出版社，1990。

曹子西主编：《北京通史》10卷，北京：中国书店，1994。

曹子西、于德源编：《秦汉魏晋十六国北朝时期蓟城资料》，北京：紫禁城出版社，1986。

梁方仲：《中国历代户口、田地、田赋统计》，上海：上海人民出版社，1980。

梁国健：《故都北京社会相》，重庆：重庆出版社，1989。

清代宫史研究会编：《清代宫史探微》，北京：紫禁城出版社，1991。

庄吉发：《清代天地会源流考》，台北：故宫博物院，1981。

许道龄：《北平庙宇通检》，北平：国立北平研究院，1936。

郭子昇：《北京庙会旧俗》，北京：中国华侨出版公司，1989。

陈乃乾辑：《元人小令集》，北京：中华书局，1962。

陈汝衡：《说书史话》，上海：作家出版社，1958。

陈宗藩：《燕都丛考》，北京：北京古籍出版社，1991。

陈垣：《释氏疑年录》，北京：中华书局，1965。

陈垣编纂，陈智超、曾庆瑛校补：《道家金石略》，北京：文物出版社，1988。

陈衍：《元诗纪事》，上海：商务印书馆，1925。

陈高华：《元大都》，北京：北京出版社，1982。

陈高华、史卫民：《元上都》，长春：吉林教育出版社，1988。

　　陈翔华：《诸葛亮形象史研究》，杭州：浙江古籍出版社，1990。

　　陈学霖：《宋史论集》，台北：东大图书公司，1993。

　　陈鸿年：《故都风物》，台北：正中书局，1970。

　　陶君起：《京剧剧目初探》，北京：中华书局，1962。

　　陶晋生：《金海陵帝的伐宋与采石战役的考实》，台北：台湾大学文学院，1963。

　　陶晋生：《宋辽关系史研究》，台北：联经出版事业公司，1984。

　　傅公钺、张洪杰、袁天才编著：《旧京大观》，北京：人民中国出版社，1992。

　　傅惜华编：《元代杂剧全目》，北京：作家出版社，1957。

　　傅惜华编：《明代杂剧全目》，北京：作家出版社，1958。

　　喜仁龙著、许永全译：《北京的城墙和城门》，北京：北京燕山出版社，1985。

　　汤用彬等编纂：《旧都文物略》，北平：北平市政府秘书处，1935。

故宫博物院编：《禁城营缮纪》，北京：紫禁城出版社，1992。

贺业钜：《考工记营国制度研究》，北京：中国建筑工业出版社，1985。

A. J. H. Charignon著，冯承钧译：《马可波罗行纪》，北京：中华书局，1965。

黄文旸编，董康校，洪再豪再订：《曲海总目提要》，香港：汉学图书供应社，1967。

黄先登编：《北平的传说》，台北：常春树书坊，1979。

中国会党史研究会编：《会党史研究》，上海：学林出版社，1987。

杨明显：《城门与胡同》，台北：纯文学出版社，1982。

杨洪运、赵筠秋：《北京经济史话》，北京：北京出版社，1984。

叶昌炽：《藏书纪事诗》，上海：上海古典文学出版社，1958。

董鉴泓等：《中国城市建设史》，台北：明文书局重排本，1984。

赵洛、史树青：《天安门》，北京：北京出版社，1957。

赵庚奇编：《北京解放三十五年大事记》，北京：北京日报出版社，1986。

赵景深：《中国小说丛考》，济南：齐鲁书社，1983。

刘伯温：《烧饼歌》，收入《中国二千年之预言》，上海：华夏哲理阐微社，1937。

刘志雄、杨静荣：《龙与中国文化》，北京：人民出版社，1992。

刘东声、刘盛林等编：《北京牛街》，北京：北京出版社，1990。

刘家驹：《清朝初期的八旗圈地》，台北：文史哲出版社，1978。

刘复、李家瑞编：《中国俗曲总目稿》，北平：国立北平研究院，1932。

刘德隅：《明刘伯温生平事迹拾遗》，台北：自印本，1976。

刘凤翰：《圆明园兴亡史》，台北：文星书店，1964。

蔡少卿：《中国近代会党史研究》，北京：中华书局，1987。

蔡蕃：《北京古运河与城市供水研究》，北京：北京出版社，1987。

北京史研究会编：《燕京春秋》，北京：北京出版社，1982。

北京市社会科学院《燕都春秋》编辑会编辑：《燕都春秋》，北京：北京燕山出版社，1988。

萧一山：《近代秘密社会史料》，北平：国立北平研究院，1935。

萧玉寒：《天机大侠刘伯温传奇》，台北：耀文图书公司，1992。

卫聚贤：《封神榜故事探源》，香港：自印本，1960。

阎崇年：《燕步集》，北京：北京燕山出版社，1989。

施格特（Gustav Schlegel）著，薛澄清译：《天地会研究》，上海：商务印书馆，1940。

谢明江搜集整理：《十三陵的传说》，北京：中国民间文艺出版社，1984。

谢敏聪：《中国历代帝王陵寝考略》（增订本），台北：正中书局，1979。

谢敏聪：《明清北京的城垣与宫阙之研究》，台北：台湾学生书店，1980。

谢敏聪：《明清北京的城垣与宫阙之再研究》，台北：台湾学生书店，1989。

北京市文物工作队，首都博物馆编：《旧京返照集》，北京：人民美术出版社，1987。

魏开肇：《雍和宫漫录》，郑州：河南人民出版社，1985。

苏天钧主编：《京华旧事存真》第1、2辑，北京：北京古籍出版社，1992。

饶宗颐：《老子想尔注校证》，上海：上海古籍出版社，1991。

龚德柏：《戏剧与历史》，台北：三民书局，1967。

（二）论文

于德源：《元以前北京的商业经济》，《北京史苑》第2辑，第55—67页。

毛希圣：《金海陵王迁都燕京原因初探》，《北京史论文集》第2辑，第124—130页。

王之屏：《刘基之死考异》，《经世季刊》第2卷第3期（1942年4月），第59—60页。

王北辰：《元大都兴建前当地的河湖水系》，《环境变迁研究》第1辑，第147—155页。

王民信：《辽宋澶渊之约缔结的背景》，《书目季刊》第9卷第2期（1975年9月），第35—49页；第3期（12月），第45—56页；第4期（1976年12月），第53—64页。

王玲：《略论北京古代经济的几个特点》，《北京史苑》第1辑，第212—215页。

王玲、毛希圣：《辽代南京（燕京）的历史作用》，《燕京春秋》，第10—20页。

王崇武：《论明太祖起兵及其政策之改变》，《中央研究院历史语言研究所集刊》第10本（1943年5月），第57—71页。

王岗：《辽燕京地区佛教与寺院经济述略》，《京华旧事存真》第1辑，第89—108页。

王剑英：《萧洵〈故宫遗录〉考辨》，《北京史研究》（一），第128—143页。

王剑英、王红：《论从元大都到明北京的演变和发展》，《燕京学报》1995年第1期，第61—109页。

王朴子：《元大都平面规划略述》，《故宫博物院院刊》1970年第2期，第61—82页。

王朴子：《燕王府与紫禁城》，《故宫博物院院刊》1979年第1期，第70—77页。

向燕生：《隋末唐初幽州史略论》，《京华旧事存真》第1辑，第77—88页。

朱偰：《辽金燕京城郭宫苑图考》，《国立武汉大学文哲季刊》1936年第6卷第1号，第50—60页。

朱启钤、阚铎：《元大都宫苑图考》，《中国营造学社汇刊》第1卷第2期（1930年12月），第1—117页。

吴晗：《明成祖生母考》，《清华学报》1935年第10期，第361—346页。

吴梦麟、刘精义：《记研究明代北京营建史的重要志石〈内宫监倪太监寿藏记〉》，刊于《北京与中外古都对比研究》，北京市社会科学院历史所编，第332—344页。北京：北京燕山出版社，1992。

李江浙：《蓟城前史初探》，《京华旧事存真》第2辑，第17—39页。

李晋华：《明成祖生母问题汇证》，《中央研究院历史语言研究所集刊》，1936年第6本第1分，第55—77页。

李伟国：《元明异本〈搜神记〉三种渊源异同论》，钱伯城主编：《中华文史论丛》第48辑，第243—257页。上海古籍出版社，1991。

李晓菊：《论金完颜亮迁都燕京》，《东北师大学报》（哲学社会科学版）1984年第6期，第52—56页。

汪侗：《"北平话语汇"及其他》（上），刊于（美洲）《世界日报》1983年9月22日"人间闲话"版。

沈德辅：《从沈万三的传记资料论修谱与寻根》，《第四届亚洲族谱学术研讨会会议记录（台北），联合报文化基金会、国学文献馆编，第403—536页，1989。

那波利贞著、刘德明译：《辽金南京燕城故城疆域考》，《中和月刊》第2卷第12期地第3卷第1期（1941年12

月至1942年1月），第58—67，80—90页。

周清澍：《明成祖生母弘吉剌氏说所反映的天命观》，《内蒙古大学学报》（哲学社会科学版）1987年第3期，第1—18页。

季士家：《明都南京城垣略论》，《故宫博物院院刊》1984年2月，第70—81页。

邱仲麟：《明代北京的地理形势、气候与都市环境管理——一个人文角度的观察》，《史原》（台北）第16期（1991年6月），第55—99页。

侯仁之：《北京城和刘伯温的关系》，刊于《北京日报》1962年7月31日。

侯仁之：《论北京建城之始》，《燕都》1991年4月，第2—4页。

侯仁之：《北京城的兴起》，《燕都》1991年4月，第12—14页。

姜舜源：《五行、四象、三垣、二极：紫禁城》，《清代宫史探微》，第251—260页。

姚从吾：《忽必烈汗对于汉化态度的分析》，收入氏著：《东北史论丛》下册，第263—301页。台北：正中书局，1959。

姚从吾：《从宋人所记燕云十六州沦入契丹后的实况着辽宋关系》，《大陆杂志》第28卷第10期（1964年5

月），第7—12页。

姚从吾：《郑思肖与〈铁函心史〉关系的推测》，收入《姚从吾先生全集》（七），姚从吾先生遗著整理委员会编，第139—160页。台北：正中书局，1982。

姚景安：《忽必烈与儒臣和儒学》，《中国史研究》1990年第1期，第31—39页。

《故宫周刊》第102期［民国20年（1931）9月9日］；第133期［民国21年（1932）4月16日］；第140期（同年5月11日）。

柳立言：《宋辽澶渊之盟新探》，《"中央研究院"历史语言研究所集刊》1990年第61本第3分，第693—760页。

徐泓：《明初南京皇城、京城的规划、平面布局及其象征意义》，《台湾大学建筑与城乡研究学报》第7期（1993年12月），第79—96页。

商传：《明初著名政治家姚广孝》，《中国史研究》1984年第3期，第119—130页。

崔永福、谭列飞：《漫谈历史上的北京人口》，《北京史苑》第2辑，第343—346页。

常润华：《隋唐时期幽州的历史地位》，《北京史论文集》第2辑，第94—106页。

张泉：《明初南京城的规划与建设》，收入《中国古都研究》第2辑，中国古都学会编，第171—202页。杭州：浙江人民出版社，1986。

张宁：《记元大都出土文物》，《考古》1972年第6期，第25—31页，58页。

张宁：《〈马可波罗行纪〉中的元大都》，收入余士雄编：《马可波罗介绍与研究》，第85—106页。

张跃铭：《试论士大夫在元初政权建设中的作用》，《北方论坛》1982年第4期，第89—95页。

许道龄：《玄武之起源及其蜕变考》，《史学集刊》第5期（1947年12月），第223—246页。

陈高华：《元大都史事杂考》，《燕京春秋》，第139—144页。

陈陆：《辽幽州市容举例》，《中和月刊》第2卷第9期（1941年9月），第33—48页。

陈绍棣：《明代杰出的建筑规划家阮安》，《学林漫录》第7辑（1983年3月），第243—248页。

陈学霖：《读刘伯温〈烧饼歌〉》，《寿罗香林教授论文集》（香港），第163—190页，1970。

陈学霖：《元大都城建造传说探源》，《汉学研究》第5卷第1期（1987年6月），第95—127页。

陈学霖：《刘伯温〈烧饼歌〉新考》，收入《罗香林教授纪念论文集》，珠海文史研究所学会编，第1363—

1403页。台北：新文丰出版公司，1993。

　　陈学霖：《明北京城建造传说故事索隐》，收入《庆祝王锺翰先生八十寿辰学术论文集》，第463—473页。沈阳：辽宁大学出版社，1993。

　　陈学霖：《东瀛刊行的中国预言书述评——刘伯温〈烧饼歌〉、张中〈蒸饼歌〉〈铁冠图歌〉〈透天玄机〉》，收入《史薮》（《庆祝建校三十周年学术论文集》），第169—201页。香港：香港中文大学历史系，1993。

　　陈学霖：《"真武神、永乐像"传说溯源》，《故宫学术季刊》第12卷第3期（1995年4月），第1—32页。

　　陈学霖：《蒙古"箭程划地界"习俗考察》，《汉学研究》第12卷第2期（1994年12月），第173—194页。

　　傅斯年：《跋〈明成祖生母问题汇证〉并答朱希祖先生》，《国立中山大学文史研究所月刊》1939年第2卷第1期，第1—13页。

　　单士元：《元宫毁于何时？》，《燕都》1992年第6期，第22—25页。

　　贺树德：《明清两代北京人口初探》，《京华旧事存真》第2辑，第188—192页。

　　黄兆汉：《玄帝考》，收入氏著：《道教研究论文集》，第121—156页。香港：中文大学出版社，1988。

　　黄芝岗：《沈万三传说考》，《东方杂志》第32卷第1

期（1935年1月），第91—97页。

痴呆（笔名）：《哪吒庙》，《一四七画报》第3卷第8期（1946年4月24日）。

万依：《论朱棣营建北京宫殿、迁都的主要动机及后果》，《禁城营缮纪》，第52—61页。

贾二强：《叶覆明刻〈三教源流搜神大全〉探源》，刊于黄永年主编：《古代文献研究集林》第2集，第223—239页。西安：陕西师范大学出版社，1992。

贾敬颜：《路振、王曾所记的燕京城》，《北京文物与考古》第1辑，第233—239页。

赵正之：《元大都平面规画的研究》，《科技史文集》第2辑（1979年5月），第15—25页。

赵令扬：《明代会同馆》，《大陆杂志》第41卷第5期（1970年9月），第17—30页。

赵铁寒：《燕云十六州的地理分析》，《大陆杂志》第17卷第11—12期（1958年12月），第3—7页，第18—22页。

赵铁寒：《宋金海上之盟始末记》，《大陆杂志》第25卷第7—9期（1962年9—10月），第9—14页，第14—19页，第26—34页。

刘肃勇：《论完颜亮》，《中国史研究》1985年第4期，第89—99页。

樊恭矩：《祀龙祈雨考》，《新中华》复刊第6卷第4期（1948年2月），第36—38页。

蒋星煜：《朱明王朝神化刘伯温的历史过程》，《杭州大学学报》（哲学社会科学版）第14卷第1期（1984年3月），第98—104页，119页。

蒋复璁：《宋辽澶渊之盟的研究》，收入氏著：《宋史新探》，第100—150页。台北：正中书局，1966。

鲁琪：《唐幽州城考》，《北京史论文集》第2辑，第107—123页。

阎文儒：《金中都》，《文物》1959年第7期，第8—12页。

韩光辉：《清代北京八旗人口的演变》，《人口与经济》1982年第2期，第51—56页。

韩光辉：《试论清代北京城市人口的增长与控制》，《京华旧事存真》第1辑，第193—210页。

颜吉鹤：《刘秉忠主持修大都城》，《学习与研究》1983年第10期，第42—43页。

颜吉鹤：《试论刘秉忠的历史作用》，《北京史苑》1985年第3辑，第21—32页。

罗保平：《明清时期北京市场初探》，《北京史苑》1988年第4辑，第242—256页。

罗保平：《刘靖建戾陵遏位置之商榷》，《京华旧事存真》第1辑，第221—227页。

苏天钧：《郭守敬与大都水利工程》，《自然科学史研究》1983年第1期，第66—72页。

苏天钧：《关于古代北京都邑的变迁与水源关系的探讨》，《环境变迁研究》第1辑，第43—52页。

· 日文 ·

（一）专书

金受申着，村松一弥译：《北京の传说》，东京：平凡社，1976。

高楠顺次郎、渡边海旭编：《大正新修大藏经》，东京：日本大正一切经刊行会，1924—1932。

前田慧云、中野达编：《大日本续藏经》，京都：藏经书院，1905—1912。

望月信亨编：《佛教大辞典》，京都：世界圣典刊行协会，1957。

李献璋：《妈祖信仰の研究》，东京：泰山文物出版社，1979。

（二）论文

爱宕松男：《元の大都》，《历史教育》第14卷第12号（1966年12月），第59—65页。

杉山正明：《クどうイと大都》，刊于梅原郁编：

《中国近世の都市と文化》，第485—518页。京都：京都大学人文科学研究所，1984。

铃木正：《续建文帝出亡说考证》，《史观》第68号（1963年5月），第50—69页。

铃木正：《沈万三说话の分析》，《史观》第72号（1965年9月），第2—36页。

泷泽俊亮：《龙蛇と祈雨の习俗について》，《东方宗教》第20号（1962年11月），第18—34页。

田村实造：《金の海陵王燕京迁都の一考察》，刊于《纪元二千六百年纪念史学论文集》，京都帝国大学文学部史学科编，第33—53页。京都：内外出版印刷株式会社刊。1941。

牧田蹄亮：《道衍传小稿—姚广孝の生涯》，《东洋史研究》第18卷第2号（1959年10月），第57—79页。

和田清：《明の太祖と红巾の贼》，《东方学报》第13卷第2号（1923），第278—302页。

· 西文 ·

（一）专书

Arlington, L. C., Wm. Lewisohn. In Search of Old Peking. Peking: Henri Vetch. 1935.

Bredon, Juliet. Peking, 3rd edn. Shanghai: Kelly and

Walsh. 1931.

Chang, Shelley Hsüehlun. History and Legends: Ideas and Images in the Ming Historical Novels. Ann Arbor, Mich.: University of Michigan Press. 1990.

Igor de Rachewiltz, Hoklam Chan, Hsiao Ch'ich'ing, Peter W. Geier, eds. In the Service of the Khan: Eminent Personalities of the Early MongolYan Period（1200—1300）. Wiesbaden: Harrassowitz Verlag. 1993.

Dudbridge, Glen. The Hsiyu chi. A Study of Antecedents to the Sixteenthcentury Chinese Novel. Cambridge: Cambridge University Press. 1970.

Dyson, Verne. Forgotten Tales of Ancient China. Shanghai: The Commerical Press. 1927.

Farmer, Edward L. Early Ming Government: The Evolution of Dual Capitals. Cambridge, Mass.: Harvard University Press. 1976.

Favier, Alphonse. Peking: histoire et description. Lille: Société de SaintAugustin. 1900.

Geiss, James P. Peking Under the Ming Dynasty, 1368–1644. Ann Arbor, Mich.: University Michigan. 1980.

Goodrich, Anne S. The Peking Temple of the Eastern Peak: The Tungyüeh miao in Peking. Nagoya: Monumenta

Serica. 1964.

Goodrich, L. Carrington and Chaoying Fang, eds. Dictionary of Ming Biography, 1368—1644. 2 vols. New York: Columbia University Press. 1976.

Liu, Ts'unyan. Buddhist and Taoist Influences on Chinese Novels, vol. 1: The Authorship of the Feng Shen Yen I. Wiesbaden: Otto Harrassowitz. 1962.

Liu, Ts'unyan. Selected Papers from the Hall of the Harmonious Wind. Leiden: E. J. Brill. 1976.

Lust, John. The Revolutionary Army: A Chinese Nationalist Tract of 1930. Paris: Mouton and Co. 1968.

Meyer, Jeffrey F. Peking as a Sacred City. Taipei: The Chinese Association for Folklore. 1976.

Mostaert, Antoine. Textes oraux ordos. Monumenta Serica Monograph Series 1. Peiping: Catholic University, 1937.

Perckhammer, Heingz v. Peking, Das Gesicht einer Stadt. Berlin: Albertusverlag. 1928.

Rawski, Evelyn S., David Johnson and Andrew J. Nathan, eds. Popular Culture in Late Imperial China. Berkeley, Calif.: Univeristy of California Press. 1983.

Redfield, Robert. Peasant Society and Culture: an Anthropological Approach to Civilization. Chicago: Univeristy of Chicago Press. 1956.

Serruys, Henry. SinoMongol Relations during the Ming I: The Mongols in China during the Hungwu Period, 1369—1398. Mélanges chinois et bouddhique Vol. 11. Brusselles: Institut belge de hautes études chinoises. 1959.

Si'ren, Osvald. The Walls and Gates of Peking: Researches and Impressions. London: John Lane Ltd. 1924.

Si'ren, Osvald. The Imperial Palaces of Peking with a Short Historical Account（中国北京皇城写真全图）。Paris and Brusseles: G. van Oest Publisher. 3 vols. 1926.

Skinner, G. William, ed. The City in Late Imperial China. Stanford: Stanford University Press. 1977.

Soothill, William E. A Dictionary of Chinese Buddhist Terms. Delhi: Matilal Barnarsidars, 1937.

Steinhardt, Nancy S. Chinese Imperial City Planning. Honolulu: University of Hawaii Press. 1990.

The Cambridge History of China, vol. 7: The Ming Dynasty, 1368—1644 Part 1. Edited by F. W. Mote and Denis C. Twitchett. Cambridge: Cambridge University Press. 1988.

Thiele, Dagmar. Der Abschluss eines Vertrages: Diplomatie Zwischen Sungund ChinDynastie, 1117—1123. Münchener Ostasiatische Studien vol. 6. Wiesbaden: Franz

Steiner. 1971.

Toynbee, Arnold, ed. Cities of Destiny. London: Thames and Hudson. 1967.

Werner, E. T. C. Myths and Legends of China. London: George G. Harrap. 1924.

Yan, Chongnian. Beijing: The Treasures of an Ancient Capital. Peking: Morning Glory Press. 1987.

Yang, Gladys. Peking Legends. Peking: Panda Books. 1982.

Yu, Anthony C., trans. The Joruney to the West. Chicago: University of Chicago Press. 4 vols. 1977—1983.

（二）论文

Chan, Hoklam. "Liu PingChung （1216—1274）: A Buddhist Taoist Statesman at the Court of Khubilai Khan." T'oung Pao 53. 1—3 （1967）: 98—146.

Chan, Hoklam. "Liu Chi （1311—1375） in the Ying-lieh chuan: The Fictionalization of a Scholarhero." Journal of the Australian Oriental Society 5. 1—2 （December 1967）: 26—42.

Chan, Hoklam. "Liu Chi （1311—1375） and His Models: Imagebuilding of a Chinese Imperial Adviser." Oriens Extremus 15. 1 （June 1968）: 34—55.

Chan, Hoklam. "The Prophecy of Chang Chung: The Transmission of the Legend of an Early Ming Taoist." Oriens Extremus 20. 1（June 1973）: 65—102.

Chan, Hoklam. "Die Prophezeiung des Liu Chi（1311—1375）: Ihre Entstehung und Ihre Umwandlung im heutigen China." Saeculum 25. 4（1974）: 338—366.

Chan, Hoklam. "A Mongolian Legend of the Building of Peking." Asia Major, Third Ser. 3. 2（1990）: 63—93.

Chan, Hoklam. "Siting by Bowshot: A Mongolian Custom and its Sociopolitical and Cultural Implications." Asia Major, Third Ser. 4: 2（1991）: 53—78.

Dardess, John W. "The Transformation of Messianic Revolt and the Founding of the Ming Dynasty." Journal of Asian Studies 29. 3（May 1970）: 539—583.

Foster, George F. "What is Folk Culture?" American Anthropologist 55. 21（1953）: 159—173.

Foster, George F. "The Folk Society." In Readings in Anthropology, pp. 497—517. Edited by Morton H. Fried. New York: Thomas Y. Crowell Co., 1968.

Franke, Herbert. "Treaties between Sung and Chin." In Françoise Aubin, ed., Études Song（Sung Studies）in memoriam Étienne Balazs, ser. 1, pt. 1, pp. 60—80.

Paris: Mouton and Co. 1970.

Friese, Heinz. "Der Mönch Yao Kuanghsiao （1335—1418）." Oriens Extremus 7 （1960）: 158—184.

Gates, G. N. "A New Date for the Origins of the Forbidden City." Harvard Journal of Asiatic Studies 7 （1942—1943）: 180—202.

Grootaers, Willem A. "The Hagiography of the Chinese God Chenwu." Folklore Studies 11. 2 （Tokyo 1952）: 139—181.

Ho Kinchung. "Nezha: Figure de l'enfant rebelle." Études Chinoises 7. 2 （Autumn 1988）: 7—26.

Liu, Y. Cary. "The Yüan Dynasty Captial, Tatu: Imperial Building Program and Bureaucracy." T'oung Pao 78. 4—5 （1992）: 264—301.

Mote, F. W. "The Transformation of Nanking, 1350—1400." In G. William Skinner, ed., The City in Late Imperial China, pp. 101—153, 689—696.

Serruys, Henry. "The Mongols in China, 1400—1450." Monumenta Serica 26 （1968）: 233—305.

Serruys, Henry. "A Manuscript Version of the Legend of the Mongol Ancestry of the Yunglo Emperor." In Analecta Mongolica, Dedicated to the Seventieth Birthday of

Professor Owen Lattimore, pp. 19—61. Edited by John G. Hangin and U. Onon. Publications of the Mongol Society Occasional Papers no. 8.

Bloomington, Indiana: Mongol Society, 1972.

Shaw, J. S. "Historical Significance of the Curious Theory of the Mongol Blood in the Veins of the Ming Emperors." Chinese Social and Political Science Review 20. 4 （1937）: 492—498.

Steinhardt, Nancy S. "The Plan of Khubilai Khan's Imperial City." Artibus Asiae 44. 2—3 （1983）: 137—185.